다시
시작된
전쟁

새로운 세계 질서를 결정할 미중 패권 전쟁의 본질과 미래

다시 시작된 전쟁

이철 지음

page2

서문

관세 전쟁은 현재 진행형이다

트럼프의 혼란스러운 행보로, 미중 관계를 예측하기는 매우 어렵다. 미국과 유럽은 이미 중국에 대한 적대감이 가득해 서방 어느 나라에서도 중국이 장기적으로 전략적 이익을 얻을 가능성은 크지 않다. 반면 외교적 영향력이 축소되고 있는 미국의 자리를 대신하여 중국이 외교적 성과를 얻을 가능성이 높은 지역도 적지 않다. 주로 라틴아메리카, 아프리카, 중동, 동남아시아 등 비서방 국가들이다.[1]

대통령 취임 전 트럼프는 중국에 60% 관세를 부과할 것이라고 선언했고, 취임 이후에는 전 세계를 상대로 고율의 상호 관세와 품목 관세를 부과했다. 중국 제품에는 최대 254%라는 터무니없는 관세를 부과했다. 이런 고관세로 트럼프는 무엇을 얻으려는 것일까? 세계는 어떤 위험이 닥칠까? 트럼프는 왜 이런 위험마저 무시하며 관세 전쟁을 일으킬까?

트럼프가 푸틴을 대하는 태도, 전통적인 미국 동맹국을 대하는 비존중, 그리고 관세 전쟁의 경제적 산업적 파급 효과를 자기 본위로 해석하는 태도 등은 그가 미국 외교 정책의 전통을 무시한다는 것을 보여주었다. 다른 말로 트럼프는 무슨 행동을 할지 모른다. 그리고 그는 이 전략적 불가예측성을 자랑스럽게 생각한다. 그렇기에 이 책은 트럼프의 의도를 분석하고 짐작하고자 한다.

중국이 이번 관세 전쟁에서 미국과 합의하지 못한다면, 중국은 다른 사안으로 넘어갈 기회를 얻지 못하게 되므로, 사실상 미중 긴장이 완화할 가능성은 사라질 것이다. 또한 트럼프 행정부의 대중 강경론자들은 중국을 강하게 압박할 기회를 얻게 될 것이고, 이로 인해 더 강력한 제재, 더 광범위한 기술 수출 제한, 인도 태평양 지역의 군사적 태세 강화, 대만에 대한 외교적 지원 강화가 이루어질 것이다. 그리고 중국도 자제해온 태도를 바꾸어 노골적으로 자국의 전략 목표, 즉 대만 통일을 시도할 것이다.

현재로서 최선의 길은 트럼프가 일으킨 관세 전쟁의 풍파를 세계가 잘 대응하여 소화해내는 것이다. 그리고 관건은 미중 관세 전쟁이다. 미중 관세 전쟁의 근본 원인은 중국 시장의 성장 둔화, 부진한 소비, 그리고 개입주의적이고 이념적인 중국 공산당과 정부에서 비롯되었다. 중국 시장은 더이상 그간 많은 국가가 중국의 약탈적 정책을 인내하게 만든 과거의 매력을 가지고 있지 않다.

중국도 자국 경제 구조의 모순을 잘 이해하고 있으며 자국 경제를 고도 기술에 따른 혁신 산업 구조로 전환하려 한다. 그리고 첨단 기술 개발이나 산업 구조의 혁신은 모든 선진 산업 국가의 이슈이며 높은 장애물이다. 각국은 노력할 뿐 꼭 성공한다고 기대할 수 없으며 이 지점에서 모두가 경쟁자이며 동시에 협력자다. 오늘날의 중국은 한국, 일본, 유럽 같은 주요 산업국과 적극적으로 경쟁하고 있다.

국제 신용평가사 피치Fitch는 무역 마찰로 글로벌 경제 전망이 어두워지고 미국 경제와 세계 경제에 압박이 가해질 것이라고 말하면서 2025년 세계 경제 성장률 전망치를 2024년의 2.9%에서 2.3%로 하향 조정했다.[2] 피치는 2025년 미국 경제 성장률을 1.7%로 예상했고, 2026년에는 1.5%로 더 둔화할 것으로 전망했다. OECD는 가장 큰 영향을 받는 것은 자동차 및 부품 무역으로, 수출이 약 3% 감소할 것이며, 그다음으로 기계 및 장비 산업이 2.5% 이상 감소할 것으로 예상한다.

글로벌 산업 구조는 미국 블록과 중국 블록이 대치하면서 세 번째 진영의 잠재력이 대두되고 있다. 세 번째 진영은 미국과 중국 모두와 아무 문제 없이 교역하고 협력하는 국가들이다. 인도, 사우디아라비아, 브라질, 남아프리카공화국, 싱가포르 등이 대표적이며 이들은 대부분 미중과 지리적으로 멀고, 이념적으로 중립이며, 자원이 많고, 산업 역량은 아직 선진국 수준에 오르지 못했다.

한국은 자원을 외국에 의존하고, 시장 또한 외국에 의존하는 가공 무역형 국가다. 관세 전쟁은 산업 구조상, 이념 구조상, 그리고 아무런 준비를 해오지 않은 한국에 가장 큰 타격을 줄 것이다. 필자는 한국이 미중 어느 한 편을 선택할 만한 여유가 없는 국가이며 따라서 세 번째 진영에 설 전략을 세워야 한다고 주장한다. 그 구체적 실천 방안을 제대로 제시하지는 못했다고 생각하지만 적어도 희미한 방향성과 국가 전략 수립의 필요성은 외친다고 본다.

관세 전쟁은 현재 진행형이다. 그러다 보니 이 책이 시장에 출간되어 독자 여러분의 손에 들어갔을 때는 이미 많은 일이 진행되었을 것이다. 필자의 예상이 맞는 부분도 있겠지만 빗나간 예측도 적지 않을 것이다. 그러나 큰 구조적 관점에서 의외의 결과가 나올 가능성은 적다. 글로벌 정세를 직시하고 국가 전략을 세우는 시점에서는 이 책이 조금이나마 가치가 있으리라 희망해본다. 여러분의 성원과 지지를 기대한다.

2025년 여름
매작동에서
이철

목차

서문 관세 전쟁은 현재 진행형이다   4

1장 – 누가 트럼프를 선택했는가

01 | 트럼프 재집권이 아니라 숨어 있던 미국의 등장이다   16
  숨어 있던 미국은 어떤 미국인가   19
  들리지 않던 목소리들   20

02 | MAGA, 메인 스트리트의 반란   24
  월 스트리트보다 메인 스트리트   24
  탈세계화와 시장 접근권   28
  미중은 준비가 되어 있는가   34

2장 – 무엇을 위한 관세 전쟁인가

01 | 강습, 트럼프 관세 ... 40
관세 정책의 시작 – 먼저 때리고 대화는 나중에 ... 41
중국의 대응 – 메시지를 보내는 억제된 보복 ... 49
확대되는 관세 정책 ... 52
충격의 상호 관세 ... 58
중국의 반응 ... 66

02 | 트럼프는 누구와 무엇을 싸우는가 ... 68
나는 한 놈만 팬다 ... 68
미중 무역 협상 잠정 합의 ... 78
중국 시장 개방 ... 88

03 | 트럼프의 의도는 무엇인가 ... 90
트럼프는 '탈세계화'로 '쌍둥이 적자 해소'를 원한다 ... 94
트럼프 행정부의 특성, 첩경 지향 ... 97
트럼프는 연방 정부 재정을 어떻게 해결할 것인가 ... 105
트럼프 관세 세수는 얼마나 될까 ... 114

3장 – 트럼프 관세와 미중 경제

01 | 글로벌 경기 침체가 오는가   126
    관세 협상과 관세 보복   127
    전문 기관들의 글로벌 경제 예측   133

02 | 미중의 영향   136
    미중이 받을 충격   138
    중국은 버틸 것이다   157
    다변화 우회 수출 또는 리스크 분산   175
    미국은 디커플링을 견딜 수 있는가   182

03 | 자본 시장은 분리되는가   193
    미국 시장의 반응   194
    중국의 자본 시장   200
    달러, 위안화, 암호화폐   202

4장 – 중국은 끝까지 싸울 것이다

01 | 중국의 대미 전략은 원칙을 지키며 끝까지 싸우는 것이다   220
02 | 중국은 디커플링되면 미국 없는 세상을 만들고 싶다   229
03 | 중국은 내순환 경제로 디커플링을 견딜 수 있다   234
04 | 신질생산력과 희토류로 과학기술 혁신 경쟁에서 승리한다   245
    중국은 이제 더이상 양적 성장 방식으로는 발전할 수 없다   246
    생산형 서비스 산업   249
    희토류 제재는 막을 방법이 없다   251

5장 − 미중 패권 경쟁의 미래와 한국의 대응 전략

01 | 트럼프 관세 정책은 성공하고 있는가   262
02 | 미중 협상 향후 전망   266
    미중 협상 타결   268
    미중 협상 결렬   273
    미중 협상 지연 및 장기화   277

03 | 한국과 제3의 진영   283
    한국을 포함하여 중견 산업 국가들은 뭉쳐야 한다   284
    어떻게 세 번째 진영을 만들 것인가   291

맺음말 관세 전쟁을 극복하기 위한 세 번째 진영의 전략이 절실하다   297
주석   300

1장

누가 트럼프를 선택했는가

THE US-CHINA TARIFF WAR

중국에 대한 세계 각국의 불만은 매우 높다. 근본적으로 불공평하며 불공정한 경제 체제를 운영하기 때문이다. 외국 기업이 중국에 진출하려면 산업별 허가 정책, 지역별 허가 정책, 게다가 중국 측 파트너가 의무화되어 사실상 중국에 진출하면 외국 기업이 보유한 기술과 노하우가 중국으로 빠져나가는 것을 막을 길이 없다. 이렇게 국가 권력과 자원을 동원하여 경제적 우위를 확보하려는 중국의 접근 방식을 리자 토빈Liza Tobin● 은 무력 경제brute force economics³ 라고 부른다. 매우 공감이 가는 표현이다. 그녀에 따르면 중국은 단순한 보호무역이나 대규모 산업 보조금의 차원을 넘어, 기술 절취, 시장 접근 제한, 외교적 압박 등을 포함한 포괄적인 수단으로 경쟁국의 산업을 약화하고 자국의 지배력을 강화해왔다.

이러다 보니 세계 거의 모든 국가에서 반중 감정은 고조되었고 특히 우리나라는 반중 정서가 90%를 넘는 상황에까지 이르렀다. 또한 윤석열과 극우 세력은 각종 중국 관련 유언비어를 퍼뜨려 가뜩이나 심한 반중 감정을 정치적으로 이용했고, 이는 다시 반중 정서를 확대 재생산하는 결과를 초래하기도 했다. 이런 상황은 중국에 대한 경계심 내지 적개심을 고취하는 동시에 중국을 냉철하게 분석하기 어렵게 한다.

● 미국의 중국 전략 및 경제 정책 전문가로, 트럼프 및 바이든 행정부 시절 백악관 국가안보회의(NSC)에서 중국 담당 국장을 역임했으며, 현재는 Special Competitive Studies Project(SCSP)에서 경제 분야 선임 국장으로 활동하고 있다.

필자는 졸저 『이미 시작된 전쟁』에서 중국이 조국 통일이라는 국가 목표를 수립하고 20년 넘게 양안 전쟁을 준비해왔음을 알렸다. 원래 최상층 소수에 국한되었던 이러한 중국의 의도는 정보가 공산당 조직 하부에까지 전파되면서 이제 미국 및 서방 국가들에도 잘 알려졌고 이에 따라 대만, 일본 등 주변 이해 당사국들도 대응하기 시작했다. 미국이 한미일 군사 동조라는 명목으로 중국을 대상으로 하는 사실상 군사 동맹을 추진하는 것도 이 때문이라고 보아야 할 것이다.

바이든 행정부는 군사적 충돌에 이르지 않으면서 평화적 수단으로 중국을 제압하려는 '충돌이 아니라 경쟁' 전략을 적용했다. 바이든의 희망대로 경제적, 산업적 수단으로 중국의 패권 팽창을 제어하고 그 결과 세계가 평화로운 균형을 이룰 수만 있다면 가장 이상적인 결과일 것이다. 하지만 트럼프 정권의 재래는 앞으로의 세계가 평탄할 수 없다는 나팔 소리를 들은 것이나 마찬가지였다.

트럼프 재집권이 아니라 숨어 있던 미국의 등장이다

트럼프 2기 행정부가 들어섰을 때 이성현●은 트럼프의 등장은 단순히 한 개인의 대통령 당선이 아니라 트럼피즘Trumpism을 가능하게 한 '미국 사회의 구조적 변화'라고 지적했다.⁴ 이는 미국에 이미 근본적인 변화가 일어났고 미국 사회 구조가 변경되었다는 인식이라고 할 수 있다.

사람들은 트럼프의 재집권을 어떻게 받아들일까? 애쉬Timothy Garton Ash, 크라스테브Ivan Krastev, 레너드Mark Leonard 등은 트럼프 취임을 맞이

● 조지 부시 미중관계기금회 선임 연구원, 전 세종연구소 중국연구센터 소장.

하여 세계 각국 사람들의 반응을 조사했다.[5] 24개국 28,549명을 대상으로 실시한 이 설문조사 결과에서 유럽인은 트럼프의 당선을 부정적으로 생각했다. 한국도 트럼프 당선을 반기지 않았다. 그 외 다른 나라들은 트럼프가 이끄는 미국을 '정상적인' 강대국으로 여겼다.

그러나 트럼프는 그간 '전략적 불가예측성'을 내세우며 기존 상식이나 관습을 뛰어넘는 행동을 보여왔다. 그렇지만 지난 트럼프 1기에서 트럼프는 내각과 공화당, 기타 정치 그룹의 의견과 제지를 받아 자신이 생각하는 정책을 제대로 펴지 못했다고 한다. 이제 두 번째

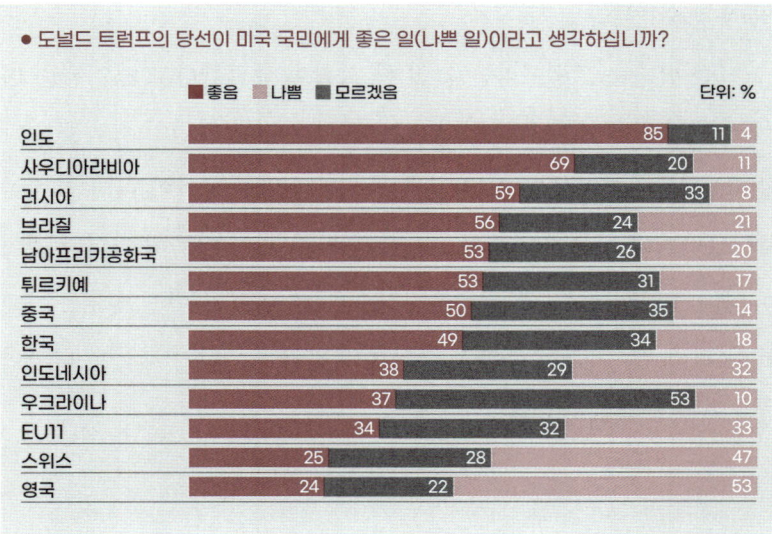

출처: Timothy Garton Ash, Ivan Krastev, Mark Leonard, "ALONE IN A TRUMPIAN WORLD: THE EU AND GLOBAL PUBLIC OPINION AFTER THE US ELECTIONS", 2025년 1월.

임기를 집권한 트럼프는 다르다. 그를 제지할 수 있는 참모들은 부르지 않았고 자신의 의견에 이의를 표명한 과거 참모들도 더이상 부르지 않았다. 지금 미 상하 양원은 공화당이 장악했을 뿐만 아니라 선거 과정에서 트럼프의 도움을 많이 받아 트럼프에게 반대하기 어려운 분위기다. 게다가 대법원 판사 진용까지 친트럼프 인사가 다수다. 이제 아무도 트럼프를 말리기 어려운 환경이 조성된 것이다.

이 상황에서 트럼프는 전 세계를 놀라게 하는 일련의 조치들을 취하기 시작했다. 특히 엄청난 수준의 관세를, 그것도 전 세계를 향해 퍼부어 세계 모든 국가를 경악하게 했다. 이 관세는 상식적 수준을 뛰어넘었으며 우군과 적군을 구분하지도 않았다. 전 세계 자유무역 체제는 타격을 입었고 사람들은 닥쳐올 혼란에 대처할 방법을 찾느라 우왕좌왕한다.

이런 변화는 트럼프라는 괴인 한 사람이 촉발했다고 하기에는 미국 사회의 반응이 매우 달랐다. 트럼프의 과격한 일련의 정책을 기다렸다는 듯이 지지하고 열렬히 수행하는 많은 미국인이 나타난 것이다. 그렇기에 지금의 변화는 트럼프라는 한 개인 때문에 일어난 것이 아니며, 미국이라는 국가에 본질적으로 큰 변화가 발생했다고 이해해야 한다. 즉 지금의 상황은 트럼프 재집권이 아니라 새로운 미국의 등장으로 이해해야 한다.

숨어 있던 미국은 어떤 미국인가

우리는 세계를 매스미디어를 통해 인지하고 해석한다. 심지어 미디어를 해석하고 이해할 때조차 미디어가 제공하는 콘텐츠를 보며 받아들인다. 필자는 트럼프의 집권을 보며 '매스미디어를 통해 인지한 미국'과 '선거 과정에서 나타나는 미국의 현상' 사이의 크나큰 괴리를 발견한다. 즉 우리가 알고 있는 미국은 미국의 실상을 그대로 반영한 것이 아니었다. 우리가 이해하는 미국은 미디어가 해석해준 미국일 수 있다.

그동안 제대로 인지하지 못한 미국의 실상, 또는 실체를 '숨어 있던 미국'이라고 불러보자. 필자는 숨어 있던 미국을 이해하는 방법으로 트럼프의 정책을 잘 분석해야 한다고 생각한다. 트럼프의 정책은 그의 지지자들을 위한 것이며 이들이야말로 우리가 이해하지 못하는 생각과 의도를 가진, 그간 보이지 않고 들리지 않던 소리 없는 다수일 것이기 때문이다.

미처 예상하지 못한 트럼프의 정책을 이해하기 위해서는 트럼프라는 사람과 그의 사유 체계를 가능한 한 폭넓게 이해해야 한다. 물론 쉽지 않은 일이다. 트럼프의 MAGA(Make America Great Again) 대선 공약 6가지를 이러한 분석의 출발점으로 삼을 수 있다. 이 공약은 ① 이민 정책 및 국경 보안, ② 경제 및 무역, ③ 에너지 및 환경, ④ 외교 안보, ⑤ 사회 및 법질서, ⑥ 정부 개혁 등인데 이 모든 공약에 트럼프식의 거친 변화가 동시다발적으로 일어나고 있다.

멕시코 국경에 벽을 세우던 트럼프는 이제 군대까지 동원하여 불법 이민자를 색출한다. 미국에서 태어나도 부모가 미국 국적이 없으면 미국 국적을 부여하지 않겠다고 대통령령에 서명했다. 이렇게 되면 그가 임명한 루비오 국무부 장관도 미국 국적이 없는데도 말이다. 무역은 관세 폭탄을 던져 전 세계가 경악하고, 중동에서는 후티 반군을 공격하다가 사우디아라비아 등을 방문하여 미국의 요구를 들이대고 있다. 국내 치안에서는 그간 트럼프의 명령을 기다리고 있었다는 듯이 경찰 등 공권력이 과도한 물리력을 행사하고 있다. 미 정부 부처에는 대량 해고와 예산 집행 중지 사태가 속출하고 있다. 「이코노미스트」의 기사 'Donald Trump steals Xi Jinping's favourite foreign policy'[6]는 도널드 트럼프 대통령의 외교 정책이 시진핑 중국 국가주석의 전략과 유사하게 변화하고 있음을 지적한다.

비록 의회와 법원 등의 제재로 트럼프의 이런 명령들은 장애에 부딪히기도 하지만 이 모두 사람들이 전혀 예상하지 못했고 그렇기에 준비하지도 못한 일들이다. 그리고 이렇게 과격하고 비상식적인 트럼프의 언행에 환호하는 군중이 있다.

들리지 않던 목소리들

트럼프 공약과 정책 집행을 보면 뚜렷한 것이 하나 있다. 바로 '미국 우선주의'다. 그런데 지금까지의 미국 우선주의는 '미국의 이익을 극대화하고 미국의 이익을 우선 순위로 삼겠다'는 것인데, 지금 트럼프 2기의 미국 우선주의에서는 다른 면이 보인다. 그것은 '이제 더이상 외국 일에 관여하고 싶지 않다'는 흐름이다.

미국은 제2차 세계대전 이래 수십 년간 글로벌 단일 경제 체제를 추진해왔다. 그리고 세계 또한 미국의 이 정책에 협력해왔다. 글로벌 단일 경제 체제는 각국의 산업별로는 좋은 면과 나쁜 면이 모두 있었지만 대체로 커다란 글로벌 시장을 제공했고 이에 따라 각국의 기업들은 큰돈을 벌 수 있었다. 그리고 이 글로벌 시장의 출발점이자 기반은 다름 아닌 미국 시장이었다.

이 상황에 대하여 식자들은 달러 기축 체제에서 세계 경제가 성장하면 필연적으로 기축 통화가 늘어야 하며, 그렇기에 미국 달러는 각국으로 공급되어야 하고 총량으로는 증가해야 한다고 말해왔다. 이 논리는 다시 미국의 달러가 각국으로 공급되기 위해서는 미국의 대규모 무역 적자는 어쩔 수 없는 숙명이라는 것으로 귀납된다.

미국의 대규모 무역 적자가 유지되기 위해서는 세계 각국이 보유한 달러가 다시 미국으로 돌아와야 하는데 여기에는 두 가지 방식이 있다. 하나는 각국 정부가 미국의 채권, 특히 국채를 사주는 것이다. 이는 달러 보유 방식을 이자 없는 현금에서 미국 정부가 보증하는 원리금을 향유하는 채권 보유 방식으로 전환하는 것이어서 각국 정부로서는 마다할 이유가 없다. 다른 방식은 미국에 투자하는 것이다. 주식이든 사업이든 각각의 자본이 미국으로 물밀듯이 몰려와 대규모로 투자를 하면 달러는 다시 미국으로 순환된다.

필자는 이런 현상을 설명하거나 타당성을 분석할 생각은 없다. 그러나 이런 구조가 트럼프 2기를 가능하게 한 미국 국민의 태도 변화 중 상당 부분을 설명해준다고 생각한다. 우선 첫째는 이런 체제에서 미국 정부의 부채는 증가하기만 할 뿐 줄어들 가능성은 별로 없다. 그리고 언제까지나 이런 방식이 계속될 수는 없다. 이제 미국은 좋은 날이 끝나간다는 현실에 직면해야 하고, 이 현실을 심각하게 느낄수록 지금 당장 미국의 무역 적자와 재정 적자를 해소해야 한다는 트럼프의 정책을 지지하게 되는 것은 당연하다.

둘째는 이런 달러의 글로벌 순환이 모든 미국인에게 긍정적인 결과를 가져다주지는 않는다는 점이다. 세계 각국의 생산 시설에서 수입을 하는 기업, 세계 각국에서 투자를 받는 기업에는 매우 우호적인 환경이지만 국내에서 상품이나 서비스를 만들고 국내에서 판매하는 기업에는 긍정적으로 작용하지 않는다. 동네 제철소 사장님이 중국에서 만든 저가 철근이 자기 시장에 쏟아져 들어오는 것을 어떻게 환영한단 말인가?

정리해보면 이런 말이 된다. 미 정부 예산을 펑펑 쓰는 정치인들(미국 내에서는 주로 민주당 정부가 여기에 해당한다고 보는 모양이다)에게 눈살을 찌푸리며 어떻게든 정부 예산 균형을 빨리 잡아야 한다고 보는 사람들은 (아마도 주로 지역 유지들일 것이다) 한계에 다다른 미 정부 재정을 지금 손보지 않으면 그 결과는 '파산'이라는 핵폭탄이 될 것이라는 위기감을 느낀다. 그리고 동네 자영업자, 지방 중소기업을 운영하는 사람에게 글로벌주의는 자신의 사업을 어렵게 하는 최대 요인이다. 구글이나 마이크로소프트가 전 세계에서 돈을 벌어도 동네 사람들에게 그 혜택이 돌아오지는 않는다. 이들 글로벌 기업은 전 세계에서 돈을 벌고 전 세계에서 투자를 받지만 외국에서 돈을 쓰고 고학력 외국인을 고용하며 지역 사회에는 거의 기여하지 않는다. 반면 커피를 팔던 제임스 아저씨나 빵집을 하는 제인 아줌마의 장사는 글로벌 프랜차이즈가 동네에 진입하면서 망해가는 것이다. 공동체 사업이 망해가면서 동네에서는 일자리가 없어졌다. 어쩌다 일자리가 생기면 불법 이민자들이 최저 생활도 할 수 없는 수준의 임금을 받으며 채간다. 정상적인 미국인에게 일자리는 이제 너무나 구하기 어려운 것이 되었다.

가장 중요한 것은 이 모든 현상을 미국의 제도권 정치는 누구도 귀담아듣지 않았다는 것이다. 그 배경에는 이들의 목소리를 담는 미디어가 없는 원인도 크다. 미국의 미디어는 수시로 글로벌 소식을 전하고 중동의 전쟁을 보도하지만 동네 톰 아저씨가 1년이 넘게 실직 신세를 면하지 못한다는 뉴스는 보도하지 않는다. 그런 이야기들은 어디에나 있는 중요하지 않은 소식이 되었다. 미디어에서 보도하지 않는 이런 작은 이야기들은 정치인의 관심에서도 사라져갔다. 이제 미국의 보통 사람들, 동네 자영업자들, 그리고 지역 공동체의 기업가와 근로자의 이야기는 미국 정치에서 사라졌다. 트럼프는 바로 이들을 대변하는 상징적 인물이다. 아니라고? 당신은 해고다! You are fired!

MAGA, 메인 스트리트의 반란

월 스트리트보다 메인 스트리트

"우리는 월 스트리트가 아니라 메인 스트리트를 위해 일한다"고 스콧 베센트Scott Kenneth Homer Bessent 재무부 장관은 의회 청문회에서 말했다. 이는 트럼프 행정부의 경제 정책이 금융 엘리트의 '월 스트리트'보다는 일반 국민, 즉 '메인 스트리트'를 중심으로 진행됨을 상징하는 장면이었다. 트럼프의 미국은 글로벌리스트가 아니라 동네 사람들을 위한 국가를 지향하게 되었으며 경제 정책 또한 글로벌 위주 경제 정책이 아니라 미국 시장 위주 경제 정책을 지향한다는 조용한 선언이었다. 스콧 베센트는 과거 중국이 WTO에 가입할 때 이미 향후 중국의 급속한 성장과 미중 군사 대결을 예상할 정도로 식견이 높으며 글로벌 경제 또한 잘 이해하는 인물이다. 그런 그가 월 스트리트가 아니라 메인 스트리트를 외칠 정도의 상황에 미국은 다다른 것이다.

많은 사람이 황당해하는 트럼프 2기 행정부의 관세 정책에 대하여 중국의 이코노미스트 샹송쭤向松祚●는 트럼프 관세 정책이 미국 경제의 세 가지 문제에서 기인한다고 분석했다. 그것은 미국 산업 공동화, 미국 경제 소비화, 미국 경제 금융화다.[7]

모두가 알고 있듯이 미국의 산업 공동화는 이미 20세기부터 널리 알려진 이슈다. 제2차 세계대전 이후 한때 글로벌 GDP의 70%를 차지했던 미국의 산업 체제는 미국이 자유무역주의를 전 세계에 퍼뜨리는 근간이었다. 그리고 이는 WTO 체계로 이어졌고 자연스럽게 미국의 산업이 전 세계 국가로 이전되는 결과를 가져왔다. 동시에 미국 경제의 주요 동력은 소비라는 인식이 정착되었다.

미국 공업의 글로벌 비중은 이제 크지 않다. 2023년 기준으로 미국의 제조업 생산액은 약 2조 5,000억 달러로, 전 세계 제조업 생산의 약 15.4%를 차지하며 미국 내에서 제조업은 전체 GDP의 약 10.7%로, 전체 노동력의 약 8.4%를 고용할 뿐이다. 반면 세계 인구의 약 4%를 차지하는 미국은 세계 소비의 30%를 점유하는 초거대 소비 시장으로 변모했다.

● 원래 인민대학교 경제학 교수였다. 중국 정부와 당에 대한 거침없는 발언과 높은 식견으로 유명하다. 그는 교수직을 잃고 지금은 재야의 이코노미스트로 활동하고 있다. 필자는 그를 높이 평가한다.

소비로 미국을 떠난 돈은 금융 시장을 통하여 투자 자본이 되어 미국으로 회귀했다. 글로벌 주식 시장 규모가 대략 110조 달러인데 미국 주식 시장이 60조 달러 정도이니 절반 이상을 차지한다. 따라서 월 스트리트와 글로벌 대기업들은 이 상황을 즐길 수 있다.

그러나 이런 과정 중에 미국 메인 스트리트도 세 가지 문제에 당면하게 되었다고 샹송쥐는 말한다. 하나는 일자리다. 특히 높은 교육을 받지 못한 사람들은 양질의 일자리를 찾기 어려워졌다. 두 번째는 빈부 격차다. 전 세계에서 미국으로 몰려온 돈으로 부를 쌓은 사람들은 바로 월 스트리트의 일부 금융가, 자본가다. 금융화는 일부 극소수의 사람이 거대한 부를 쌓게 만들어주었을 뿐 대다수 미국인은 그 수혜를 받지 못했다. 샹송쥐는 미국의 3대 부호인 일론 머스크, 제프 베이조스, 마크 저커버그 고작 세 사람의 부가 미국 국민 하위 60%의 부를 합친 것보다 많다고 지적한다. 결국 미국은 금융가와 실리콘 밸리의 소수 기업가들, 합쳐봐야 수만 명, 많아야 수십만에 불과한 사람의 손에 의해 움직이는 것이다. 세 번째가 미국의 재정 적자다. 재정 적자의 주원인으로 과다한 복지 예산이 지적되지만 이런 복지, 즉 사회적 안전망이 없다면 미국의 소비는 유지되지 못하는 구조적 모순에 처해 있다.

샹송쥐는 이러한 구조적 문제를 트럼프 행정부가 인지했다고 본다. 트럼프의 MAGA는 미국이 당면한 구조적인 문제를 해결하기 위해 글로벌 경제 질서를 재구축하려는 시도라고 그는 해석한다. 즉 미국은 다시 제조 강국으로 돌아가야 하고 재정 적자는 해소되어야 한다. 샹송줘는 미국의 본질적 문제를 정면으로 마주쳐 해결하려는 트럼프 행정부의 태도에 충분히 경의를 표할 만하다고 평가했다.

샹송줘는 트럼프가 취한 관세 정책은 황당하고 상호 관세 계산 방식은 상식에 전혀 부합하지 않지만, 미국이 처한 근본적인 문제를 해결하려는 방식이라는 것이 중요하다고 했다. 그는 또 중국은 이를 중시해야 한다고 말했다. 샹송줘는 트럼프의 상호 관세가 158개국에 부과되어 일견 전 세계 국가를 상대하는 것처럼 보이지만 그 포커스가 중국에 있다고 지적한다. 동남아시아 국가에 대한 관세 역시 중국의 우회 수출을 막기 위한 것이라고 보았다. 그것은 중국이 미국 외부 세계의 산업 체제를 대표하기 때문이라는 것이다.

샹송줘는 반문한다. 트럼프가 미국의 가장 근본적인 문제를 해결하고자 하는 것에 비해 과연 중국에서 누가 진정으로 진지하게 이 문제를 직면하고 있는가? 지금 중국이 직면한 가장 근본적인 정치·경제·사회적 문제는 무엇인가? 샹송줘는 미국이 근본 문제를 해결하려는 이때 중국도 근본 문제를 해결하도록 나서야 한다고 촉구한다. 아! 필자는 자원이 없고 시장도 사라져가는, 게다가 무정부 상황에서 막 벗어난 우리나라야말로 문제의 본질을 정면으로 바라보아야 한다고 생각한다.

탈세계화와 시장 접근권

트럼프 2기 행정부의 또 하나의 움직임은 국제무대에서 미국의 역할을 지양하고 국내에 집중한다는 것이다. 이제 더이상 '글로벌'이 미국의 키워드가 아니고 그 자리는 '아메리카'로 대체되었다. 이들은 외국을 동맹이나 우방, 또는 제3세력이나 적대 세력으로 구분하지 않고 자국의 이익을 기준으로 정책을 수립하고 실행하려는 경향을 보인다. 실제로 트럼프의 구호 MAGA라는 말부터 이런 성향을 담고 있다. 따라서 글로벌이 아니라 '미국을 기준으로 하는 이해관계'라는 관점에서 보면 트럼프 2기 행정부의 많은 정책과 발언이 설명된다.

시장 접근권

리루李录* 는 현대 과학기술 세계의 원동력을 글로벌 단일 시장에 찾았고 이 단일 시장에 대한 접근권을 미국이 행사하면서 패권을 유지발전한다고 설명했다. 글로벌 시장 접근권을 국가 발전 또는 국가 생존의 관건 요소로 보는 것이다. 트럼프 행정부도 이와 유사한 생각을 한다고 보는데, 다만 이들에게는 리루의 이론에서 '글로벌 시장'의 위치를 '미국 시장'이 차지한다. 트럼프 행정부의 로버트 라이트하이저를 예로 들 수 있다. 김현종*의 전언에 따르면 그는 미국 시장 접근권을 하나의 이권으로 간주한다. 그리고 이 이권에 대한 대가가 관세라는 것이다. 이 관점은 국가와 국가의 관계를 동일 비중으로 보지 않는다. 미국 시장 접근권의 가치는 한국 시장 접근권 가치보다 훨씬 높다. 그러니까 한국은 미국 시장 접근권에 대해 높은 대가, 즉 높은 관세를 지불해야 한다. 반면 한국 시장 접근권의 가치는 크지 않으니 미국은 한국 시장 접근권에 대해 관세를 지불하지 않거나 매우 적은 관세만 지불해야 한다는 논리가 성립하는 것이다.

이는 트럼프 관세 정책을 지금까지의 글로벌 경제 시각에서 이해하려 하면 안 된다는 것을 시사한다. 트럼프 관세 정책은 어디까지나 미국 경제 정책의 확장판이다. 트럼프가 가장 먼저 발표한 고관세가 캐나다와 멕시코를 겨냥한 것도 이를 잘 설명해준다. 글로벌 정치의 시각에서 보면 캐나다는 미국의 혈맹이며 형제국이다. 멕시코 또한 미국의 우방국이며 미국의 리더십을 따라온 국가다. 미국의 경제 정책 구도에 따라 캐나다와 멕시코는 미국 종속적 경제 체제를 받아들이기도 한다. 그런 캐나다와 멕시코에 대한 고관세 폭탄이 두 나라의 격분을 불러일으킨 것은 당연하다. 그러나 이 조치를 미국 국내 경제 관점으로 국한해서 보면 매우 단순해진다. 트럼프 행정부의 시각에서 미국 시장 접근권의 가치는 이 두 나라에 가장 크다. 따라서 가장 높은 관세를 내야 한다.

즉 트럼프 2기 행정부의 정책을 해석할 때 지정학적 관점이나 글로벌 경제의 관점이 아니라 미국 국내 경제의 외연으로 보아야 한다는 의미다. 트럼프 시각에서는 이야말로 '탈세계화' 정책이며 동시에

● 히말라야 캐피털 매니지먼트 창업자이자 회장. 가치투자의 대표적 인사 중 한 사람이다.
✖ 한국의 대표적인 외교·통상 전문가. 이재명 대통령 후보 시절 외교·통상 전략을 총괄했다.

'MAGA' 정책인 것이다.

대중국 관점

중국은 트럼프와 탈세계화, 그리고 메인 스트리트 사람들의 관점에서 볼 때 그야말로 악의 축이라고 할 수 있다. 미국에 막대한 무역 흑자를 내고 있으며 수많은 미국 기업의 생산 거점을 유치하여 미국 내 비즈니스 기회와 일자리를 빼앗았다. 이에 그치지 않고 대량의 염가 제품을 미국 시장에 쏟아내 미국 공동체 메인 스트리트 사람들의 사업을 망쳐왔다. 이렇게까지 미국을 (트럼프의 표현에 따르면) 강탈하고 강간한 국가는 없었다.

이성현은 2024년 초 바이든 행정부 시절 미국은 중국의 내부 모순이 더이상 통제할 수 없는 상태가 되었다고 판단한다고 했다. 그에 따라 중국이 돌발적인 행동, 즉 대만 공격 등의 이탈적 행동을 할 가능성을 바이든 행정부는 우려하고 통제하려 한다는 것이었다. 그렇기에 미국은 중국이 충동적인 행위를 하지 않도록 한편으로 달래며 자연스럽게 무너지기를 조심스럽게 기다린다는 것이다. 이는 바이든 행정부 및 미국의 진보 세력이, 미국이 중국을 성공적으로 제압하는 중이라고 인식하고 있었음을 말한다.

필자도 중국 현지에서 바이든의 정책으로 고통스러워하는 소리를 들었다. 중국 인사들에 따르면 트럼프 1기보다 바이든 행정부가 더 심한 피해를 준다는 것이다. 그러나 바이든 행정부의 대중 정책은 미국의 일반 대중이 이해하기에는 피부에 와닿지 않는 것들이었고 그렇기에 바이든의 대중 정책은 너무 무르다는 여론이 미국 내에서 증폭되었다. 미 정치권의 젊은 세대이며 대표적인 반중 인사인 매트 포팅거Matt Pottinger●와 마이크 갤러거Mike Gallagher✖는 "미국은 중국과의 경쟁에서 관리가 아니라 승리해야 한다"고 「포린 어페어즈」에 기고했다.[8] 마이클 프로먼Michael B. G. Froman◆은 중국이 이미 국제 체제를 재편했다고 보았다. 그는 미국이 중국을 글로벌 규칙 기반 체제에 편입시키면 중국이 미국과 비슷해질 것이라는 전제하에 대중 전략을 세워왔다고 지적했다. 한마디로 너무나 무른 생각으로 중국을 대해왔다는 것이다.

중국에 대한 경계를 먼저 높인 것은 일본이었다. 일본은 당시 중국이 세계의 요구를 받아들이지 않던 여러 제반 사항, 지재권 이슈, 불공정 경쟁, 외국 기업에 대한 차별, 보조금 이슈 등을 기반으로 TPP■[9] 체계를 만들어 중국을 배제하는 경제 블록을 만들려 했다. 그러나 오바마 행정부 시절인 2015년 TPP 협상이 완료될 무렵, 중국에 대응하기 위한 이 무역 협정조차 미국에서 논란이 되었고, 결국 미국은 협정에서 탈퇴했다. 탈퇴를 결정한 사람이 트럼프라는 점은 아이러니한 일이지만 당시 트럼프가 내세운 이유를 보면 그의 생각

● 후버 연구소의 저명한 객원 연구원이며 민주주의 수호재단의 중국 프로그램 의장을 맡고 있다. 2019년부터 2021년까지 미국 국가안보 부보좌관을 역임했다. 「로이터통신」과 「월스트리트저널」의 중국 특파원을 지냈고, 미 해병대로 이라크와 아프가니스탄 전쟁에 참전했다.
✖ 2017년부터 2024년까지 위스콘신주 하원의원과 중국 공산당 하원위원회 위원장을 역임했다.
◆ CFR(The Council on Foreign Relation) 회장, 전 미국 무역대표부(USTR) 대표.
■ 환태평양 경제동반자 협정(Trans-Pacific Strategic Economic Partnership).

은 일관성이 있음을 알 수 있다. 당시 트럼프가 반대한 이유는 미국 내 일자리 보호, 다자간 협상이 아니라 양자간 협상 선호, 협정의 지나친 복잡함, 그리고 중국을 효과적으로 견제하기 어렵다는 것이었다. 트럼프 2기의 정책 기조와 전혀 다르지 않다.

마이클 프로먼은 이후 양국 관계를 조율하려 노력하던 미국 기업들조차도 지식 재산을 탈취당하거나 중국 시장에 접근하는 데 제한당하거나 지연당했고, 중국의 보조금과 중국 기업 우대로 불만이 커졌다고 지적했다. 그래서 워싱턴은 중국에 대항할 수 있는 대안적 무역 블록을 추진하는 데 실패했고, 그 결과 눈에는 눈, 이에는 이라는 선택지밖에 남지 않았다는 것이다.[10]

눈에는 눈, 이에는 이

중국과 똑같은 방식으로 중국을 상대한다는 것은 각국이 중국이 외국 기업에 취하는 것과 동일한 방식을 취한다는 말이다. 예를 들어 한국에 투자하는 중국 기업에 한국 기업과 합작하고 기술 이전을 하라고 강제해야 한다. 그러나 과연 한국 시장이 외국 기업에 그럴 정도로 매력이 있을까? 중국을 규탄하면서 중국의 제한 조치를 비난한 미국이 똑같은 장벽을 세울 수 있을까? 트럼프가 1기 행정부에서 시작한 무역 전쟁은 미국인 및 한국을 포함한 많은 국가에서 심정적 지지를 받았다. 중국에 대항하는 남은 수단이 중국처럼 거칠게, 무대포로 중국을 대할 수밖에 없다는 공감대가 있었기 때문일 것이다. 하지만 중국에 유리한 수단이 타국에도 유리하지는 않다.

그런 의미에서 트럼프가 2025년 2월 발표한 '미국 우선 투자 정책'의 내용은 향후 미국이 어떻게 중국을 상대할지 여러 시사점을 내포한다.[11] '미국 우선 투자 정책'은 먼저 중국을 포함한 외국 적대국들은 최첨단 기술, 지식 재산권, 그리고 전략 산업의 레버리지를 확보하기 위해 미국 기업과 자산에 대한 투자를 체계적으로 수행한다고 지적했다. 그래서 이를 막아야 한다는 것이다. 문제는 트럼프가 어떤 방법으로 중국을 억제하려는 것인가다. 우선 핵심 기술, 핵심 인프라, 개인 데이터 및 기타 민감한 분야에 관련된 미국 기업에 대한 투자를 제한한다는 내용이 나왔다. 또한 모든 필요한 법적 수단을 활용하여 중국 관련 인물들이 미국 기술, 중요 인프라, 의료, 농업, 에너지, 원자재 또는 기타 전략 분야에 투자하는 것을 제한하고 미국의 농지와 민감한 시설 근처의 부동산을 보호할 것이라고 했다. 이미 바이든 행정부를 통하여 소위 '작은 마당 높은 벽' 정책이 블랙리스트와 함께 강력하게 적용되고 있었으므로 앞으로 중국으로의 투자 제한, 기술 제재와 함께 중국의 미국 내 활동에 대한 제재가 엄격히 금지되는 셈이었다.

미국 주식 시장에 상장되어 있지만 실체가 미국 밖에 있는 중국 기업은 외국기업책임법[12]에 따라 규제하게 되었다. 이는 트럼프 행정부가 미국 국토 밖에서도 중국을 억제할 것임을 시사하는 대목이었다. 이제 트럼프 행정부는 미국 내에서나 미국 밖에서 중국에 어떤 조치도 할 수 있는 여건을 부여받은 셈이었다. 그리고 트럼프는 이런 여건을 충분히 활용하고 즐길 사람이었다.

미중은 준비가 되어 있는가

　우자룽吳嘉隆*은 미 CBS「60 MINUTES」에서 제롬 파월 연방준비제도이사회 의장과 대담한 내용을 분석하며 미국은 이미 중국과 금융 시스템 및 생산 시스템에서 핵심 요소를 디커플링 완료했다고 선언했다. 중국에서 금융 붕괴나 경제 파탄이 일어난다 해도 미국이 입을 피해는 크지 않은 상태가 되었다는 것이다.[13] 그러니 트럼프는 중국에 펀치를 휘두를 수 있는 것이다.

　이런 트럼프 재등장의 가능성을 중국은 경계해왔고 차근차근 준비해왔다. 중국은 신속한 행동을 하기 어려운 국가인데 대상만보大象漫步라 하여 천천히 움직이는 국가로 알려져 있다. 대부분 국가와는 달리 국가 계획이 5년 단위인 것도 이와 무관하지 않다. 그렇기에 트럼프 1기 행정부에서 의외의 무역 전쟁으로 급습당한 중국은 부단히 준비를 해왔다.

　트럼프는 대중 무역 전쟁을 일으킨 장본인이기에 세계는 트럼프 2기의 대중 정책을 궁금해했다. 그의 손 수단은 매우 거칠지만 그의 입은 반대로 전쟁을 손실로 생각하고 "참여하지 않은 전쟁으로 미국이 기억될 것"을 주장하여 예측하기 어려웠기 때문이다. 어쩌면 그가 생각하는 대가를 얻으면 중국의 대만 합병을 용인할지도 모른다는 예측이 나올 정도였다.

　레이 달리오Raymond Thomas Dalio*는 미중 간 글로벌 패권 다툼에 대해 앞으로 몇 달 동안 양국 관계가 극한으로 치달으리라 예상했고 차라리 서로 대화하지 말라고 조언했다.¹⁴ 그는 큰 도발은 미국 쪽에서 일으킬 것으로 내다봤으니 선견이 있다. 레이 달리오는 곧바로 미중 전쟁이 일어날 듯한 긴장 관계는 양국의 '소통'이라는 문제 때문에 발생했다고 했다.

- 대만의 저명 이코노미스트.
- 브리지워터 어소시에이츠(Bridgewater Associates) 창립자이자 세계적인 헤지펀드 매니저.

2장

무엇을 위한 관세 전쟁인가

트럼프 1기 행정부 시절 각국에 대한 압박은 '무역 전쟁'이라고 불렸고 그 중심에는 중국이 있었다. 트럼프 2기 행정부에서 다시 시작된 무역 갈등은 '관세 전쟁'이라고 불러야 할 것이다. 관세 전쟁은 두 가지 면에서 지난번 무역 전쟁과 달랐다. 지난번 무역 전쟁이 중국을 대상으로 한 갈등이라면 이번 상황은 전 세계 많은 국가를 대상으로 한다. 그리고 무역 적자 규모보다는 관세가 주요 이슈다.

지난 무역 전쟁에서 미국이 누적되어 눈덩이처럼 커져만 가는 무역 적자를 고통스러워한다는 것을 세계는 모두 이해할 수 있었다. 따라서 트럼프가 각국에 합당한 조치라며 압박할 때 미국이 체면을 세우며 원하는 경제적 실익을 얻으려는 것으로 보았고 요청받은 국가들은 모두 나름대로 성의를 표시했다. 하지만 이때 하나의 글로벌 시장에서 자유로운 무역을 추구한다는 기존 질서에 대한 의문은 없었다. WTO 체제로 대변되는 자유롭게 교역하는 글로벌 시장은 미국을 포함한 모두가 동의했고 또 추종하는 질서였다.

하지만 트럼프의 이번 관세 전쟁은 이런 기존 질서를 뒤엎는 것이었다. 따라서 세계는 이를 이해할 수 없었다. 왜 트럼프는 그간 미국이 주도하여 만들어온 자유 교역 질서 자체를 뒤엎고 무리하고 황당한 관세를 요구하는가? 관세를 부과받은 상대국은 물론이고 적지 않은 미국인조차 납득하기 어려웠다. 이 엄청난 관세는 어떤 결과를 가져올 것인가? 그리고 이런 모든 의아함과 의문은 하나의 질문으로 귀결되었다. 무엇을 위한 관세 전쟁인가? 트럼프는 어떤 세상을 만들려고 하는가?

지난 무역 전쟁에서 중국은 미국이 자신을 적으로 삼는다고 느꼈다. 그리고 서방 세계가 미국의 편에 서서 미국을 두둔한다고 생각했다. 서방 국가들에 중국은 자유 교역 질서를 지키지 않는 나쁜 국가로 인식되었기 때문이다. 그러나 트럼프가 관세를 우방국이며 인접국인 캐나다와 멕시코부터 부과하기 시작하자 세계, 특히 중국이 놀랐다. 중국에 대한 최초의 관세율은 캐나다나 멕시코에 비해 오히려 너그러웠다. 중국도 혼란스러울 수밖에 없었다. 그리고 무역 전쟁에서 미국의 입장과 정책을 지지하던 한국과 세계 각국은 스텝이 꼬일 수밖에 없었다. 그리고 세계는 다시 한번 의아해했다. 무엇을 위한 관세 전쟁인가?

트럼프가 1기 행정부에서 중국에 부과한 소위 징벌적 관세는 바이든 행정부에서도 유지되었기에 중국은 이미 이전에 부과된 징벌적 관세를 부과받고 있었다. 관세율은 품목에 따라 7.5%에서 최대 100%였다.[15] 하지만 중국에 이런 중과세를 부과했음에도 중국은 2024년 7조 위안 이상의 무역 흑자를 기록했고 수출의 98.9%는 공산품이었다.

그러나 중국의 대미 의존도는 상당히 내려간 상태였다. 중국의 무역 흑자 중 3분의 1만이 미국에서 발생했고[16] 미국 무역 적자의 3분의 1만이 중국에서 발생했다. 트럼프 행정부가 중국산 제품에만 관세를 인상하면 미국 기업이 해당 제품을 다른 국가에서 수입하기 때문에 미국은 다른 국가와의 무역 적자가 오히려 증가할 수도 있다. 그렇다고 수입 관세를 광범위하게 인상하면 미국의 동맹국에도 영향을 미칠 수 있다.

이런 딜레마하에서 트럼프는 취임 이전부터 중국에 한정하지 않고 수입하는 모든 상품에 10% 관세를, 특정 카테고리의 상품에는 20% 관세를, 중국산 수입품에는 60% 관세를, 미국 외 지역에서 생산하는 자동차에는 100% 관세를 부과하겠다고 공언했다. 스위스 투자 은행 UBS에 따르면, 트럼프가 호언한 대로 관세를 부과하면 중국은 3년 이내에 GDP의 약 3%, 미국은 최대 1.5%의 손실을 입을 수 있었다. 독일 경제연구소는 트럼프가 수입 관세를 10%로 인상하면 독일이 1,270억~1,800억 유로의 손실을 입을 수 있으며, 독일 GDP는 1.5% 낮아질 것으로 추정했다. 그리고 중국은 이때 이미 희토류 공급 통제와 미국으로부터 식량 구매 축소 이야기가 나왔다.[17]

관세 정책의 시작 - 먼저 때리고 대화는 나중에

트럼프는 취임 첫날인 2025년 1월 20일 미국의 무역 정책을 전면 개편하겠다는 계획을 발표했다. 그는 중국 수입품에 대한 10% 징벌 관세와 캐나다와 멕시코를 상대로 한 북미무역협정의 변화를 선언했다.[18] 이때 「파이낸셜타임스」는 다음과 같이 변수를 상정했는데 당시 경제계의 견해를 알 수 있다.[19]

변수 1: 트럼프가 미국 경제의 회복력을 강화할 것인가, 아니면 리스크를 촉발할 것인가?

변수 2: 특단의 정책이 중국 경제의 안정화로 이어질 수 있을까?

변수 3: 유럽은 침체에서 벗어날 수 있을까?

변수 4: 일본의 금리 인상으로 '엔화 약세'가 끝날까?

변수 5: 신흥 시장이 외국인 투자의 핫스팟이 될 것인가?

변수 6: 글로벌 자산 가격에 큰 변화가 있을까?

「파이낸셜타임스」는 이 기사에서 2025년 중국 본토 A주나 홍콩 증시를 낙관적으로 전망한다고 했으니 이때만 해도 세계는 무슨 일이 일어날지 예상하지 못했던 것이다. 이 시기 「폴리티코」도 2025년 외교 정책상의 발생 가능한 예상치 못한 사건, 즉 블랙 스완 목록을 작성했는데 ① 신종 질병의 유행, ② 해커의 공격, ③ 미국과 중국 간의 관세 타협 가능성이었다. 세상은 아직 관세 전쟁을 심각하게 생각하지 않았던 것이다.

1월 23일 트럼프는 중국이 미국에 마약인 펜타닐을 대량 공급한다며 모든 중국산 제품에 10% 관세를 부과하겠다고 선언했다.[20] 1차 무역 전쟁에서 중국이 '불공정 무역'과 '지식 재산권 도용'을 한다며 관세를 올린 트럼프는 이번에는 불법 이민과 치명적인 마약인 펜타닐이 미국 국민에게 중대 위협이 된다고 주장한 것이다. 이 논리가 사실이려면 펜타닐 문제나 불법 이민 문제에 상대국이 책임이 있어야 하고, 책임이 있는 경우라도 적극적으로 조치를 취하면 관세 조치는 풀어야 한다. 미국 관세국경보호청U.S. Customs and Border Protection, CBP에 따르면 미국 세관이 압수한 펜타닐의 98%는 미국-멕시코 국경에서 적발한 것이고, 미국-캐나다 국경에서 차단된 것은 1% 미만이다. 그러니 캐나다에 펜타닐의 책임을 묻는 이러한 주장을 캐나다가 받아들일 리가 없었다. 트럼프는 심지어 캐나다를 미국의 주로 편입하고 싶다고 발언했는데 이 말은 캐나다는 물론 전 세계를 아연실색하게 했다.

당시 트럼프의 조치는 캐나다에 비해 중국에 나쁘지 않아 보였다. 트럼프가 선거 기간 동안 밝힌 60% 관세에 비하면 10%는 훨씬 낮은 수준이었고, 트럼프가 중국과 협상할 의사를 내비친 것으로 해석되었다. 트럼프는 관세와 틱톡의 처리를 연계하는 아이디어도 제시했고 중국의 방문 초대를 기대한다고도 말했다. 중국 일각에서도 긍정적인 전망이 나오기 시작했다.

트럼프는 2월 1일 이어서 중국에 10%, 캐나다와 멕시코에 25% 관세를 부과한다고 발표하며 관세 위협이 단순한 협상용이 아니라고 강조했다. 트럼프는 높은 관세가 소비자에게 더 높은 비용을 전가할 수 있다는 점과 단기적으로 혼란을 야기할 수 있다는 점을 인정했지만, "금융 시장에 미치는 영향은 우려하지 않는다"고 말했다.[21] 당시 사람들은 트럼프의 말을 금융 시장에 영향이 없을 것이라는 의미로 해석했지만 사실은 금융 시장, 특히 주식 시장에 영향을 미치더라도 무시하겠다는 의미였을 수 있다. 왕타오王涛*는 이때 미국의 대중국 관세 10% 인상이 중국 GDP를 0.3~0.4%p 끌어내릴 것으로 예측했다.

싱위칭邢予青*은 트럼프가 중국에 부과한 10% 관세는 캐나다와 멕시코에 부과한 25% 관세보다 낮아 보일 수 있지만, 중국의 대미 수출에 미치는 실제 영향은 매우 클 것으로 보았다.[22] 중국산 제품에 대한 트럼프의 10% 추가 관세 부과가 중국에서 인도로 생산 거점을 이전하는 속도를 가속화할 것이라는 데는 의심의 여지가 없었다. 물론 트럼프는 다시 인도든 중국이든 미국에서 만든 아이폰이 아니면 고관세를 부과하겠다고 위협하고 있지만 말이다.

하지만 중국 상품에 대해서는 고작 10% 관세를 부과하면서 맹방이며 인접국인 캐나다와 멕시코에 25% 관세를 부과한 것을 세계는 이해하기 어려웠다. 캐나다는 분노했고 미국으로 가는 에너지 공급을 중단하겠다고 위협하는 지경에 이르렀다. 쥐스탱 트뤼도 캐나다 총리는 캐나다도 맥주, 와인, 목재, 가전제품 등 1,550억 달러 규모의 미국산 제품에 25% 관세로 대응할 것이라고 말했다. 300억 달러 규모의 관세가 발효되고, 21일 후에는 1,250억 달러 규모의 관세가 발효되는 일정이었다. 또한 중요한 광물 및 에너지 분야를 포함하여 미국에 대해 일련의 비관세 조치를 부과하는 것도 고려한다고 말했다. 트뤼도는 미국이 캐나다와는 무역 전쟁을 시작하면서 러시아의

- ● UBS 매니징 디렉터이자 아시아 경제 리서치 총괄 책임자, UBS 수석 중국 이코노미스트.
- ✘ 국제 무역과 글로벌 가치 사슬(Global Value Chain, GVC) 분야의 세계적 경제학자. 일본 국립정책연구대학원(National Graduate Institute for Policy Studies, GRIPS) 경제학 종신 교수, 싱가포르국립대학교(NUS) 글로벌 생산네트워크 연구센터 국제 자문위원회 위원.

푸틴은 달래는 것을 이해할 수 없었고[23], 게다가 트럼프가 당선 직후인 2024년 11월 말 트뤼도와의 회담에서 미국의 51번째 주가 되라고 캐나다 합병을 제안한 것에 분노했다. 트럼프는 2025년 1월 "캐나다가 미국의 51번째 주가 되는 것이 유일한 해법"이라고 반복했고 2월에 폭스뉴스와의 인터뷰에서 또다시 언급했으며 3월 NATO 사무총장과의 회의에서도 캐나다를 미국의 주로 편입해야 한다고 했다. 트럼프가 농담하는 것이 아니라는 의미였으며 캐나다 입장에서는 선전포고로 해석할 수도 있는 언동이었다.

클라우디아 셰인바움 멕시코 대통령은 미국이 관세를 부과하자 멕시코도 관세 및 비관세 조치를 발동하도록 지시했다. 그녀는 멕시코 정부와 범죄 조직의 연계 가능성에 대한 미국의 주장을 반박하고 멕시코 영토 침범 가능성에 대해서도 비난했다.[24]

심지어 미국 내에서도 멕시코와 캐나다에 대한 트럼프의 고관세에 반대하는 움직임이 일어났다. 무역 관련 변호사들은 트럼프가 미국 법의 한계를 시험하고 있으며, 트럼프의 고관세는 법적 문제가 있을 수 있다고 지적했다. 민주당 의원인 수전 델베네Suzan DelBene와 돈 베이어Don Beyer는 명백한 행정권 남용이라고 비난했다.[25]

그러나 트럼프가 과연 맹목적으로 이런 조치를 취했다고 볼 수 있을까? 필자는 이때 트럼프가 특유의 과장법으로 세계의 반응을 테스트했을 수 있다고 생각한다. 우선 캐나다와 멕시코 등 우방이자 인접국가에 25%라는 당시로서는 상상도 하기 어려운 관세를 부과하여 전 세계에 트럼프 관세가 엄청난 숫자일 것임을 암시함으로써 그 어느 국가나 동맹도 고관세를 피할 수 없으니 각오하라는 메시지이기도 했다고 본다.

트럼프가 가장 먼저 이렇게 국가별 관세를 시작한 것은 그의 어젠다가 향후 국가별로 달라질 것임도 암시했다. 또한 그가 미국 시장 접근권을 무기로 사용할 것이라는 뜻이기도 했다. 이제 세계 각국은 트럼프의 몽둥이가 무엇일까 상상하며 일진에게 시달리는 학생 같은 처지가 되었다. 아니나 다를까, 트럼프는 90년이나 된 국제비상경제권법International Emergency Economic Powers Act, IEEPA◆을 근거로 외국이 미국 기업에 차별적인 세금을 부과하는 경우 세율을 두 배로 올리겠다고 위협했다. 다시 말해 미국에 반격할 꿈도 꾸지 말라는 의미였다.

하지만 관세를 이렇게 만병통치약처럼 휘두르는 것에 대한 세상의 반응이 좋을 리 없었다. 제이미 다이먼Jamie Dimon✱은 관세는 경제적 도구일 뿐 그 이상도 이하도 아니라고 했다. 딩쉐샹丁薛祥 중국 부총리도 경제 글로벌화는 제로섬 게임이 아니라고 주장했다. 다보스에서 딩쉐샹의 이 연설을 보고 사람들은 중국이 자유무역을 주장하고 미국이 가장 가까운 동맹국들을 강경하게 압박하는 아이러니를 느낄 수밖에 없었다.

트럼프 관세가 2월 4일부터 시행된다면, 캐나다 및 멕시코와의 무역이 절반으로 감소하고 중국과의 무역은 최소 3분의 1로 감소할 것으로 예상되었다.[26] 올가 벨렌카야Olga Belenkaya◆는 관세 정책이 성과를 내려면 망치가 아니라 수술 도구처럼 정밀한 단위로 운영해야 한다고 말하며 이렇게 모든 상품의 수입 관세를 큰 폭으로 인상하면 오히려 미국 산업에 더 큰 피해를 입힐 수 있다고 지적했다.

아무튼 트럼프는 2월 3일 돌연 미국과 멕시코가 관세 인상 시행을 한 달간 중단하고 협상을 계속하기로 합의했다고 밝혔다.[27] 멕시코가 펜타닐과 불법 이민자의 미국 진입을 막는 임무를 맡게 될 1만 명의 군대를 멕시코-미국 국경에 즉시 파견하기로 합의했다는 것이다. 이때 트럼프에 대한 셰인바움 멕시코 대통령의 주도면밀한 대응은 전 세계의 탄사를 자아냈다. 그녀는 트럼프 사용법을 알고 있다는 전 세계의 평가를 받으며 80%라는 경이적인 수준까지 지지율을 올리는 성과를 낳기도 했다. 멕시코의 성공은 트럼프를 면밀히 분석해 대응한다면 충분히 각국 정부가 원하는 결과를 가져올 가능성이 있다는 뜻이기도 했다.

그런데 캐나다와 멕시코에는 25%나 관세를 부과하면서 중국에 10% 관세를 부과한 이유는 무엇일까? 트럼프는 취임 전에 중국산 제품에 60% 관세를 부과하겠다고 공언해온 데다 미국이 무역 전쟁을 벌인다면 그 주요 대상국은 당연히 중국임이 자명하지 않은가. 이에 대해 홍콩 「아시아타임스」는 중국에 불과 10% 관세를 부과한 것은 시진핑을 협상 테이블로 끌어들여 무역 합의를 이끌어내기 위한 방

- 1977년 미국에서 제정된 연방법으로, 대통령이 국가 안보, 외교 정책 또는 경제에 대한 '이례적이고 비상한 위협'에 대응하여 국제 경제 거래를 규제할 수 있는 권한을 부여한다. 이러한 위협은 전부 또는 상당 부분이 미국 외부에서 발생해야 하며, 대통령은 이를 국가 비상사태로 선언해야 한다.
- ✱ JP 모건 체이스(JP Morgan Chase) 회장.
- ◆ 러시아의 대표적인 거시경제 전문가, 투자회사 피남(Finam) 거시경제 분석 책임자.

법일 가능성이 높다고 추측했다.[28] 그러면서 대중국 관세를 부분적으로는 주식 시장을 겨냥한 것으로 보았다. 뒤에 설명하겠지만 이 견해는 틀렸다.

"관세에 대한 우리의 전략은 먼저 때리고 나중에 묻는 것이다." 트럼프의 핵심 경제 정책 입안자 중 한 명이 2024년 말에 한 말이다.[29] 이런 무대포식 트럼프 관세 정책은 많은 국가가 미국으로부터 새로운 위협을 느끼고 대안을 모색하게 했다. 타국은 물론 미국 내에서도 이해할 수 없다는 반응이 속출했다. 브래드 드롱James Bradford 'Brad' DeLong●은 거래를 성사시키려면 서로 신뢰해야 하는데 트럼프는 매일 자신이 약속을 지키지 않는 사람임을 증명한다고 지적했다.[30]

그 결과 트럼프는 동맹국들을 중국 쪽으로 경도되게 했다. 심지어 일부 유럽 국가는 적이 미국과 중국 중 어느 쪽인지 물었다. 캐나다와 멕시코도 미국과의 무역 전쟁에서 승리할 가능성이 낮다는 것은 알지만 반격을 해야만 했다. 어떤 국가 지도자도 외국의 괴롭힘에 약한 모습을 보일 수 없기 때문이다. 게다가 트럼프에 대한 올바른 대응은 비굴하게 굽신거리는 것보다는 맞서 싸우는 것이 더 나은 결과를 가져올 것이라는 견해가 늘어갔다. 중국에 매우 유리한 여건이 조성된 것이다.

중국의 대응 - 메시지를 보내는 억제된 보복

중국의 대응은 의미심장했다. 중국 국무원은 트럼프의 10% 관세에 대응하여 미국산 일부 수입품에 관세를 부과했는데 주목할 만한 점은 국무원의 발표가 2월 4일 13시 1분에 올라왔다는 것이다.[31] 트럼프가 중국산 수입품에 10% 관세를 부과하는 행정명령에 서명했을 때, 2월 4일 13시 1분이 대중 관세 인상 공식 발효 시간이었다. 즉 중국은 의도적으로 미국의 대중 관세 발효와 동시에 대미 관세를 부과한 것이다.

중국의 보복은 전체 미국 상품이 아니라 미국산 석탄과 액화천연가스에 한정하여 15% 관세를 부과했다. 그리고 미국산 원유, 농기계, 대배기량 차량 및 픽업트럭에도 10% 관세를 추가했다. 추이판崔凡*은 앞으로 중국은 미국의 조치에 따라 관련 대응 조치를 동적으로 조정할 수 있다고 말했다. 이렇게 중국이 에너지를 대상으로 보복 관세를 부과한 것도 의미심장했다. 중국의 가장 큰 전략 물자상의 약점으로 여겨지던 에너지를 오히려 보복 관세 대상으로 결정했기 때문이다. 다시 말해 에너지 공급망을 차단해도 중국은 문제가 없다고 미국에 보내는 메시지이며 이는 해상 봉쇄나 나아가 전쟁까지도 준비되었다는 암시였다.

● 캘리포니아대학교 버클리 캠퍼스(UC Berkeley) 경제학과 교수.
✱ 중국 대외경제무역대학교 국제경영경제학부 교수.

피터슨 국제경제연구소Peterson Institute for International Economics, PIIE는 중국이 보복하는 경우를 분석했다. 미국이 중국에 10% 추가 관세를 부과하고 중국이 같은 방식으로 대응한다면, 트럼프 2기 행정부 4년 동안 미국 GDP는 550억 달러, 중국 GDP는 1,280억 달러 감소할 것으로 분석되었다. 미국의 인플레이션은 20bp(베이시스 포인트) 상승할 것이고, 중국은 초기에는 물가가 하락한 후 30bp 상승할 것으로 추정되었다.

일부 관측통은 중국의 조치가 '최후의 수단'이거나 중국의 전통적

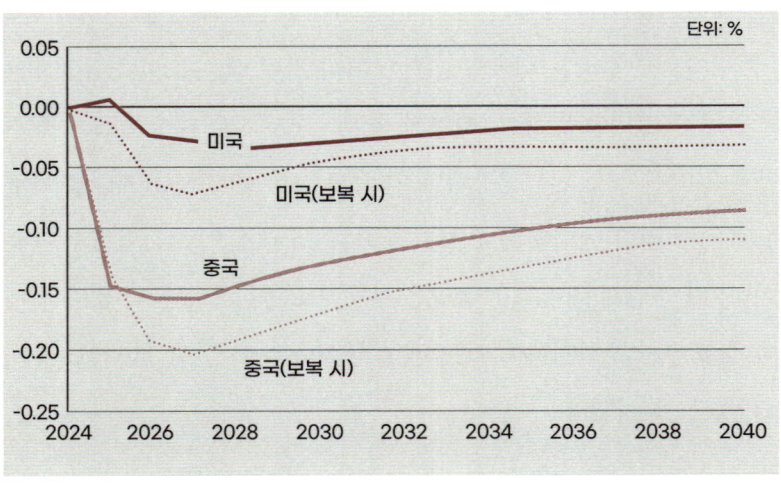

대중 추가 관세 10%의 영향 예측

중국에 대한 10% 추가 관세는 미중 경제에 모두 피해다. 2024~2040년 동안 중국이 보복할 경우와 그러지 않을 경우 베이스라인으로부터의 예상 변화 퍼센트.
출처: Warwick McKibbin, Mesan Hogan, and Marcus Noland, The international economic implications of a second Trump presidency, PIIE Working Paper 24-20.

인 '양손 준비双手准备'●에 가깝다고 보았다. 그러나 중국의 조치에 대한 트럼프의 반응은 "시 주석과의 대화를 서두르지 않겠다"였다. 그는 중국 정부가 협상을 제안해오리라 생각한 것이다.

2월 27일 트럼프는 중국의 관세 협상 태도에 불만을 표시하며 추가 10% 관세 인상을 발표했다. 그 결과 중국에 대한 기본 관세율이 20%로 상승했다. 시진핑은 이에 대해 베이징에서 열린 전국인민대표대회 폐막 연설에서 외부 압력에 굴복하지 않고 중국의 핵심 이익을 지키겠다고 선언했다. 중국 상무부는 미국의 이 조치는 다자간 무역에서 달성한 이익의 균형과 오랫동안 국제 무역에서 큰 혜택을 누려왔다는 사실을 무시하는 것이라고 말했다.[32] 그리고 미국에 신속하게 보복 조치를 취했다. 미국의 농산물과 식품에 부과하는 수입 관세를 10%~15% 인상한 것이다.

중국의 이 조치는 에너지에 대한 보복 관세에 이어 역시 의미심장했다. 필자가 졸저 『디커플링과 공급망 전쟁』에서 지적했듯이 중국은 식량 자급이 되지 않아 식량은 국가 전략 물자에 속한다. 그럼에도 중국이 대미 반격의 대상으로 선택한 것이 바로 식량이었다. 중국식 소통을 이해하는 사람이라면 이것이 중국이 미국에 보내는 두 번째 메시지임을 단번에 알아차릴 것이다. 즉 중국이 "우리는 에너지는

● 중국에서 '두 가지 계획을 동시에 준비한다'는 의미로 사용하는 표현이다. 어떤 일을 진행할 때 주 계획(A)과 대안 계획(B)을 모두 마련해놓는 전략을 가리키며, 예상치 못한 상황에 대비해 유연하게 대응하기 위한 중국식 실용주의를 지칭하는 말이다.

물론 식량에 대한 대비까지 모두 되어 있다. 해볼 테면 해보자"라고 미국에 보내는 메시지다. 이로써 미중 간의 전면적인 무역 전쟁이 한 걸음 더 가까워졌다.[33]

확대되는 관세 정책

트럼프는 돌연 대만이 미국 칩 시장의 98%를 점유한다고 지적하면서 대만의 반도체 공장을 미국으로 이전하여 '메이드 인 아메리카'로 전환하도록 하기 위해 최대 100% 관세를 부과할 것이라고 말했다.[34] 이에 대해 알렉스 카프리Alex Capri*는 트럼프 2기 행정부가 TSMC의 중국 판매에도 영향을 미칠 수 있다고 예상했다. 그에 반해 천스민钱思敏*은 TSMC 생산 첨단 반도체는 독점적이어서 대안이 없으므로 TSMC에 영향을 주지 않을 것이고, 관세가 인상되더라도 고객사가 흡수할 것으로 예상했다. 즉 트럼프의 TSMC에 대한 관세는 소용없다는 말이다. 옳은 말이지만 TSMC의 고귀한 품격은 기업의 단순한 이해관계보다 국가를 더 헤아렸다. TSMC는 트럼프의 이런 야만적인 요구에 결과적으로 미국 영토에 1,000억 달러 규모의 투자를 약속했다. 이는 대만의 국가 안전을 고려하고 대만의 전력 부족을 반영하며, 또한 이제 TSMC의 미래는 단순한 기업의 이익이 아니라 지정학에 따른 전략적 의사결정에 달렸음을 인식했기 때문이라고 필자는 생각한다.

주칭이朱敬―◆는 미국의 관세 전쟁은 상품이 대상이어서 물가에 영향을 준다며 정치인의 표심과 정치 생명에 영향을 미치기 때문에 오래 지속되지 않을 것이라고 예상했다. 그러나 기술을 겨냥할 경우 아직 등장하지 않은 상품을 대상으로 하여 선거 시 이슈가 되지 않기 때문에 미국이 오랫동안 압박할 수 있다고 보았다.

루싱즈陸行之■는 미국 정부가 상품의 원산지를 판별하기 어렵다고 지적했다. 그는 전 세계에서 미국으로 수입되는 휴대폰, 컴퓨터 등 상품을 반도체 단위까지 내려가서 대만이 최종 반도체 제조 원산지임을 증명하는 것은 미국에 상당한 부담이 될 것이라고 지적했다. 그러나 트럼프는 이렇게 세심하게 살피는 사람이 아니다. 위협을 받은 대만이 야단법석이 난 것은 당연하지만 더 중요한 흐름은 트럼프가 국가를 상대로 관세를 이야기하다가 이제 품목을 상대로 관세를 들먹이기 시작했다는 것이다.

- 싱가포르 국립대학교(National University of Singapore, NUS) 비즈니스스쿨 비즈니스 및 공공 정책 강의. 국제 무역, 공급망, 기술 정책 분야의 전문가로, 특히 기술과 국가 안보, 경제력, 사회 안정성 간의 연관성을 강조하는 '테크노 내셔널리즘(Techno-Nationalism)' 개념을 중심으로 연구하고 있다.
- ✖ 대만경제연구소(Taiwan Institute of Economic Research, TIER) 부연구원(Associate Research Fellow).
- ◆ 대만의 학자이자 전 WTO 대만 대표. 미국 미시간대학교 경제학 박사이며 대만 행정원 국가과학위원회(현 과학기술부) 위원장 등을 역임했다.
- ■ 대만의 저명한 반도체 산업 분석가로, 특히 TSMC(台積電) 같은 주요 반도체 기업에 대한 깊이 있는 분석으로 유명하다.

품목별 관세

트럼프는 3월 12일부로 미국으로 수입되는 모든 철강 및 알루미늄, 그리고 파생 제품에도 25% 관세를 부과했다.[35] 그러자 중국은 전자 제품과 군사 장비의 핵심 부품인 25개 희귀 금속의 수출 규제를 단행했다. 중국은 관세에는 관세, 품목에는 품목으로 대응한 것이다. 이렇게 되자 대만의 미디어 「연합보」는 미중 관세 전쟁이 공식적으로 시작되었다고 보도했다.[36]

「월스트리트저널」은 중국 관리들이 트럼프의 측근을 압박하기 위한 대응책으로 구글, 애플, 브로드컴, 시놉시스 등 미국 기술 기업의 명단을 작성한다고 보도했다. 이때 시놉시스는 350억 달러 규모의 인수에 대한 중국 정부의 승인을 기다리는 중이었다. 다국적 기업 간의 인수 및 합병은 종종 전 세계 각지의 반독점 규제 당국의 승인을 받아야 하는데 중국 같은 주요 국가 중 한 곳에서 승인을 얻지 못하면 실패할 수 있다. 그리고 승인을 얻지 못하면 통상 계약에 따라 막대한 손해 배상을 해야 한다. 변호사들은 중국이 점점 더 많은 거래, 특히 반도체 합병에 이러한 조건을 붙이고 있으며, 퀄컴과 브로드컴의 해외 합병은 모두 중국의 영향을 받았다고 지적했다. 이제 관세 전선은 품목에서 기업으로도 확대된 것이다.

여기에 일부 중국 관리가 애플이 중국 내 어플 기업에 지나친 수수료를 징수하는 불공정 경쟁을 한다며 애플을 미국과의 협상에서 사용할 카드로 본다는 소식이 나왔다. 톰 넌리스트Tom Nunlist*는 중국이 미국의 제재에 맞서 싸우기 위해 손이 닿는 모든 반도체를 확보하기 시작했다고 말했다. 이는 본격적으로 관세 범위가 확대되었다는 의미다.

트럼프도 질세라 2025년 3월 26일 백악관에서 수입 자동차에 25% 관세 부과에 서명하여 4월 3일부터 시행되었다.[37] 25% 관세는 수입 승용차와 경트럭, 그리고 주요 자동차 부품(부품 관세는 5월 3일부로 시행되었다)에 적용될 것이며, 필요에 따라 다른 부품으로 확대될 것이라고 했다. 멕시코에서 수입된 자동차의 부품 중 50%가 미국에서 생산되고 나머지 50%가 미국 외에서 생산되는 경우, 추가 관세율은 25%의 절반인 12.5%가 될 것이라고 했다.

가장 큰 영향을 받는 국가는 자동차 공급망이 미국과 일체화되어 있는 캐나다와 멕시코였다. 트뤼도 캐나다 총리는 미국에 대한 보복 방안을 연구하고 캐나다의 이익을 위한 조치를 취할 것이라고 말했다. 멕시코는 GDP의 약 4%를 차지하는 자동차 산업에 백만 명의 직원이 직접 고용되어 더욱 심각했다. 우르줄라 폰 데어 라이엔 EU 집행위원장도 유감을 표시했다. 특히 이시바 시게루 일본 총리는 미국이 모든 국가에 무차별적으로 자동차에 추가 관세를 부과하는 것이 정말 적절한 조치냐고 불만을 토로했다. 자동차는 일본이 미국에 수출하는 가장 중요 품목으로, 2024년 수출액은 약 6조 엔으로 일본의 대미 수출 총액의 약 30%를 차지한다.

● 중국 사이버 및 데이터 정책 분석가로, 상하이 소재 트라이비움 차이나(Trivium China)에서 기술 및 데이터 정책 부문 부국장을 맡고 있다.

게리 후프바우어Gary Hufbauer*는 미국의 최근 관세 조치가 자동차 산업에 '큰 타격'이 될 것이며 자동차 비용 증가가 특히 소비자의 재정 상황이 좋지 않을 때이니 수요를 감소시킬 것이라고 말했다. 그래서 미국 자동차 및 부품 회사들이 대규모 정리해고를 할 것으로 예상했다. 결국 트럼프의 자동차 품목 관세는 미국 자동차 회사에조차 도움이 되는지 의문스러웠다.

세상에 없던 2차 관세

2025년 3월 트럼프는 베네수엘라에서 석유를 구매하는 국가에 '2차 관세'를 부과하겠다고 위협했다.[38] 베네수엘라에서 석유와 가스를 구매하는 국가에 미국과의 무역에 25% 관세를 부과한다는 것이다. 남의 나라 간의 무역에 대해 자국이 관세를 부과하겠다는 이 전례 없는 방식은 트럼프의 창의력을 보여주었다. 프란시스코 모날디 Francisco J. Monaldi✖는 이것은 경제 전쟁의 새로운 개념이라며 어떻게 집행할 수 있을지 의문을 표했다.

트럼프는 여러 가지 이유로 관세를 부과했다면서 베네수엘라가 수만 명의 범죄자를 미국으로 몰래 유입했고, 그들 중 다수가 살인자이고 매우 폭력적인 사람이라고 주장했다. 미국은 2024년 하루에

● 피터슨 국제경제연구소(Peterson Institute for International Economics, PIIE) 비상근 선임 연구원.
✖ 미국 라이스대학교(Rice University) 베이커 공공정책연구소 라틴아메리카 에너지 정책 프로그램 책임자이자 연구원.

약 23만 배럴의 베네수엘라 원유를 수입했고 베네수엘라에서 석유를 구매하는 국가에는 중국, 인도, 스페인, 이탈리아 등이 있다. 트럼프가 관세를 위협하자 일부 국가는 원산지 세탁 등의 편법을 쓴다는 말도 있다. 이 조치는 4월 2일부터 적용되었지만 7월 기준 실제 부과된 적은 없다.

상응하는 조치로 2025년 3월 리창李强 중국 총리는 '대외제재법' 시행에 들어갔다.[39] 이 법령은 '대응 조치 개선'과 '조치 이행 강화'를 강조하고, 중국이 제재 대상에 대해 압류 또는 동결할 수 있는 재산을 현금, 주식, 지식 재산권 등으로 구체화했다. 이 법의 시행은 앞으로 중국이 미국 기업의 재산을 압류 또는 동결할 수 있다는 의미로, 말하자면 테슬라의 상하이 공장이나 TSMC의 난징 공장, 시안의 삼성전자 반도체 공장 등을 압류할 수 있다는 의미였다. 여기에 중국은 또다시 국가 안보를 이유로 25개 미국 기업에 수출 및 투자 제한 조치를 내렸지만, 트럼프 행정부의 2월 4일 관세 부과에 보복했을 때와 마찬가지로 유명 기업에 대한 처벌은 자제했다. 이를 본 분석가들은 중국이 여전히 트럼프 행정부와 휴전 협상을 희망한다고 예측했다. 하지만 미중의 보복 관세 교환은 양국 간의 전면적인 무역 전쟁으로 확대될 위험이 이제 충분해졌다.

충격의 상호 관세

해방의 날, 상호 관세 부과

2025년 4월 2일 트럼프는 상호 관세 계획을 발표하면서 해방의 날Liberation Day이라고 선언했다.[40] 트럼프는 상호 관세를 상대국이 미국에 부과하는 관세만큼 미국도 상대국에 부과하는 것이라고 했다. 이 관세는 1930년 스무트-홀리 관세법Smoot-Hawley Tariff Act[41] 이후 가장 큰 폭의 인상이었다.[42] 트럼프는 중국을 포함한 100개 이상의 미국 무역 파트너에 대한 관세를 발표했으며, 이 중 중국 제품의 관세를 34% 인상했다. 캄보디아 49%, 라오스 48%, 베트남 46%, 미얀마 44%, 태국 36%, EU 20%, 일본 24%, 한국 25%였다. 트럼프는 중국산 저가 우편 수입품에 대한 '데 미니미스de minimis(소액 면세 제도)' 조치를 공식적으로 종료하는 명령에도 서명했다. 윌리엄 그레이더William Greider●는 이날을 세계 경제에서 미국의 지배력이 종식된 날이라고 했다.[43]

트럼프는 또 자신의 궁극적인 목표가 기업들이 제조를 미국으로 이전하도록 하는 것임을 분명히 했다. 트럼프는 자신의 관세 정책이 엄청난 양의 일자리를 창출할 것이며, 물가는 그대로이거나 내려갈 것이라고 주장했다. 필립 럭Philip A. Luck✖은 트럼프 관세로 무역 상대국이 입을 피해가 미국이 입을 피해보다 클 것이라고 내다보았다. 이는 미국이 다른 대부분의 경제국보다 무역 의존도가 낮기 때문이라는 것이다. 실제로 세계무역기구에 따르면 트럼프의 주장대로 미국

미국의 상호 관세 (2025년 4월 2일 기준)

국가	상호 관세율	국가	상호 관세율
캐나다(기준일 이전에 사전 발표)	25%	캄보디아	49%
멕시코(기준일 이전에 사전 발표)	25%	베트남	46%
EU	20%	중국	34%
영국	10%	대만	32%
인도	26%	인도네시아	32%
일본	24%	한국	25%
스위스	31%	태국	36%
남아프리카공화국	30%	말레이시아	24%
브라질	10%	방글라데시	37%
이스라엘	17%	싱가포르	10%
칠레	10%	필리핀	17%
호주	10%	파키스탄	29%
튀르키예	10%	스리랑카	44%
콜롬비아	10%	페루	10%
니카라과	18%	노르웨이	15%
코스타리카	10%	요르단	20%
도미니카공화국	10%	아랍 에미리트 UAE	10%
뉴질랜드	10%	아르헨티나	10%
에콰도르	10%	과테말라	10%
온두라스	10%	마다가스카르	47%
미얀마	44%	튀니지	28%
카자흐스탄	27%	세르비아	37%
이집트	10%	사우디아라비아	10%
엘살바도르	10%	코트디부아르	21%
라오스	48%	보츠와나	37%
트리니다드 토바고	10%	모로코	10%

바탕색을 채운 칸은 대미 관세율이 최소 관세인 10%가 부과된 국가다.

- 미국의 저명한 언론인이자 작가. 「워싱턴포스트」 기자, 「롤링 스톤」 편집자, 더 네이션(The Nation) 특파원 등을 역임했다.
- ✱ CICS(미국 전략국제문제연구소) 경제 프로그램 디렉터이자 국제비즈니스 분야 숄 석좌(Scholl Chair in International Business).

의 주요 무역 상대국 대부분은 미국보다 무역 가중 평균 관세율이 더 높았다. 그중 인도의 12%, 한국의 8.4%, 브라질의 6.7%, 베트남의 5.1%, EU 국가들의 2.7%는 모두 미국의 2.2%보다 높았다.

중국의 「시대조보時代周報」는 트럼프의 '상호 관세'에는 세 가지 방침이 있다고 보도했다.[44] 첫째, 국가별 상호 관세다. 예를 들어 한 국가가 미국 상품에 100% 관세를 부과하면 미국도 해당 국가의 상품에 100% 관세를 부과한다. 둘째, 품목별 상호 관세다. 예를 들어 EU가 미국 자동차에 10% 관세를 부과하면 미국도 유럽의 자동차에 관세를 부과한다. 셋째, 부가가치세(증치세) 등 비관세 장벽 차원의 '상호 관세'다. 미국은 부가가치세를 부과하지 않는 데 비해 한국처럼 부가가치세를 부과하면 그만큼 소비자 가격이 올라가니 관세와 마찬가지라는 것이다.

트럼프의 관세는 이념이나 동맹과는 아무 관계 없었다.[45] 가장 높은 세율을 적용한 나라가 중국이 아니라 캄보디아였고, 브라질 같은 나라는 10%의 최소 관세를 받았다. 미국과 좋은 협력 관계를 맺고 있는 헝가리, 이스라엘, 이탈리아도 상당한 규모의 관세를 받았다. 더욱 놀라운 것은 EU에 20% 관세, 일본 제품에 24% 관세 등 미국의 동맹국에도 엄청난 관세를 적용한 것이다. 한국도 25% 관세를 맞았다. 지정학적으로 중요성이 부각된 인도에도 무려 26% 관세가 부과되었다. 중국은 4월 2일부터 이미 34% 관세를 부과받았고 상호 관세가 추가되어 중국산 제품의 평균 관세율은 67%에 달하게 되었다.

시장의 반응

미국은 발표한 종합 세율이 미국 상품에 대한 무역 상대국의 관세율을 누적하여 계산한 수치, 이른바 통화 조작 요인 및 기타 비관세 장벽이라고 말했다. 미국 무역대표부 USTR 웹사이트가 공개한 계산 공식은 다음과 같다.

$$\text{종합 세율} = \frac{\text{미국 수출액} - \text{미국 수입액}}{\text{미국 수입액}}$$

미국이 무역 상대국에 부과하는 이른바 상호 관세는 이 수치를 기준으로 절반을 부과한 것이다. 즉 너희 나라가 지금 미국에서 벌어가는 돈의 절반을 관세로 내놓으라는 것이다. 게리 후프바우어는 트럼프 행정부의 이런 상호 관세 계산 방법은 근거가 없다고 말했다.[46] 제임스 서로위키 James Surowiecki● 같은 이는 상호 관세의 근거로 삼은 종합 세율은 완전히 말도 안 되는 소리라고 했다. 예를 들어 한국과 EU가 미국에 부과하는 관세율이 50%나 39% 정도로 높을 수가 없다는 것이다. 실제로 한미 간에는 FTA 협정이 체결되어 대부분이 제로 관세다. 서로위키는 미국의 상호 관세 비율은 대략 미국이 무역 상대국의 무역 적자를 그 무역 상대국으로부터 수입 규모로 나눈 값으로 이

● 「뉴요커」 칼럼니스트이자 「디 애틀랜틱」 기고가.

해할 수 있다고 말했다.

영국 BBC는 어떤 나라가 무역 흑자를 보게 되는 이유는 다양하며, 무역 적자나 흑자 수치가 꼭 제로여야 할 이유는 없다고 지적했다. 왜냐하면 각국은 서로 다른 자원, 인프라, 인력, 기술을 갖고 있고, 서로 잘하는 제품이 다르기에 그 차이로 무역이 발생하기 때문이다. 이게 바로 국제무역의 가장 기본적인 원리라고 짚었다.[47] 특히 영국은 미국의 최대 동맹이며 대미 적자를 보는 국가다. 그럼에도 미국으로부터 상호 관세를 맞은 사실을 도저히 이해하지 못할 것이다. 영국이 미국에 상호 관세를 부과하면 모를까.

스콧 베센트는 미국의 1조 달러 무역 적자를 초래한 '더티 15' 국가를 발표했다. 그런데 상호 관세 최종 목록에는 동남아시아 60개 이상의 국가가 포함되었고 새로운 상호 관세는 예상보다 훨씬 높았다. 이 시점에서 미국의 평균 수입 관세는 원래 2.23%였는데 아시아 국가는 추가 관세로 이 비율이 30~40%까지 증가했다. 세계는 트럼프 행정부가 도대체 누구와 왜 싸우는지 혼란에 빠졌다.

투신촨屠新泉●에 따르면, 대부분의 국가는 미국 관세에 대한 협상력이 제한적일 수밖에 없다. 반면 트럼프 행정부는 다른 국가에 중국 제품에 대한 관세 부과뿐만 아니라 엄격한 원산지 조사에 참여하도록 요구할 수 있고, 이는 사실상 중국 제품의 우회 수출을 막는 효과로 작용할 것이다. 즉 중국 상품의 우회 수출로를 막기 위해 동맹국이나 우호국에 높은 관세를 부과했다는 해석이다.

과연 중국의 우회 수출지로 가장 주목받는 베트남은 46%나 되는 관세를 맞아 캄보디아의 관세 49%와 함께 세계 최고 수준이었다. 베트남은 즉시 관세 협상을 촉구했다. 동시에 베트남 지도부는 LNG와 자동차를 포함한 미국산 제품의 수입 관세를 인하하고, 스타링크 서비스도 신속하게 승인하겠다고 약속했다. 비슷한 반응이 태국, 인도네시아 등 이 지역의 다른 나라에서도 나왔다. 이들은 기본적으로 미국과 맞설 생각이 없으며, 무엇보다도 대미 수출 붕괴를 막고 싶어 했다. 아세안 국가 중 어느 나라도 미국 제품에 대한 보복 조치를 언급하지 않았다. 이에 대해 나중에 베센트는 아시아 국가는 협상에 성의가 있는데 유럽은 그렇지 않았다며 위협하기도 했다.

어반 레너Urban C. Lehner✱는 '트럼프 관세가 실수인 15가지 이유'라는 글에서 트럼프 관세 정책을 비판했는데 매 항목이 정곡을 찌른다.[48]

1. 미국 관세의 상당 범위가 미국이 생산하지 않는 상품도 대상으로 한다. 이런 상품에 관세를 부과하는 것은 미국 내 생산자에게 전혀 도움이 되지 않고 소비자에게는 더 큰 부담을 지운다.
2. 저임금 경쟁하는 제조업까지 미국으로 가져올 이유가 없다.
3. 다음 행정부에서 관세가 취소될 수 있다고 생각하면 사람들은 미국으로 공장을 이전하지 않을 것이다.
4. 미국은 보복 관세, 특히 미국 농산물에 대한 보복을 받을 것이다.

● 중국 대외경제무역대학교(对外经济贸易大学) 교수 겸 중국 WTO 연구원(中国WTO研究院) 원장.
✱ 오랜 기간 「월스트리트저널」 아시아 지역 통신원으로 근무한 「DTN」 편집자.

5. 공급망을 이전하려 해도 공급망 재편에는 수년의 시간이 걸린다.
6. 트럼프 상호 관세의 근거인 국제비상경제권법은 대통령에게 관세 부과 권한을 부여하지 않는다.
7. 미국과 개발도상국 간의 임금 격차가 매우 커서 미국으로 공장을 이전하더라도 고도로 자동화되어 고용 효과가 미미할 것이다.
8. 미국이 교역 흑자를 내는 영국이나 호주에 관세를 부과하는 이유는 무엇인가?
9. 높은 관세는 수입 제품 가격을 높여 소비를 억제하고 국내 업체가 가격을 올리게 만든다.
10. 상호 관세는 제품에 관한 것이지 무역 적자에 관한 것이 아니다.
11. 25억 달러 대미 흑자를 낸 러시아는 관세 부과 대상에서 제외하고[49] 동맹국에 관세를 부과하는 것은 이상하다.
12. 지난 1년 데이터로 관세를 계산하면 변동 폭을 고려하지 못한다.
13. 상호 관세는 WTO 의무를 위반하며, 캐나다, 멕시코, 한국, 호주 등과의 무역 협정도 위반한다.
14. 이 관세 부과로 각국이 느낀 미국에 대한 신뢰 상실은 부정적인 영향을 끼친다.
15. 각국은 미국과 교역이 줄어 중국과 교역을 늘릴 것이다.

레너의 이 15개 항은 매우 합리적인 의문이며 간결하고 맹쾌하다. 트럼프 행정부는 이 질문들에 수긍할 만한 대답을 전혀 내놓지 못했다. 뉴욕 연방 법원 국제무역법원은 5월 28일, 트럼프의 관세 대부분

(중국에 대한 관세 포함)이 불법이라고 판결했다. 이 판결은 10여 개 국가와의 협상을 무산시켰으며, 수천 개 미국 기업에 새로운 불확실성을 초래했다.[50] 불법의 근거로 트럼프가 관세를 부과하는 과정에서 권한을 초과했으며, 이에 따라 즉각 중단하라고 판결했다. 재판부는 관세 명령의 효력을 영구히 금지한다고 했지만 트럼프 행정부는 곧바로 항소를 제기했다. 모건 스탠리와 골드만삭스는 법원 판결의 영향이 제한적일 수 있다고 보았다. 행정부는 관세 부과를 위한 다른 수단을 보유하고 있으며, 관세 수준은 그대로 유지될 가능성이 높다고 모건 스탠리의 마이클 제자스와 골드만삭스의 알렉 필립스가 밝혔다.[51] 백악관은 섹션 232 관세와 같은 다른 관세 수단을 사용할 수 있으며, 행정부는 관세를 부과할 다른 방법을 찾을 것으로 보인다. 앞으로 법적 공방이 이어질 것이다. 다우존스 선물은 1.1%, S&P 500 지수는 1.4%, 나스닥 지수는 1.6% 상승하는 등 시장은 국제무역법원 판결에 긍정적인 반응을 보였다.[52] 관세 전쟁의 불확실성만 가중된 꼴이다.

앤드루 리포Andrew Lipow●는 트럼프가 상호 관세로 두 가지 목표를 달성할 수 있을 것으로 보았다. 첫 번째 목표는 철강 생산, 알루미늄 생산, 조선과 같은 산업의 일자리를 미국으로 가져오는 것이다.[53] 두 번째 목표는 다른 국가의 관세가 미국과 거의 동등해져 공평한 경쟁의 장을 만드는 것이다.

● 미국 텍사스주 휴스턴에 본사를 둔 에너지 컨설팅 회사 리포 오일 어소시에이츠(Lipow Oil Associates, LLC) 창립자이자 대표. 정유업계와 에너지 시장에 대한 깊은 통찰력으로 널리 알려져 있다.

중국의 반응

중국은 34%의 새로운 관세 부과에 직면하게 되었다. 이 시점에서 백악관 관계자는 중국에 기존 20%에 새로운 관세가 추가되어 총 54%가 될 것이라고 확인해주었다. 모건 스탠리와 노무라는 이전 관세를 고려할 때, 미국이 중국 제품에 부과하는 평균 관세가 65%~66%까지 상승할 수 있다고 추정했다. 중국증권리서치中国证券市场研究设计中心, China Securities Research는 전체 중국 수출을 7%~11% 감소시킬 수 있으며, 중국의 실질 GDP는 0.25%~0.9% 감소를 예상했다. 화창증권华创证券의 추정으로는 미국 GDP도 약 0.2~1.5%p 끌어내리고 단기 물가는 약 0.7~1.6%p 상승할 것으로 보았다.

중국은 즉각 시장 부양에 나섰다. 보험사의 경우 총자산의 최대 50%까지 주식에 투자할 수 있게 했다. 중국인민은행은 자본 시장 안정을 위해 중앙후이진투자유한공사中央汇金投资有限责任公司에 재대출 지원을 약속했다. 홍콩 증권 감독 당국은 허가된 암호화폐 거래 플랫폼이 스테이킹 서비스•를 제공하도록 허용하겠다는 계획을 발표했다. 이런 중국 정부의 조치는 주식 시장 부양에 집중된 것으로 과거 중국 정부의 정책 기조와는 사뭇 다른 것이었다.

● 사용자가 보유한 암호화폐를 일정 기간 동안 블록체인 네트워크에 예치하여, 네트워크의 운영과 보안에 기여하고 그 대가로 보상을 받는 방식이다. 은행에 돈을 예금하고 이자를 받는 것과 유사한 개념으로, 암호화폐를 단순히 보유하는 것에서 벗어나 추가 수익을 창출하는 방법이다.

중국 정부는 '미국의 무차별적인 관세 부과에 반대하는 입장中国政府关于反对美国滥施关税的立场'[54]을 내고 미국을 강력히 비난했다. 규칙에 기반한 다자간 무역 체제를 심각하게 훼손하고, 세계 경제 질서의 안정성에 심각한 영향을 미친다는 것이었다. 그러면서 국가들은 원칙을 고수하고, 진정한 다자주의를 고수하며, 모든 형태의 일방주의와 보호주의에 공동으로 반대하고, 국제 체제를 보호하고, WTO를 중심으로 다자 무역 체제를 유지해야 한다고 주장했다. 그러고는 중국도 보복으로 미국에 34% 추가 관세를 부과하겠다고 발표하면서 세계가 본격적인 무역 전쟁에 가까워졌다.[55] 중국의 현행 보세 및 감면 정책은 그대로 유지되지만 추가 관세는 감면되지 않는다. 이 발표 이후, 글로벌 주식 시장은 하락세를 이어갔다. S&P 500 선물은 2% 하락했고, 유럽 전역의 Stoxx 600 지수는 4.4% 하락했다. 월 스트리트 주식의 시가 총액은 약 2조 5,000억 달러가 증발했다.

트럼프는 누구와 무엇을 싸우는가

나는 한 놈만 팬다

중국이 굴복하지 않자 트럼프는 중국에 50% 추가 관세를 부과하겠다고 또다시 위협했다.[56] 이럴 경우 대중 누적 관세율은 104%에 달한다. 트럼프는 중국이 자신의 경고를 무시했다며 강력히 비난했다. 트럼프에게는 자신이 위협하면 모두 달려와 머리를 조아려야 하는 것이다.

하지만 린젠林劍 중국 외교부 대변인은 4월 8일 미국이 관세 전쟁과 무역 전쟁을 고집한다면 중국은 끝까지 싸우겠다고 말했다. 스콧 베센트는 중국이 미국 상품에 관세를 인상하는 보복 조치를 취함으로써 스스로를 고립시키기로 결정했다고 보았다.[57] 하지만 스스로를 고립시키는 것은 중국이라기보다는 미국으로 보였다. 「르몽드」는 미중 간의 무역 대결이 고조된다는 긴 기사를 게재하며 트럼프 행정부가 즉흥적이라는 느낌을 준다고 강조했다.[58] 많은 사람이 공감했을 것이다.

버티는 중국

「베를린모닝포스트」는 트럼프가 계산을 잘못한 것 같다고 했다. 왜냐하면 중국 정부가 트럼프 행정부에 굴복하지 않고 4월 10일부터 미국에서 수입되는 모든 상품에 34% 추가 관세를 부과하겠다고 발표했기 때문이다.[59] 시진핑은 이렇게 미국 수입품의 관세를 125%로 인상했다. 발표 전, 그는 "관세 전쟁에서 이기는 사람은 없다"며 "우리는 누구의 은혜에 의존한 적이 없으며, 불합리한 억압을 두려워하지 않는다"라고 말했다.[60]

또한 중국은 미국 수입 관세와 관련하여 WTO에 제소했다. 중국은 이제 결의를 보이는 것이다. 트럼프의 이해할 수 없는 관세는 중국 지도부에 엄청난 도덕적 우위를 제공했고, 중국의 위상을 높였다. 한국과 일본도 미국 관세에 대응하고자 중국과 대화를 모색하기 시작했다. 이는 2024년부터 재개된 한중일 3국 간의 협의에서 한일은 원래 중국의 한중일 FTA 제안에 소극적이었지만 트럼프의 관세 전쟁으로 탄력을 받은 것이다. 의외의 반작용이 일어난 셈이다.

하지만 중국의 보복 관세를 당하고 가만히 있을 트럼프가 아니었다. 4월 9일, 트럼프는 미국에 보복 조치를 취하지 않은 국가에 대한 '상호주의' 관세를 90일간 유예하는 동시에 즉각적으로 상호 관세율을 125%로 상향 조정했다. 중국산 제품의 관세율은 실질적으로 145%로 인상되었다.[61]

중국 국무원도 이에 대응하여 모든 미국 수입품에 추가로 50%의 보복 관세를 부과한다고 발표했으며[62] 2025년 4월 10일 00시 01분부터 관세 인상률이 34%에서 84%로 상향된다고 발표했다.[63] 중국은 트럼프의 압박에 굴하지 않고 보복한 것이다. 그 결과 미국 수입품의 중국 관세는 125%로 인상되었다. 이제 관세 전쟁은 미국 대 전 세계에서 미중 관세 전쟁으로 양상이 바뀌었다.

2024년 미중 간 교역액은 약 5,850억 달러였다. 미국이 중국에서 들여온 수입액은 4,400억 달러에 달했지만 수출액은 1,450억 달러에 불과했다. 황치판은 중국이 미국으로 수출하는 약 5,000억 달러 중 3,000억 달러 정도는 중국 기업의 수출이 아니라 미국을 주축으로 하는 서방 기업들의 중국 생산 거점에서 미국으로 보내는 수출이라며 그 모순을 지적하기도 했다. 트럼프의 1차 무역 전쟁 당시 중국에서 미국 수출 규모가 가장 큰 20개 기업 중 대만 기업이 15개였으며 한국의 삼성전자도 있었다. 이렇게 이전에는 순수한 중국 기업의 비율은 트럼프가 이야기하는 것만큼 많지 않았다. 그러나 중국 기업의 대미 수출 비중은 시간이 갈수록 커져만 갔다. 현재 미국은 중국에 2,950억 달러의 무역 적자를 기록했는데, 이는 미국 경제 규모의 약 1%에 불과하다. 미국이 중국에서 수입하는 상품 중 가장 큰 품목은 스마트폰으로, 전체 수입의 9%를 차지한다. 이 중 상당 부분이 애플의 아이폰이다. 지금도 미국 기업의 대미 수출 비중이 상당한 것이다.

국제통화기금IMF에 따르면, 2025년 미국과 중국은 세계 경제의 약 43%를 차지한다. 상품을 미국으로 수출하지 못하게 되면, 중국 기업은 다른 시장에 상품을 '덤핑'하려고 할 수 있다. 그렇게 되면 수

2025년 4월 21일 기준 미국 관세 상황

국가	복합 관세	미국 수입량 변화율 퍼센트
중국	43.8%	-51%
인도네시아	26.1%	-32.8%
대만	26.1%	-28.6%
한국	20.5%	-28.1%
일본	19.7%	-25.7%
남아프리카공화국	24.5%	-25.2%
멕시코	20.5%	-24.1%
캐나다	20.5%	-22.8%
인도	21.3%	-19.3%
기타 아시아 각국	26.5%	-17.5%
EU	16.5%	-10.7%
스위스	25.3%	-6.3%
노르웨이	12.5%	-5%
튀르키예	8.4%	+0.4%
브라질	8.4%	+0.4%
영국	8.4%	+0.8%
중미 및 남미	8.4%	+4.4%
호주	8.4%	+5.2%
중동	8.4%	+5.5%
기타 아프리카 각국	8.4%	+7%

출처: CSIS Economics Program and Scholl Chair in International Business.

많은 개발도상국가와 신흥 시장 국가에 엄청난 혼란과 피해를 끼칠 수 있다. 이런 상황에서 국제적인 지지가 트럼프보다 중국에 향하는 것은 당연한 일이었다. 중국이 끝까지 싸우겠다고 다짐할 수 있었던 데에는 이러한 국제 여론도 한몫했다. 미국 전략국제문제연구소 Center for Strategic and International Studies, CSIS가 분석한 각국의 관세로 인한 대미 수출 규모 변화는 71쪽 표와 같다.

채권 시장 폭락과 드러난 트럼프의 약점

미국이라고 자본 시장이 좋을 리 없었다. 미국 증시는 연속 하락세를 보이며 S&P 500 지수는 거의 1년 만에 처음으로 5,000 아래로 마감했다.[64] 지수는 약세장을 정의하는 20% 하락에 근접했다. 일반적으로 주식 시장이 하락하면 미 국채 이자율이 내려간다. 투자자들이 주식을 팔면, 자금을 안전한 자산으로 옮기고 싶어 하고, 이로 인해 미 국채 수요가 증가하기 때문이다. 그런데 이번에는 그 반대 현상이 일어났다. 투자자들은 매수 대신에 매우 공격적인 매도를 했다. 트럼프가 상호 관세 부과를 발표한 후 일주일 동안, 그의 태세 전환까지 30년 만기 미국 국채 수익률은 40bp 가까이 치솟아 4.91%까지 올랐고, 10년 만기 국채 수익률은 0.3%p 가까이 상승한 4.45%까지 올랐다.

이런 채권 시장 폭락으로 백악관은 관세 부과를 중단해야 했다.[65] 그리고 주식 시장 폭락에도 골프 치러 나가던 트럼프가 채권 시장 폭락에는 이렇게 민감한 반응을 보이는 것에 사람들의 관심이 집중되었다. 트럼프가 약 60개국에 가파른 폭으로 관세를 부과한 지 불과 몇 시간 만에 90일간 관세를 유예하겠다고 발표한 것은 중국의 보복 관세에 대한 재보복이었지만 이런 빠른 태세 전환은 그야말로 사람들을 아연실색하게 했다. 에밀리 킬크리스Emily Kilcrease● 같은 사람은 관세 유예 조치가 미국 주식 시장의 급격한 하락에 대한 반응이며, 공화당 의원들을 포함하여 점점 더 많은 사람이 중국과의 협상 재개를 요구하기 때문이라고 말했다. 다이앤 스윙크Diane Swonk✖는 관세 유예 결정이 발표된 후 "이건 말도 안 된다. 이미 피해가 발생했다. 불확실성 자체가 경제에 대한 세금이다"라고 말했다.[66] 필자는 후자의 반응이 정상적이라고 생각한다.

트럼프가 채권 시장의 변동에 굴복한 것은 트럼프의 무대포식 정책이 사실은 상황에 따라 변할 수 있음을 상기시켰다. 이에 따라 중국의 강경한 저항이 지속된다면 트럼프 쪽에서 굴복할 가능성도 있다는 인식이 형성되기 시작했다. 미국 관세국경보호청이 전자 제품 등 품목 일부를 이전의 '상호 관세'에서 면제하는 등 관세 규정을 조용히 수정한 것도 이러한 인식을 강화했다. 일각에서는 트럼프의 대중 관세 정책이 느슨해졌다는 신호로 보았고, 일부는 백악관이 내부적으로 마침내 현실을 인정했다고 분석하기도 했다.[67] 미국의 미디어

● 미국의 싱크탱크 Center for a New American Security(CNAS) 선임 연구원 겸 에너지, 경제 및 안보 프로그램 디렉터.
✖ KPMG 수석 이코노미스트 겸 매니징 디렉터.

들은 관세 유예 배경으로 강경한 피터 나바로Peter Navarro◆가 물러나고, 상대적으로 유연한 스콧 베센트가 그 자리를 대신하게 된 사실을 지적하기도 했다.[68]

하지만 근본적인 의문이 있었다. 왜 다른 나라들이 미국에 양보해야 하는가라는 문제다. 트럼프 행정부는 채권 시장의 반응에 분명히 겁을 먹은 것으로 보이고 10% 일반 관세도 면제 대상이 많으며, 가장 큰 면제 대상이 오히려 무역 흑자가 큰 국가들이다. 이는 결국 트럼프 행정부가 무역 균형이 아니라 사실은 자국 상황을 근거로 협상을 진행한다고 해석하게 했다.

물론 트럼프는 아무도 관세를 면제받지는 못한다며 이는 일시적인 조치이며 조만간 다른 관세가 적용될 것이라고 말했다.[69] 관세가 면제된 품목은 다른 관세 부과 대상으로 변경되는 것일 뿐이며, 미국 정부는 반도체와 전자제품 공급망 전체를 살펴보겠다는 것이다. 하워드 루트닉Howard Lutnick과 관리들도 다른 세율로 전환되기 전 일시적인 중단일 뿐이라고 말했다. 관세 전쟁에 대한 외국의 여론은 당연히 나쁘지만 미국 내부에서도 부정적인 여론이 높았다. "대통령과 그의 보좌관들이 물러서지 않겠다는 의사를 분명히 밝혔다. 금융 시장의 반응과 임박한 경제적 피해를 고려할 때 충격적인 일이다"라고 마이클 스트레인Michael Strain✖은 말했다.[70] 그는 경제적 피해를 피하고 2026년 중간선거와 2028년 대선에서 패배하지 않으려면 방향을 바꿔야 한다고 지적했다. 월 스트리트의 '공포 지수'로 알려진 Cboe 변동성 지수Cboe Volatility Index◆는 2020년 이후 가장 높은 변동성 수준에 도달했다.

미중 관세 전쟁 난항

중국 정부는 미국산 수입 상품의 관세 인상률을 84%에서 125%로 상향 조정한 후[71] 현재의 관세 수준에서는 미국 상품이 중국 시장에 수입될 가능성이 없으므로, 중국은 앞으로 미국이 중국 상품에 부과하는 모든 후속 관세 인상을 무시할 것이라고 선언했다. UBS는 중국이 미국의 추가 관세 인상에 보복하지 않겠다고 선언한 것은 양국 간의 무역이 본질적으로 완전히 단절되었다는 것이라고 말했다.

트럼프는 반도체 관세에 대한 행정부의 접근 방식을 업데이트할 것이라고 하더니[72] 4월 12일, 갑자기 중국산 스마트폰과 컴퓨터 등 제품을 '상호 관세'에서 면제한다고 발표했다.[73] 미디어들은 이를 중국과의 관세 전쟁에 대한 '후퇴' 내지 최소한 '유화'로 해석했다. 트럼프가 중국산 제품의 관세를 크게 면제한 것은 이때가 처음인데, 한 무역 분석가는 이를 "판도를 바꾸는 상황"이라고 표현했다. 댄 아이브스Dan Ives ■는 애플, 엔비디아, 마이크로소프트, 그리고 전체 하이테크 산업이 크게 안도할 것이라고 했다.

- ● 미국의 경제학자이자 작가. 도널드 트럼프 대통령의 핵심 무역 정책 고문으로, 트럼프 1기 행정부에서 미국무역대표부(USTR) 대표를 맡았고 트럼프 2기 행정부에서는 무역 및 제조업 담당 수석 고문을 맡고 있다.
- ✖ 미국의 경제학자. 현 미국기업연구소(AEI) 경제정책연구국장 및 아서 F. 번스 정치경제학 석좌. 조지타운대학교 맥코트 공공정책대학원 실무 교수, IZA 노동경제연구소 연구원, 위스콘신대학교 매디슨 캠퍼스 빈곤연구소 연구 제휴자, 애스펀 경제전략그룹 회원.
- ◆ 흔히 'VIX' 또는 '공포 지수(Fear Gauge)'로 알려진 이 지수는 미국 주식 시장의 향후 30일간의 예상 변동성을 측정하는 지표다. 시카고옵션거래소(Cboe)가 1993년에 도입한 이 지수는 S&P 500 지수 옵션의 실시간 가격을 기반으로 계산되며, 투자자의 시장 불안 심리를 반영한다.
- ■ 미국 투자은행 웨드부시증권(Wedbush Securities) 매니징 디렉터이자 수석 기술 주식 분석가(Managing Director & Senior Equity Research Analyst).

하지만 중국 상무부는 이것은 일방적인 상호 관세에 대한 미국의 잘못된 접근 방식을 바로잡는 미미한 단계라고 말하며 무역 협박으로 이익을 얻으려는 미국의 본질에는 변화가 없는 상징적 조치에 불과하다고 평가했다. 그러면서 중국은 미국이 상호 관세를 폐지하고 대대적인 조치를 취하도록 촉구했는데 만일 중국이 일부 관세 면제에 감사하리라고 미국이 기대했다면 큰 착오라는 강경한 태도였다.[74]

4월 14일, 트럼프 행정부는 반도체와 의약품에 '섹션 232 조사'를 개시했다고 발표했다. 섹션 232 조사는 1962년 무역 확장법 섹션 232에 따라 특정 제품의 수입이 미국 국가 안보에 위협이 되는지 여부를 미국 상무부가 조사하는 것이다. 후젠귀胡建国*는 이런 조사나 관세 인상은 WTO의 의무와 원칙을 심각하게 위반한다고 지적했다.[75] 그러거나 말거나 트럼프는 두 산업에 모두 높은 관세를 부과할 계획이라고 거듭 밝혔고, 미국 관리들은 가전제품도 반도체 조사 대상에 포함될 수 있다고 말했다.[76] 이러한 조사는 일반적으로 완료하는 데 몇 달이 걸리며, 공개 통지 및 의견 수렴 기간이 포함된다. 하지만 트럼프 행정부는 의견을 수집하는 데 21일이 걸릴 것이라고 말했다. 그러니까 상당히 의도적인 발표임을 숨기지 않은 것이다.

트럼프는 어떤 나라도 자신의 관세 공세에서 벗어날 수 없을 것이라고 다시 경고했고 특히 중국이 그 예라고 말했다. 하워드 루트닉은 반도체와 의약품의 구체적인 관세가 "아마도 한두 달 안에" 부과될 것이라고 말했다.[77] 그는 필요한 기본 물자를 중국에 의존할 수는 없다며 의약품과 반도체는 미국에서 생산해야 한다고 말했다. 이어서 트럼프 행정부는 중국산 수입품에 최대 245% 관세를 부과할 가능성을 검토한다고 발표하며 이 조치는 양국 간 무역 대결의 격화와 관련이 있다고 언급했다.[78] 그러나 메건 카셀라Megan Cassella✽는 중국의 관세가 245%로 인상됐다는 뉴스를 오해하지 말라며 트럼프가 중국에 부과한 145% 관세는 취임 전에 이미 시행한 관세에 추가된 것이고 일부 상품의 기존 관세가 이미 100%에 달했다고 했다.[79] 그러니까 이전에 중국산 제품의 관세가 품목당 7.5%에서 100%까지 있었는데 최대 관세를 100% 받던 품목에 새로운 145%를 더하면 백악관이 발표한 것처럼 최대 245%까지 올라갈 수 있다는 설명이었다. 말하자면 아무것도 달라지지 않았는데 트럼프 행정부는 세상을 겁준 것이다. 백악관은 이미 75개 이상의 국가가 새로운 무역 협상을 논의하려고 연락을 해왔다며 중국을 제외한 모든 국가의 개별 관세가 유예되었음을 강조했다. 이는 중국을 압박하려는 의도가 너무나 분명했다.

중국의 대응은 역시 강경했다. 중국은 자국 항공사에 보잉 비행기 구매를 중단하고 미국 항공기 장비 및 부품 구매도 중단하도록 명령했다.[80] 중국남방항공은 보잉 787-8 드림라이너 항공기 10대의 인수를 즉각 중단했다.[81] 보잉은 이미 제작되거나 제작 중인 항공기의 재판매 옵션을 적극적으로 검토할 수밖에 없었다.[82]

● 중국 현대화개발연구소 선임 연구원 겸 난카이대학교 법학부(南开大学法学) 교수.
✽ CNBC 워싱턴 특파원.

미중 무역 협상 잠정 합의

차오신曹辛*은 중미 관세 전쟁에서 주목할 만한 몇 가지 현상이 확인되었다고 했다.[83] 첫째 중국과 미국의 지도부는 완전히 다른 철학과 사고방식, 운영 방식을 가지고 있고, 둘째 양국 모두 관세 문제에 동맹국을 동원할 수 있는 능력이 제한적이라는 것이다. 결국 미중 모두 주요 경제국의 협조를 받아야만 이 전쟁에서 승리할 수 있다는 말인데, 미국은 경제가 발전한 서방 국가들을 동맹으로 가지고 있고 중국도 그 외 국가들, 글로벌 사우스, BRICS, SCO* 등 진영과의 유대 관계가 강력하다.

트럼프는 중국이 먼저 협상에 나서야 한다고 자신의 팀에 지시했다고 한다. 트럼프의 참모들은 중국 지도부가 미국과 협상에 나서지 않는 것은 체면 때문으로 생각한다고 미디어들이 전했다. 과연 그럴까? 필자가 아는 중국은 지금 펼쳐지는 미중 갈등을 1999년 말부터 준비해왔다. 소식통에 따르면, 트럼프 행정부가 접촉 희망자 명단을 중국에 보냈지만[84], 중국은 무시했다고 한다. 이번 관세 전쟁에서 중국의 대응 태도는 지난 트럼프 1기의 무역 전쟁과는 전혀 다르다.

케빈 해셋Kevin Hassett*은 트럼프 내각이 미국이 동맹들과 반중 연합을 형성해야 하는지 논의할 것이라고 말했다. 그러나 트럼프가 세계 여러 나라에 한 행동은 협력을 받기 어려웠다. 중국도 다른 나라에 손을 내밀고 있지만 한국을 포함한 대부분 국가는 눈치만 보는 중이다. 그러나 일단 트럼프의 고관세가 시행되면 각국은 미국 시장에서의 손실을 만회해야 하니 중국 시장에 접근할 수밖에 없다. 이는 필연적으로 미국에 손실이 되고 중국에는 이익이 될 것이다.

그러던 중 중국 쪽에서 변화가 나타나기 시작했다. 중국은 일부 미국산 수입품에 125% 관세를 면제했고, 기업들에 추가적으로 관세 과세 대상에서 제외해야 할 필수 품목을 파악해달라고 요청했다.[85] 이는 중국 정부가 굴복하는 게 전혀 아니었고 관세 전쟁의 장기화를 가정한 대응 수순이었다.

마이클 하트Michael Hart ■는 중국이 의료 수입품의 관세 면제를 검토한다고 전했다.[86] 또 항공 우주 및 산업용 화학 분야의 기업들은 이미 일부 제품이 관세에서 면제되었다고 전했다. 특정 반도체 제품이 관세에서 면제되었다는 보도도 나왔다. 프랑스 항공 엔진 제조업체 사프란도 관세가 면제되었다. 중간재나 대외 경쟁력에 영향을 주는 수입에 대해서 중국이 본격적으로 관세 면제나 감면하는 실무 작업을 진행한 것이다.

이런 중국을 바라보는 트럼프 행정부는 무척이나 속이 탔을 것이다. 스콧 베센트가 4월 22일 비공개 투자자 서밋에서 미국은 중국과의 디커플링을 추구하지 않으며 상대국에 무거운 관세를 부과하는 현 체제는 양국 모두에 지속 불가능하다고 강조한 것에서도 엿볼 수

- 「파이낸셜타임스」 칼럼니스트.
✖ 상하이협력기구(Shanghai Cooperation Organization).
◆ 국가경제위원회 위원장.
■ 주중 미국 상공회의소 회장.

있다. 트럼프와 참모들은 중국과 매일 소통한다고 했지만 중국은 계속 사실과 다르다고 공식 발표를 했다. 누가 거짓말을 하는 것일까? 중요한 사안은 아니지만 필자의 눈에는 분명해 보인다.

아마도 트럼프 행정부에 중국의 이런 강경한 저항은 의외였을 것이다. 초조해진 트럼프 행정부는 중국산 수입품의 관세를 50~65%로 낮추는 대신 미국의 국익에 전략적이라고 간주되는 품목에는 100% 관세를 유지하는 방안을 검토할 수 있다는 가능성을 제기했다.[87] 마이클 하트는 미국 상무부도 관세가 기업에 끼치는 영향을 평가한다고 말했다. 하지만 대미 관세가 54~56%가 되면 중국 입장에서는 거의 대부분의 상품이 수출 불가능해져서 50~65%로 관세를 낮추는 정도가 동기 부여가 될 리 만무했다.

영국의 중국계 퀀트 투자 기업에서 트레이딩 책임을 맡고 있는 이승주 박사는 필자의 지인인데 중국과 서방 자본 시장을 모두 이해하는 전문가라는 점에서 매우 귀중한 통찰을 주는 분이다. 그 또한 중국 정부가 비공식으로 미국에서 들어오는 수입 물품의 관세를 면제해준다는 소식을 소셜 미디어에 포스팅했다.[88] 그는 트럼프와 미란 Stephen Miran● 이 중국과 딜을 진행 중이라고 말하지만 이것을 미중 사이에 딜이 있을 것이라고 해석하면 안 된다고 했다. 그는 중국 정부가 비공식 관세 면제를 한다는 것은 미국과 합의할 생각이 없다는 증

● 세계 무역 시스템 재건에 관한 백악관 경제자문위원회 의장.

거라고 해석했다. 필자 또한 이승주 박사의 분석에 동의한다.

결과는 사실 자명했다. 2025년 5월 중국 상무부는 미국이 여러 차례에 걸쳐 '관련 당사자를 통해'[89] 중국에 정보를 전달하며 중국과 대화하기를 희망한다고 발표했다. 그리고 중국은 '평가를 하고 있다'고 말했다.[90] 중국과 협상이 진행 중이라는 미국의 주장을 중국 정부는 부인해왔는데 이때 처음으로 미중이 접촉했음을 인정한 것이다.

그럼에도 허야둥何亚东 상무부 대변인은 미국이 말과 다른 행동을 하거나 협상을 가장한 강압과 협박을 계속한다면 중국은 결코 동의하지 않을 것이며 합의하기 위해 원칙적인 입장이나 국제 정의를 희생하지 않을 것이라고 말했다.[91] 이는 중국 정부의 일관된 주장, 미국이 지금까지 약속을 지키지 않는 행동을 많이 했다는 전제를 포함하는 것이었다.

결국 미중은 5월 12일 스위스 제네바에서 대면 협상을 했다. 정상끼리 만나서 해결하겠다는 트럼프의 주장이 꺾인 것이다. 중국은 허리펑何立峰 부총리를 수석으로 했고 중국 상무부 부부장 리청강李成钢이 무역 대표로 첫 데뷔를 했다. 미국은 스콧 베센트 재무부 장관과 제이미슨 그리어 미국 무역대표부USTR 대표가 대표로 참석했다. 이틀간 벌인 협상 후 양 당사국은 다음에 합의했다.[92]

- 양국은 향후 90일간의 관세 유예 기간을 갖고 이 기간 중 협상을 한다.
- 해당 기간 동안 미국은 대중 관세를 30%로 유지한다.[93]
- 중국은 동 기간 동안 대미 관세를 10%로 유지한다.[94]

이 이니셔티브에 따라 미중 양국은 경제 및 무역 관계에 대한 협의를 계속하기 위한 메커니즘을 구축하기로 했다. 협의는 양국의 합의에 따라 중국, 미국 또는 제3국에서 진행될 수 있으며 필요하면 실무급 협의를 별도로 진행할 수 있다.

잠정적 합의이기는 했으나 당초 합의가 매우 어려울 것이라는 전망이었고 당장 고관세 실행을 목전에 둔 시점에서 이러한 '잠정' 합의를 이룬 것은 전 세계를 기쁘게 했다. 전 세계의 주가는 상승했고 미디어들은 환호했다. 혹자는 이럴 거면 트럼프는 왜 그리 높은 관세를 부과했는지 이해할 수 없다고도 했다. 그러나 이는 분명히 '잠정 조치'이며 미중 간의 합의를 이룬 것이 아니었다. 그리고 미중 협상 타결 가능성에 대해서는 여전히 비관적으로 보는 견해가 많았다. 트럼프 자신부터 중국이 90일 이내에 무역 협상에 합의하지 않으면 관세가 다시 올라갈 것이며, 145%까지는 아니더라도 '극적으로' 인상될 것이라고 말했다.[95]

펑보彭波*는 스위스 중미 경제무역 회담이 기대 이상의 성과를 거뒀고 중대 위기는 완화됐지만 중미 협력의 길은 여전히 도전에 직면해 있다고 평가했다. 그는 미국의 원래 구상은 전 세계 국가에 고관세를 부과하여 미국에 양보하도록 압박하고 제조업이 중국에서 나와 미국으로 가도록 밀어붙이는 것이었다고 주장했다. 그런데 중국의 단호한 대응으로 미국은 원점으로 돌아갈 수밖에 없었다는 것이다.[96]

위엔간공元淦恭이라는 필명의 중국 칼럼니스트는 미국의 펜타닐 관세 20%가 이번 협상에는 포함되지 않았다는 점을 지적했다.[97] 그러면서 그는 강경한 중국이 타협하는 영국보다 더 나은 결과를 얻었다고 주장했다. 이 결과는 미중이 지금 당장 디커플링을 하지 않을 것이며, 디커플링할 수도 없음을 시사한다는 것이다. 그러나 그는 양측이 이미 '디커플링'에 대비한다는 점을 지적하며 이것은 "기대치의 영구적인 변화"라고 말했다.[98] 결국 장기적으로 볼 때 디커플링 가능성이 있다는 것이다.

브렌던 켈리Brendan Kelly✱와 마이클 허슨Michael Hirson◆도 양국의 구조적 긴장과 정치적 현실이 실질적인 협력을 어렵게 한다고 분석했다.[99] 이들도 미중 양국은 상대와의 디커플링 또는 디리스킹을 전략으로 채택하여 양국 간의 기술 및 공급망 분리는 가속화할 것으로 보았다. 또 미국 내 반중 정서, 여기에 대만 해협과 남중국해의 군사적 긴장이 양국 간의 신뢰를 유지하기 어렵게 한다는 것이었다. 그래서 디리스킹 추세는 향후 지속될 가능성이 높으며, 이는 글로벌 경제에도 장기적인 영향을 미칠 것이라고 예상했다. 이들의 관점은 우리나라의 상황과 다르지 않아 더욱 무겁게 다가온다.

그러나 몇 가지 점에서 이 스위스 합의는 고무적이었다. 미중 두 나라가 모두 합의가 절실했음을 알 수 있다. 게다가 발표에서는 누락되었지만 트럼프는 중국이 완전한 시장 개방을 약속했다고 말했는데

● 중국 상무부 국제무역경제합작연구원(商务部国际贸易经济合作研究院) 연구원.
✱ 아시아 소사이어티 정책연구소(Asia Society Policy Institute) 중국 분석 센터 비상근 연구원.
◆ 22V 리서치(22V Research) 수석 매니징 디렉터, 전 미국 재무부 중국 재무관(Financial Attaché to China).

이는 이번 합의에서 미국의 대중 관세가 대폭 하락한 것에 대한 중국의 대가가 있음을 시사한다. 5월 12일의 잠정 합의 내용으로는 미중이, 특히 미국이 만족할 리 없다는 의문에 대한 대답이 될 수 있다.

또한 합의된 관세는 양국 모두 수용 가능한 수준이라는 점도 의미가 컸다. 중국의 자원 및 중간재 수입 관세는 평균 6%다. 대미 평균 관세는 21% 수준이다. 따라서 10%는 중간 정도로 중국이 수용 가능한 수준이다. 미국도 40% 이상의 고관세는 국내 수요를 낮추어 미국 연방 정부의 실질적인 세수는 줄어든다. 관세만 본다면 20% 정도가 가장 세수가 높아질 것이라고 하는데 그렇다고 100%가 넘는 관세의 칼을 꺼내든 미국이 20%로 낮출 수는 없는 노릇이다. 따라서 30% 관세는 미국에도 충분히 수용 가능한 것이다. 이후의 미중 관세 협상에서도 이번 스위스 합의의 관세 수준이 일종의 가이드라인 역할을 할 것으로 보인다. 분석가들은 대중 관세가 이전 최고치인 145%로 돌아갈 가능성은 낮다고 지적했다. 5월 말 기준 미국이 중국에 적용하는 실효 관세율은 31%에서 44% 사이로 추정된다.[100]

사실 관세 협상 타결이 더 간절한 나라는 중국이다. 중국 국영 매체인 환구망은 미중 협상 타결에 대한 희망을 토로했다.[101] 양국 재계는 미국이 부과한 대중 30% 관세를 "여전히 매우 높은 수준"으로 본다며 90일 이후 후속 협의를 통해 추가 관세 인하를 기대한다고 강조했다. 미국이 다음에는 '관세 휴전'을 완전히 시정해 중미 무역 협력의 지속적인 일상화로 이어지길 바라며, 이는 양국과 양국 국민의 공동 이익에 부합할 뿐만 아니라 경제 법칙의 불가피한 요구라는 것이다.

전 세계 기업들은 언제 다시 무슨 변화가 생길지 몰라 유예 기간 90일 내에 제조와 운송을 마치려 서둘렀다. 이에 따라 선적할 배를 찾기 어려운 현상이 일어났다. 운임도 치솟았다. 이는 90일의 '유예 기간'에 대한 시장의 인식을 반영한다.

이렇게 잠시 미중 관세 전쟁이 일단락되자 전문가들은 글로벌 무역이 근본적으로 변화했을 수 있다고 경고했다. 40일간의 관세 전쟁은 일부 국가가 미국 의존 리스크를 재검토하게 했고, 미국 리더십에 기반을 둔 전후 자유무역 질서도 흔들렸다. 브라이언 컬튼Brian Coulton● 은 현재 상황은 정상으로 돌아간 것이 아니라며 미국의 대중 실질 관세율이 약 23%에서 13%로 하락할 것으로 예상되지만, 이는 2024년 수준인 2.3%보다 여전히 훨씬 높은 것이라고 지적했다. 선전광沈建光✖도 같은 의견을 피력하며, 임시 합의는 단기적으로 미국과 중국이 완전히 분리되는 것을 막았지만 근본적인 구조적 긴장을 해결하지는 못했다고 평가했다.

중국은 경계심을 늦추지 않았다. 특히 미국 산업안보국이 전 세계 어디에서든 화웨이의 칩셋을 사용하면 미국의 수출 통제에 위반된다는 지침을 발표할 것이라고 하자 중국은 긴장 완화 가능성에 의문을

● 피치 레이팅스(Fitch Ratings) 수석 이코노미스트.
✖ 징둥(JD.com) 이코노미스트.

제기했다. 자오밍하오趙名昊●는 미국이 화웨이 칩 단속을 강화한 것은 중대하다며, 이는 미국이 칩 제한을 협상 전술로 사용할 수 있다고 했다.[102] 샤오첸蕭倩✕은 미국은 중국이 추격해온다는 강한 두려움을 느낀다고 말했다. 존 공龔炯, John Gong◆은 중국이 강경하게 맞서 싸울 것으로 전망했다.

트럼프 행정부는 이렇게 하루가 멀다 하고 관세 정책을 내놓아 전 세계를 흔들었다. 「워싱턴포스트」는 대통령 취임 이후 트럼프 행정부는 신규 또는 변경 관세 조치를 50회 이상 발표했다고 집계했다.[103] 1월 20일부터 5월 12일까지 대략 100일 간이니 하루걸러 한 번 관세 정책을 바꾼 것이다. 미중이 서로 관세를 부과하며 세계를 어지럽게 만든 그간의 과정을 요약하면 다음과 같다.

2차 미중 무역 전쟁 경과

일시	주체	조치	비고
2025년 1월 20일	미국	트럼프, 중국산 제품에 10% 추가 관세 부과 명령에 서명	
2월 1일	미국	• 트럼프, 캐나다와 멕시코에서 수입되는 거의 모든 제품에 25% 관세를 부과하는 행정명령에 서명 • 단, 캐나다의 에너지 수출품에는 10% 관세 적용	
2월 4일	미국	대중 10% 관세 부과	
2월 10일	중국	미국산 수입품 일부에 10% 또는 15% 관세 부과 조치 발효	

● 중국 상하이 푸단대학교(复旦大学) 국제관계연구소 교수.
✕ 베이징 칭화대학교 인공지능 국제 거버넌스 연구소 부소장.
◆ 대외경제무역대학교(對外經貿易大學) 경제학 교수.

날짜	국가	내용	비고
2월 13일	미국	주요 교역국에 25% 관세 발표	
3월 4일	미국	캐나다, 멕시코 25% 관세 및 중국 20% 관세 부과	
3월 12일	미국	강철 및 알루미늄에 25% 관세 부과	
3월 13일	미국	EU 와인 및 샴페인에 200% 관세 위협	
3월 24일	미국	베네수엘라 석유 수입 국가에 2차 관세 위협	
3월 30일	미국	모든 국가에 상호 관세 위협	
4월 2일	미국	중국에 최대 34% 관세 인상을 포함해 모든 무역 파트너에 '상호 관세'를 부과할 것이라고 발표	해방의 날
4월 3일	미국	자동차에 25% 관세 부과	
4월 4일	중국	• 추가로 미국에서 수입되는 모든 제품에 34% 관세를 부과할 것이라고 발표 • WTO 분쟁 해결 메커니즘에 이의를 제기하고 중 희토류 및 중 희토류 관련 품목의 수출 통제 같은 여러 조치를 도입	
4월 5일	미국	거의 모든 국가에 베이스라인 관세 10% 부과	
4월 8일	미국	기존의 이른바 '상호 관세' 조치에 더해 관련 중국 제품에 50% 추가 관세를 부과할 것이라고 발표 (중국 제품의 관세율이 84%로 인상된 것)	
4월 9일	중국	• 미국 수입 상품 관세율 34%에서 84%로 인상한다고 발표 • 신뢰할 수 없는 단체 목록에 6개 미국 기업을 추가하고 수출 통제 목록에 12개 미국 단체를 추가할 예정 • 미국을 방문하는 중국인 관광객에게 위험 경보를 발령하고 유학에 대한 조기 경보를 발령할 예정	'중미 경제 및 무역 관계의 여러 문제에 대한 중국의 입장'이라는 제목의 3만 단어에 달하는 백서 발표
4월 9일	미국	중국 제품의 관세를 125%로 계속 인상하고, 10%를 초과하는 부분에는 다른 국가의 '상호 관세'를 90일 동안 중단	
4월 11일	중국	• 미국 수입 상품의 관세를 125%로 인상하겠다고 발표 • 미국을 WTO에 제소	
5월 12일	스위스	• 미중 양국이 협상 체제와 90일간 유예 조치에 합의 • 미국은 대중 관세를 30%로, 중국은 대미 관세를 10%로 잠정 조치	

중국 시장 개방

트럼프가 요구하는 중국 시장 개방, 정확하게는 미국 기업이 중국 영토 내에 들어가 사업으로 큰돈을 벌겠다는 아이디어는 사실 매우 합리적인 것이다. 미중 무역 협상이 어떻게 타결되든지 간에 미국의 현재 제조업 실력으로 중국 시장에서 제품 생산력을 높일 가능성은 크지 않기 때문이다. 미국의 하이테크 서비스나 금융 서비스로 중국 시장을 개척하는 편이 현실성이 있다.

특히 금융 시장은 중국 시장이 완전히 개방된다면 미국 월 스트리트 입장에서는 잘 차려놓은 밥상과 다름없다. 중국의 금융 자산에서 외국인에게 개방된 부분은 5%가 안 된다. 그리고 트럼프 행정부의 인사들은 모두 중국의 금융 시장에 높은 관심을 표명해왔다. 게다가 중국의 정책 방향 또한 금융 시장을 개방한다는 것이었다. 특히 지난 2, 3년간 중국 정부에서는 금융 시장 개방 메시지가 끊임없이 나왔다. 심지어 중국에 설립된 외국 제조 기업에도 상장할 기회를 부여한다고 했다. 이는 미중의 이해관계가 합치될 수 있는 큰 가능성을 시사한다.

그러나 량젠쥔梁建軍 중국 외교부 아시아 담당 부국장은 스위스에서 열린 미중 회담에서 관세 유예 합의가 이뤄졌다며, 미중 간 상호 작용은 한 가지를 보여준다고 했다. 그것은 투쟁을 통해서만 존중을 얻을 수 있고 타협과 회유는 상대방이 원하는 대로 할 수 있도록 허용할 뿐이라는 것이다.[104] 그는 또한 "중국의 투쟁은 자국의 이익을 보호하는 것뿐만 아니라 개발도상국의 이익을 위한 것"이라고 강조하며 중국은 미국에 어떤 환상도 품은 적이 없으며 단 한 번의 협상으로 모든 문제가 해결되리라고 기대하지 않는다고 말했다.

미국은 5월 23일에 새로운 관세 뉴스를 발표했는데, 트럼프가 EU에 50% 관세를, 스마트폰에 25% 세금을 부과하겠다고 위협하며, 기업들이 생산 공장을 미국으로 이전하지 않으면 EU와 협상하지 않는다고 선언했다는 것이다.[105] 블룸버그는 트럼프의 이 관세 위협이 투자자들에게 무역 전쟁이 진정될 것이라는 희망을 무너뜨렸고, 전 세계 주식 시장이 하락하고 달러가 2023년 이후 최저 수준으로 급락했다고 전했다. 그렇다. 관세 전쟁은 계속될 것이다.

트럼프의 의도는 무엇인가

세상을 뒤집어놓은 트럼프의 관세. 지금도 세상은 트럼프 관세의 의도를 알아내려 한다. 그만큼 트럼프의 관세 정책은 놀라웠고 또 잘 이해하기 어려웠다. 놀라운 것은 관세 세율이 비상식적으로 높았기 때문이고, 이해하기 어려운 것은 관세 부과 대상의 선정 방식이나 책정 방식이었다. 동맹국에 고관세를 부과하고 러시아나 이란, 북한 같은 소위 깡패 국가에는 관세를 면제하는 트럼프의 방식은 아무리 생각해도 쉽게 이해할 수 없었다. 각국의 관세 당국은 대응 전략을 수립하느라 부심했지만 누구 하나 속 시원하게 팀 트럼프의 속내를 알기 어려웠다.

홍콩 「사우스차이나모닝포스트」는 투자자들이 관세 전쟁이 장기화할 것을 받아들여야 한다고 기사를 냈는데 매우 옳은 지적이었다.[106] 우선 미중 양국이 무엇을 가지고 어떻게 싸울지부터 불분명한 데다 구체적인 쟁점도 정확히 알 수가 없고 특히 트럼프가 사안을 어떻게 받아들이고 어떻게 이끌지도 짐작이 되지 않기 때문이다.

「사우스차이나모닝포스트」는 상상 가능한 이슈를 하나씩 들어 설명했다. 우선 관세 분쟁이 중국과 미국 간의 불균형적인 무역에서 비롯된 순수한 경제적 문제라면 미국인은 더 많이 저축하고 중국인은 더 많이 소비해야 한다고 했다. 옳은 말이다. 미국인이 더 저축할 것 같지 않고 중국인이 더 소비할 것 같지 않지만 말이다.

그리고 중국산 제품은 더 비싸야 하고 미국산 제품은 더 저렴해야 한다고 했다. 이 또한 옳은 지적이다. 중국산 제품이 더 비싸면 안 팔리고 미국산 제품은 더 저렴하게 만드는 방법이 없는 것이 문제지만 말이다.

그러고 나서 「사우스차이나모닝포스트」는 좀 더 직접적인 옵션은 위안화를 달러 대비 절상하도록 강제하는 것이고 가장 직관적인 해결책은 미국이 중국에 더 많은 제품을 판매하는 것이라고 했다. 사실 이것이 가장 실행 가능한 방법으로 보인다. 왜냐하면 미중 두 정부가 합의한다면 플라자 합의처럼 환율 조정이 가능할 것이고, 경쟁력이 없더라도 중국이 미국에서 더 많은 상품을 사주면 될 것이기 때문이다. 그러나 「사우스차이나모닝포스트」가 지적했듯이 이를 지속 가능하게 하는 것은 쉬운 일이 아니다. 지속되려면 두 경제체의 비교 우위를 중심으로 자연스럽게 이루어져야 하기 때문이다.

하지만 「사우스차이나모닝포스트」의 지적처럼 순수한 경제적 문제라면 합리적이지만 미중 관계는 이미 순수한 경제적 문제 수준을 한참 벗어나 보인다. 트럼프가 화웨이의 신기술을 제재하는 것이나 캐나다, 그린란드, 파나마 운하 등에 대한 야심을 드러내는 것은 경제적 시각을 벗어나도 한참 벗어난 것이다. 캐나다의 협상가들도 트럼프 행정부의 고위직들과 이야기해도 트럼프가 정말로 원하는 것이 무엇인지 파악하기 어려워 힘들다고 말했다.[107]

초기에는 많은 분석가가 트럼프의 관세 위협이 협상 전략이라고 생각했다. 트럼프가 엄포를 놓으면 팀원이 상대를 달래는 전형적인 엄포형 협상 전략 말이다. 그리고 대체로 트럼프가 미국에 유리하게 글로벌 무역 관계를 재편하기 위해 노력하는 것으로 해석했다. 멕시코, 캐나다, 중국은 미국의 3대 무역 파트너로 미국 전체 무역의 약 40%를 차지하므로 트럼프가 이들 국가에 가장 먼저 관세를 부과한 것도 무역 구조를 개편하기 위해 가장 큰 비중을 차지하는 국가들을 상대로 조치를 하는 것으로 해석할 수 있었다. 샤오즈푸肖志夫●는 트럼프의 관세는 체계적이지 않은 듯 보이지만 실제로는 중국에 대한 정확한 공격이라고 말했다.

하지만 트럼프는 관세 전쟁으로 무역 불균형 해소 외에, 일자리를 미국으로 되돌리거나, 중국과의 전략적 디커플링을 촉진한다고 말해왔다. 이러한 것들이 근본적인 목표라면, 신속한 합의는 애초부터 어렵다고 보아야 했다. 트럼프의 오락가락하는 결정도 혼란을 불러왔다. 처음부터 트럼프가 왜 중국에는 10% 관세를 부과하고 캐나다와 멕시코에는 25% 관세를 부과했는지 알 수 없었다. 적군보다 우군을 먼저 공격했으니 말이다. 그후 트럼프는 캐나다와 멕시코의 관세를 한 달간 보류한다고 했는데 「이코노미스트」는 이를 '역사상 가장 어리석고 짧은 무역 전쟁'이라고 불렀다.[108] 그리고 나서 일주일도 채 지나지 않아 트럼프는 모든 철강 및 알루미늄 수입품에 25% 관세를 부과하겠다고 발표했고 가장 큰 타격을 받을 국가는 이번에도 중국이 아니라 캐나다와 멕시코였다. 각각 미국 전체 철강 수입의 22%와 12%를 차지하며 두 나라 모두 미국의 주요 알루미늄 공급국이고, 점유율이 비슷했다.

이런 트럼프의 방식은 그가 자주 말해온 '전략적 불가예측성'이기는 했다. 이에 대해 「뉴욕타임스」는 관세 관련 뉴스는 무역 정책이 트럼프 대통령의 손에 달려 있다는 사실을 깨닫게 할 뿐이라고 한탄했다.[109] 스티븐 J. 데이비스 Steven J. Davis ✱는 많은 무역 파트너가 이제 미국을 바라보며 '앞으로 계속 이런 식의 무역 정책이 계속될 것인가'라고 묻고 있으며 미국을 신뢰할 수 있을지 재검토하는 것이 분명하다고 말했다.

● 중국의 싱크탱크인 쿤룬스 연구소(昆仑策研究院, Kunlunce Institute) 연구원.
✱ 미국의 저명한 응용경제학자. 현 스탠퍼드대학교 후버 연구소(Hoover Institution) 토머스 W. & 수전 B. 포드 선임 연구원(Thomas W. and Susan B. Ford Senior Fellow) 겸 연구소장(Director of Research), 스탠퍼드 경제정책연구소(SIEPR) 선임 연구원(Senior Fellow)으로도 활동 중이다.

트럼프는 '탈세계화'로 '쌍둥이 적자 해소'를 원한다

라이트하이저는 저서 『자유무역은 없다』에서 관세는 그 자체로 목적이 아니라 궁극적으로 무역 균형을 구현하기 위한 것이라며, 미국의 무역 적자를 없애기 위한 보편적 관세와 연차적 관세율 인상을 주장했다. 그의 주장은 왜 트럼프가 모든 국가에 관세를 부과하는지 설명한다. 트럼프의 상대는 중국이라기보다는 전 세계인 것이다.

김현종은 앤디 베이커 미 부통령 안보 보좌관을 통해 들은 말을 전하기를 트럼프 2기 행정부에는 보수파, 고립주의자, 정책우선순위자가 4:4:2로 존재한다고 했다. 정책이 각기 다르다는 것이다. 이는 트럼프 참모진에 대한 외부의 인식과 다르지 않다. 필자는 트럼프 참모진 내에 글로벌보다는 국내, 즉 아메리카를 중시하는 집단이 있어 자국 이익 중심으로 글로벌 정책을 펴나가려 한다고 본다. 필자는 이들을 '탈세계화' 그룹이라고 부른다. 그리고 김현종의 말에 근거한다면 아마도 그가 말한 고립주의자에 가장 가까울 것이다.

그런데 트럼프가 정말 탈세계화를 원하는가? 리청李成•은 트럼프가 일관되게 관세를 인상하여 ① 제조업의 복귀를 촉진하고 ② 중산층 미국인과 민간 기업의 세금을 줄이고 ③ 보수적인 이민 정책을 주장해왔다고 했다. 이를 제외한 나머지는 협상이 가능하다는 것이다.[110] 맥락을 아주 잘 짚었다. 트럼프의 키워드는 바로 관세, 제조업, 재정이기 때문이다.

거이하오葛艺豪✖는 트럼프가 말하는 "불공정 무역 관행에 맞서고,

무역 적자를 없애고, 미국을 재산업화하고, 중국과 맞서고 싶다"는 이야기는 근거가 없다고 본다. 그가 보기에 트럼프는 권력을 확보하고 행사하려는 욕망에 따라 움직이며, 관세는 이를 위한 도구라는 것이다. 트럼프의 탈세계화를 비난하는 또 다른 인물로 중국 인민대학교의 디동성翟东升*이 있다. 그는 중국 국민이 힘들게 노동하여 만든 상품을 미국은 그저 지폐를 인쇄하여 지불할 뿐인데 트럼프 같은 미국 부자가 세계 각국이 미국의 주머니를 노린다고 말한다며 비난한다.[111] 그는 트럼프가 무역 전쟁을 일으키는 근본 원인은 바로 미국 정부가 돈이 없어서, 즉 재정이 파탄에 다다랐기 때문[112]이라고 본다.[113]

필자가 볼 때 트럼프가 원하는 것은 외국과 산업 경쟁을 피하는 '탈세계화'를 통한 '쌍둥이 적자 해소'다. 트럼프 시각에서 보면 지금의 미국은 중국 같은 국가들이 부를 탈취해 가는 '글로벌리즘'의 피해자이며 '무역 적자'와 '재정 적자'라는 '쌍둥이 적자'로 위기 상황에 처한 것이다. 미국 부의 원천은 미국 시장, 다시 말해 미국 국민의 소비다. 그리고 이 미국 국민의 소비를 외국에 공장을 만들어 들여오는 미국 내 글로벌리스트들이 장악하여 국내 공동체의 정직한 미국 상인들과 근로자들이 피해를 입는 것이다. 그러니 관세를 올려 무역 역조 없는 탈세계화를 이루고 재정 수입을 늘리며 안으로는 작은 정부

● 미국 브루킹스 연구소(Brookings Institution) 중국 센터의 첫 번째 중국인 소장을 역임한 홍콩대학교 현대중국 및 세계연구센터 소장.
✖ Gavekal Dragonomics(龙洲经讯) 창립 파트너이자 연구 책임자.

를 구현하여 정부 재정 균형을 이루면 만사형통이라는 것이다.

필자와 유사한 시각을 가진 사람들이 싱가포르에 있다. 싱가포르 총리를 지낸 리셴룽李显龙은 트럼프가 이른바 '상호 관세'를 발표한 이후 세계는 국제 자유무역의 규칙이 깨지고 세계가 '덜 우호적'인 새로운 국면에 접어들었다고 말했다.[114] 황쉰차이黃循财 싱가포르 총리도 트럼프의 상호 관세가 세계 질서에 중대 변화를 가져왔으며 규칙에 기반한 세계화와 자유무역의 시대가 막을 내렸다고 선언했다. '상호 관세'의 배후에 있는 이른바 '미국 우선주의'[115] 논리에 대해 리셴룽은 미국은 자국이 잘되기만 하면 다른 나라가 잘되든 말든 상관하지 않는다고 말했다. 그는 새로운 관세는 오래 지속될 것이며, 일단 관세가 부과되고 시장이 보호되면 이를 제거하기가 매우 어렵기 때문에 금방 사라지지는 않을 것으로 보았다.

덩시웨이邓希炜도 트럼프의 첫 번째 목표를 미국의 심각한 부채 위기 해소로 본다.[116] 또한 스티븐 미란이 제안한 '마라라고 협정Mar-a-Lago Accord'이 미국의 달러 가치 하락을 위해 외국 중앙은행에 달러를 팔도록 요구하고, 각국이 미국의 초장기 국채를 매입해 미국 부채 시장의 안정성을 확보하려는 것에 주의한다. 그도 이를 미국 부채 위기를 해소하려는 것으로 본다. 그리고 트럼프의 두 번째 목표는 공급망에서 중국을 억제함으로써 미국의 경제 리더십을 강화하는 것으로 보았다.

이렇게 트럼프 정책의 출발점으로 많은 사람이 스티븐 미란의 보고서를 지적한다. 이 보고서는 '트리핀 딜레마'✳를 언급하는데 미란은 미국 달러의 과대평가가 미국 제조업의 쇠퇴와 무역 적자의 근본 원인이라고 믿으며, 이를 해결하기 위해서는 글로벌 무역 및 금융 시스템을 체계적으로 재구성해야 한다고 주장한다.

샹송줴는 트럼프의 상호 관세 조치를 글로벌 무역, 경제, 금융에서 백년 중 가장 큰 사건으로 평가했다. 그는 트럼프 관세 조치의 가장 큰 특징으로 규칙을 완전히 무시한 거친 조치라는 점을 들었다. 샹송줴는 트럼프가 기존의 경제 규칙을 완전히 무시했을 뿐만 아니라 어떤 조치를 취하기 전에 그 어떤 다른 국가와도 상의하지 않는 점에 주의했다. 트럼프의 일방주의적 정책은 전통적인 동맹국들과 갈등을 심화시킬 것이다. 노벨상을 수상한 폴 크루그먼Paul Krugman◆도 미국이 깡패 국가가 되어버렸다고 말할 정도다. 필자가 보기에 트럼프 2기 행정부의 정책은 이런 '탈세계화'의 고립주의와 '첩경 지향 리더십'이 이끄는 패권주의 성향이 혼합된 형태라고 할 수 있다.

트럼프 행정부의 특성, 첩경 지향

첩경이란 말은 지름길short cut을 의미한다. 필자는 트럼프의 아주

● 홍콩대학교 경영학원 부원장.
✖ 준비통화국(reserve currency country)이 경상 수지 적자를 통해 통화를 공급하지만, 지속적인 무역 불균형이 통화 안정성 자체에 영향을 미친다는 이론.
◆ 미국의 저명한 경제학자, 칼럼니스트, 그리고 공공 지식인. 2008년에 노벨 경제학상을 수상했다.

중요한 경향으로 이 '첩경 성향'을 들고 싶다. 사람들은 어떤 일을 할 때 관련된 많은 요소를 고려한다. 신중하고 경험의 폭이 넓은 사람일수록 아마 이런 고려 사항이 많이 떠오를 것이다. 그러나 고려 사항이 많으면 해답이 잘 안 나오며 우유부단해질 수도 있다. 가장 어려운 경우는 목적이 분명하지 않을 때다. 우리 자신도 때때로 "그래서 네가 원하는 것이 뭐야?"라는 질문을 받을 때 대답을 하지 못하는 경우가 있다. 하지만 언제나 지름길을 생각하는 사람이 있다면 그에게는 자신이 원하는 목적, 또는 결과가 대체로 분명할 것이다.

트럼프에게는 바로 이 지름길, 첩경을 좋아하는 성향이 보인다. 필자가 이러한 생각을 하는 근거는 지금까지 트럼프의 언행을 보면 이유나 명분은 중요하지 않아 보여서다. 트럼프가 관세를 100% 받겠다면 '왜'라든가 '어째서' 같은 명분은 중요하지 않고 그저 원하는 결과를 가져오는 빠른 길이기 때문에 하는 것이고 그것이 복잡다단한 여러 고려 사항을 충족하는가는 크게 상관하지 않는 것으로 보인다.

범죄학에서는 이런 첩경 지향을 범죄의 가장 근본적인 원인으로 본다. 돈이 필요하면 힘들게 일해서 버는 것이 아니라 가장 가까이 있는 돈을 그냥 탈취하고자 하는 경향이 범죄라고 설명하는 것이다. 그래서인지 트럼프의 실력 행사 방식은 어쩐지 범죄 조직의 일처리 방식을 연상하게 한다. 트럼프가 러시아나 북한 같은 국가에는 제로 관세를 부과하고, 동맹인 EU나 일본, 한국, 심지어 대만에 고율 관세를 부과하는 배경일 것이다. 즉 관세 부과 방식 또한 미국에서 얼마나 돈을 벌어가는가를 기준으로 한 것이지 이런저런 정치적, 도덕적 상황을 고려한 것이 아니라는 뜻이다.

첩경 지향 행동과 패턴은 알기 쉽다. 그 배경이나 고려 사항, 논리는 중요하게 작용하지 않고 감정적인 이유로 대체된다. 그래서 첩경 지향 행동의 동기나 예상 결과는 거칠면 거칠수록 알기 쉽다. 트럼프 지지자들에게는 이런 첩경 지향 정책이 과거 바이든식의 기교에 찬 어려운 정책들에 비해 알기 쉽고 통쾌할 것이다. 또한 자신의 감정이나 이해관계와 일치한다는 것을 직감할 수 있다. 그래서 트럼프 지지자들은 극단적이고 거침이 없다.

달더Ivo H. Daalder●와 린제이James M. Lindsay✱는 미국의 우크라이나와 대만 지원에 대한 트럼프의 회의론, 관세 부과에 대한 열망, 파나마 운하 탈환, 캐나다 합병, 그린란드 획득에 대한 위협은 트럼프가 19세기식 패권 정치와 이해관계의 사고로 정책을 구상하고 있음을 분명히 보여준다고 했다.[117] 트럼프는 푸틴과 시진핑을 경쟁국 지도자가 아니라 동료로 여기는 성향이 보이며 중국과 러시아가 대가를 치른다면 영향력 범위를 양보할 수도 있어 보인다는 것이다. 기본적으로 세계 각국은 트럼프의 비위를 맞추려 애쓸 것이다. 그러나 이러한 노력에 대해 첩경 지향의 트럼프는 선물은 기꺼이 챙기지만 당연한 것으로 여길 가능성이 크다. 그래서 트럼프에게서 인정받기 위해 프

● 시카고 세계문제연구소(Chicago Council on Global Affairs) CEO, 전 주 NATO 미 대사.
✱ 미국 외교정책연구소(Council on Foreign Relations, CFR) Mary and David Boies Distinguished Senior Fellow이자 Fellowship Affairs 담당 이사.

랑스, 캐나다, 멕시코 등 동맹국은 오히려 강경한 자세를 취하는 측면이 있다고 본다. 즉 깡패에게는 강하게 나가야 인정받는다는 생각이다.

결론적으로 우리가 트럼프의 정책에 대응할 때 그 배경이나 고려 사항이나 경과는 중요하지 않다고 필자는 생각한다. 오로지 그 정책이 의도하는 결과가 중요하며 이를 통해 트럼프의 의도를 읽을 수 있고 더 나아가 예측할 수 있다고 생각한다. 예를 들어 트럼프가 가까운 동맹인 캐나다나 멕시코에 고율 관세를 부과한 것을 보자. 스티븐 브라운 Steven Brown •은 트럼프의 관세 부과 위협이 미국-멕시코-캐나다 협정 협상에서 지렛대를 확보하기 위한 시도일 수 있다고 보았다.[118] 그러나 필자는 이런 식으로 복잡하게 생각하지 않는다. 트럼프는 단지 캐나다에 있는 미국 기업의 공장을 미국 안으로 돌아오게 하고 싶었을 뿐이라고 본다. 그것이 바로 트럼프를 이해하고 예측하는 방법이며 그 출발점은 트럼프의 '첩경 지향'에 있다는 의미다.

트럼프의 성향이 일관된 것과는 달리 트럼프 참모 진영은 성향과 의견이 서로 다른 인물들이 공존하고 있다. 트럼프는 중국에 대해 완전히 견해가 다른 고문들을 주변에 배치했다. 트럼프 행정부의 국무부 장관 마코 루비오는 중국이 미국의 번영에 '최대 위협'이라고 여러 차례 강조한 대표적인 반중 인사이고 심지어 중국 정부의 제재를 받

• 영국의 독립 경제분석 기관인 캐피털 이코노믹스(Capital Economics) 북미 담당 수석 이코노미스트.

는 인물이다. 반면 일론 머스크는 중국에 거대한 상업적 이익을 보유하고 있으며 종종 중국 정부와 같은 의견을 보인다.[119] 루비오와 나바로도 의견이 같지 않다.

이것은 트럼프가 자신의 무기로 삼는 불가예측성, 소위 전략적 모호성을 가지려면 피할 수 없는 일이다. 팀 트럼프의 인적 자원들이 서로 다른 주장과 주의를 가지고 있어야만 상대가 트럼프의 속내를 알아낼 수 없기 때문이다. 또한 트럼프 1기 행정부에서 어째서 그렇게 많은 사람이 트럼프와 불화를 겪었는지 설명해준다. 지난 행정부 인사들은 자신들이 트럼프와 이념과 정책을 같이한다고 믿었을 것이다. 그러나 트럼프에게 그들은 서로 배치되는 의견을 가진 바둑돌일 뿐이며 언제나 자신의 의견대로 결정을 내렸을 뿐이다. 결국 반복되는 의견 충돌을 견디지 못한 멤버들은 하나씩 트럼프 행정부를 떠난 것이 아닐까? 그런 이유로 트럼프 내각이나 팀 트럼프의 인물들 각각의 이념이나 노선, 정책을 분석하는 것은 의미가 없다고 필자는 생각한다. 하지만 이들이 공유하는 이념이나 인식은 중요하다. 왜냐하면 이는 트럼프의 이념이나 인식과 동일할 가능성이 높기 때문이다.

예를 들어 국무부 장관 루비오는 중국이 계속해서 속임수와 도둑질을 한다고 말하고 다닌다.[120] 피트 헤그세스 국방부 장관도 반중 발언을 서슴지 않는 인물이다. 국가안보 보좌관 마이크 왈츠와 CIA 국장 존 랫클리프 또한 반중 매파 인물이다. 유일하게 중국 공산당과 채널이 열려 있는 인물이 일론 머스크인데 그가 중국을 상대로 한 국방부의 작전 내용을 브리핑받는 것을 트럼프가 불허한 것을 보면 트럼프의 중국에 대한 태도는 분명하다. 그래서 기본적으로 팀 트럼프 내에 친중파, 또는 지중파로 분류되는 인물은 없다고 볼 수 있다. 따라서 트럼프는 반중이라고 가정할 수 있다. 그러니 그가 자주 말하는 시진핑은 자기의 좋은 친구이며 사이가 좋다는 말은 당연히 립서비스에 불과한 것이다.

이를 이해하지 못하면 트럼프 참모 진영은 '트럼프에 대한 절대적인 충성심'으로만 통합된 '잡다한 팀'으로 보이기 마련이다.[121] 비판자들은 이들을 이념적 잡동사니로 묘사하며, 78세 신임 최고사령관에게 무조건적인 충성심만 보이는 집단이라고 비판한다.「가디언」은 8년 전 정치 신인인 트럼프는 당시 전통적인 보수주의자들로 팀을 꾸렸지만 이제 트럼프는 충성심 기준으로 팀을 선발했다고 비평했다. 필자는 그것들은 모두 겉모습이며 진실은 그저 트럼프의 감각과 판단이 있을 뿐이라고 생각한다.

또 하나의 특징은 피아불분, 즉 아군과 적군을 구별하지 않는 경향이다. 왕위저王宇哲*는 이번 무역 전쟁의 특징으로 관세 대상의 무차별적인 일반화를 지적했다.[122] 트럼프의 행동은 '투키디데스 함정'으로 표현되는 강대국 경쟁의 틀에 더이상 맞지 않는다는 것이다. 그가 보기에 트럼프는 '달리오[123]-미란-퍼거슨[124]' 문제에 극단적인 방식으로 대응한다는 것이다. 왕위저는 미국은 부채 부담을 줄이고, 제조업을 국내로 되돌리고, 미국 달러의 지배력을 유지하려는 과정에서 내부 모순에 직면했다고 본다.[125]

트럼프에게 큰 영향을 끼친 것으로 알려진 스티븐 미란의 '글로벌 트레이딩 시스템 재구성을 위한 사용자 가이드'[126]를 보면 관세를 미국의 유력한 수단으로 제시한다. 또한 관세로 인플레이션이 발생할 가능성이나 규모는 크지 않다고 했다. 그러나 그의 보고서에는 "관세가 심지어 10%에 달할 수도 있다"라고 적혀 있어 그가 이 가이드를 작성할 때 떠올린 관세의 규모는 그저 몇 퍼센트에 불과했다는 것을 유추할 수 있다. 그리고 그 대상은 전 세계 국가다. 하지만 트럼프는 수십 퍼센트 심지어 백 퍼센트가 넘는 관세를 부과했다. 트럼프에게 지름길, 첩경이 보이면 그 외의 여러 고려 사항은 중요하지 않은 것이다.

미란의 견해에 따르면, 관세와 약달러라는 두 가지 영향은 글로벌 무역 및 금융 시스템을 근본적으로 변화시킬 수 있다.[127] 미란은 달러가 강세를 보이면 미국의 수출 경쟁력이 약해지고, 수입 비용이 낮아지며, 미국 제조업체가 미국에 투자하고 공장을 짓는 데 방해가 된다는 것이고 달러가 약세가 되면 그 반대 현상이 나타날 것으로 본다. 그래서 미란은 투자자들이 보유한 미국 국채를 100년 만기 채권, 심지어 영구 채권으로 바꾸자는 제안도 했고 미국 국채를 공식 보유한 외국 투자자에게 '사용 수수료'를 부과하자고 제안하기도 했다. 그러니까 돈 빌려 간 사람이 돈 빌려준 사람에게 이자를 받아야 한다는 황당한 이야기다. 비키 레드우드Vicky Redwood*는 이는 미국 부채에 대한 사실상의 채무 불이행에 해당한다고 지적했다. 또한 동맹국이나

- 「파이낸셜타임스」 칼럼니스트.
✱ 캐피털 이코노믹스(Capital Economics) 수석 경제 고문.

우방의 입장을 전혀 고려하지 않는 탈세계화 경향의 일단이다.

스콧 베센트도 트럼프의 관세 인상 계획을 옹호했다. 그는 중국이 심각한 불황에 빠져 있으며 자국 경제 구조 조정을 하는 대신 수출을 통해 벗어나려 한다고 비난했다.[128] 베센트는 트럼프의 관세 계획은 주로 미국으로 제조업을 되돌리려는 의도에서 나온 것이라면서, 의료용품과 조선업을 목표 분야로 꼽았다.[129] 수많은 공급망 중에 왜 의료용품과 조선업일까? 필자는 이 품목들은 어쩌면 안보적 고려에서 나온 발상일 수도 있다는 생각이 든다. 베센트는 5월에 한 기자회견에서 관세 정책은 관세 수입을 목적으로 하는가 아니면 관세 위협을 수단으로 다른 목적을 이루려 하는가 하는 질문에 제대로 대답하지 못했다. 어쩌면 트럼프에게는 구분할 필요가 없는 것을 세상이 구분하는 것일 수 있다. 트럼프는 원하는 것이 그때그때 달라질 수도 있으니 말이다.

또 다른 예로 달러 강세가 트럼프의 정책으로 여겨지지만 로버트 라이트하이저는 트럼프 2기 행정부가 달러 절하 전략을 고려한다고 암시하기도 했다. 강달러-약달러에 대한 입장이 트럼프 팀 내에서 서로 다르다는 것 역시 자연스러운 일이다. 우리는 트럼프가 어느 쪽으로든 나갈 수 있다고 판단하는 것이 안전할 것이다. 필자가 보기에 트럼프 자신도 아직 입장을 정리하지 못했을 가능성이 있다. 강달러가 쎄 보여서 좋아하지만 수출 경쟁력이 낮아지는 것은 싫다는 입장이 아닐까?

트럼프가 상호 관세를 발표했을 때 주식 시장은 수조 달러 규모로 폭락했다. 당시 시장에서는 트럼프가 얼마나 오래 버틸 수 있을지는 의문이라고들 했다.[130] 그러나 필자의 시각에서 볼 때 트럼프에게 주식 시장의 폭락은 중요한 문제가 아니다. 주식 시장의 폭락은 연방 정부의 세수와 지출에 직접적인 영향이 없기 때문이다. 그러나 채권 시장이 흔들리자 트럼프는 즉시 조치를 취했다. 뒤에 말하겠지만 트럼프가 원한 '결과'는 주가 상승이 아니라 금리 하락이었다. 트럼프가 제롬 파월 연방준비제도이사회 의장에게 금리를 내리지 않으면 해임하겠다고 위협하는 것도 같은 맥락으로 볼 수 있다.[131]

트럼프는 연방 정부 재정을 어떻게 해결할 것인가

어째서 미국 무역대표부 제이미슨 그리어 대표보다 스콧 베센트 재무부 장관이 나서서 관세 전쟁을 지휘하는가? 필자는 트럼프의 주 목적이 무역 수지 개선보다 연방 정부의 재무 상황을 호전시키는 것이기 때문이라고 본다. 미국 연방 정부의 재정 지출은 크게 세 가지 범주로 나뉜다. 의무 지출Mandatory Spending, 재량 지출Discretionary Spending, 그리고 국채 이자Interest on Debt다.

이 중 의무 지출은 법률에 따라 자동으로 집행되는 지출로, 매년 의회가 승인하지 않아도 집행되는 경직성 예산이다. 전체 연방 지출의 약 60% 이상을 차지하며, 주요 항목은 다음과 같다.

- **사회보장**Social Security: 은퇴자, 장애인, 유족에게 지급되는 연금으로, 2024년 기준 약 1조 5,000억 달러, 전체 지출의 22%를 차지
- **메디케어**Medicare: 65세 이상 고령자 및 특정 장애인을 위한 건강보험 프로그램으로, 2024년 기준 약 8,735억 달러, 전체 지출의 12.9%를 차지
- **메디케이드**Medicaid: 저소득층을 위한 의료보험 프로그램
- **기타 복지 프로그램**: 실업수당, 식품 지원, 아동 세금 공제 등

재량 지출은 매년 의회가 예산안을 통해 결정하는 지출로, 전체 연방 지출의 약 27%를 차지한다. 주요 항목은 국방비가 2024년 기준 약 8,550억 달러로 전체 지출의 12%를 차지하고 비국방 분야로는 교육, 교통, 환경 보호, 과학 연구, 주택 지원 등 다양한 분야에 대한 지출이 있다.

나머지는 연방 정부가 발행한 국채의 이자 지급으로, 전체 연방 지출의 약 13%를 차지한다. 그런데 2024년 기준 약 1조 2,000억 달러

2024년 미국 연방 정부 예산 구조

지출 항목	금액	전체 지출 비중
사회보장	1조 5,000억 달러	21.5%
국방비	8,550억 달러	12.0%
주정부 이전금	1조 1,000억 달러	16.2%
국채 이자	1조 2,000억 달러	17.7%
메디케어	8,735억 달러	12.9%
기타	1조 3,000억 달러	18.7%

가 집행되었으며, 이는 당초 예산을 훨씬 상회하는 금액이었다.

　2024 회계연도의 실제 총 지출액은 6조 9,000억 달러로 2024년의 총 재정 적자는 1조 9,000억 달러에 달했다. 반면 2019년의 적자는 9,800억 달러였다.

　트럼프는 세 가지 주요 의무 지출 범주 중 사회보장과 메디케어는 보호하겠다고 공약했다. 그러면 국방비와 국채 이자를 줄이는 것만이 유일한 선택이다. 이런 재정 상황에서 양안 전쟁 등이 일어난다면 미국은 아마도 국방비를 부담할 길이 없을 것이다. 주한미군 비용 이슈를 내내 제기하는 것도 체면은 잃기 싫고 돈은 없어서다.

　미 정부 예산 지출 한도는 크게 재량 지출 한도와 연방 부채 한도가 있다. 재량 지출 한도는 2023년 6월, 바이든 대통령과 당시 하원의장 케빈 매카시가 합의한 재정 책임법 Fiscal Responsibility Act of 2023에 따라, 2024 회계연도의 재량 지출을 총 재량 지출 한도 1조 5,900억 달러[132]로 통제했다. 연방 부채 한도는 미국 정부가 차입할 수 있는 총액의 법적 상한선이다. 그런데 연방 부채가 계속 늘어나 연방 정부가 운영을 정지해야 하는 등 감당하기가 어려워지자 2023년 6월 재정 책임법을 제정했고 이 한도는 2024년 12월 31일까지 일시적으로 정지되었다. 이후 2025년 1월 1일부터는 새로운 부채 한도가 자동으로 설정되어, 그동안 발생한 의무 지출을 반영하게 되었다. 그 결과 2025년 2월 기준, 미국의 연방 부채는 약 36조 2,000억 달러로 증가했으며, 이는 2023년 대비 약 4조 달러 증가한 수치다. 이렇게 연방 정부 부채가 급증하는 것을 우려해 예산 통과가 지연되는 일이 계속 발생한다.

연방 정부의 적자 규모는 미국이라는 국가의 파산을 이야기할 정도의 상황에 이르렀다. 작은 정부를 지향하는 미 공화당은 연방 정부 지출을 줄여나가야 한다는 입장이며 특히 국방 예산, 사회보장, 메디케어 등에서 대폭 감축해야 한다고 본다. 이는 복지 예산이나 외국 군사력 예산의 감축을 원하지 않는 민주당과 항상 이견이 있는 부분이다. 트럼프의 공화당은 이 연방 정부 적자를 근본적으로 해결하려는 것으로 보이고 이런 노력은 많은 사람에게서 지지받고 있다. 사실 트럼프와 하버드대학교의 분쟁도 잘 생각해보면 원인은 중요하지 않아 보인다. 1조 달러의 지출을 줄이고자 하는 트럼프 행정부로서는 명분만 있으면 어떤 예산이든 집행을 중단하려 할 것이기 때문이다. 게다가 하버드라니! 하버드에 대한 예산 집행 중단은 트럼프 지지자들의 박수를 받을 일이지 않은가!

민주당이라고 해서 정부 부채를 나 몰라라 하는 것은 아니다. 민주, 공화 양당이 모두 동의하는 지출 축소 분야가 정부 부채다. 미국 의회예산처는 미국 정부 부채가 2050년까지 GDP의 거의 150%까지 증가할 것으로 예상했다. 2024년 미 연방 정부의 국채 이자 지출은 1조 2,000억 달러에 가까웠고 이런 추세라면 2025년, 2026년이면 지불해야 할 이자가 1조 2,000억~1조 3,000억 달러에 다다르게 된다. 그야말로 국가 파산이 눈앞에 와 있다.

이 상황은 미국 국채를 대규모로 보유한 아시아 국가들에도 명백한 리스크다. 일본은 1조 1,000억 달러의 미국 국채를 보유한 최대 채권자이고 중국은 7,654억 달러 상당의 국채를 보유하고 있다. 중국은 두 번째 미 국채 보유국이었다가 최근 조용히 3위로 내려갔다. 아시아의 각국은 3조 달러 상당의 달러 국채를 보유하고 있다.

그렇기에 트럼프의 시각에서 국채 이자율은 내려가야 한다. 그래서 줄곧 제롬 파월 연준 의장에게 금리를 내리라고 압박하는 것이다. 그러나 연준의 임무는 물가와 고용이다. 연준은 정치로부터의 독립성을 엄격하게 지키며, 재정 정책에 관여하지 않으려고 노력한다. 파월 의장은 트럼프의 관세 부과가 예상보다 훨씬 높다며, 물가 안정과 최대 고용이라는 두 가지 목표가 충돌하는 어려운 상황에 처할 수 있다고 말했다. 이에 대한 트럼프의 반응은 "제롬! 금리를 인하하란 말이야! 정치 놀음 하지 말고!"라는 것이었다.[133]

하지만 파월은 트럼프의 관세는 물가를 일시적으로 상승시킬 가능성이 매우 높고 장기화할 가능성이 있다고 경고했다[134] 시카고 경제 클럽 연설에서 파월은 인플레이션에 대한 회피는 관세가 경제에 미치는 영향의 규모와 무역 정책이 물가에 반영되는 데 걸리는 시간에 달려 있다고 말했다. 연준은 지난 수년간 팬데믹 기간 동안 팽창한 통화와 급격히 올라간 물가와 싸우기 위하여 고금리 정책을 펼쳐왔다. 이 고금리 정책은 심한 반대와 공격을 받았지만 연준은 굽히지 않고 물가 및 고용의 동향을 보면서 조정해왔다. 연준은 단기적 변화, 즉 가격 상승과 인플레이션이나 더 광범위한 성장 둔화와 같은 장기적 영향을 구분해온 것이다. 팬데믹 기간 치솟은 미국의 인플레이션은 파월의 고금리 정책의 효과로 40년 만에 최고치를 기록한 후

점차 정상 수준인 2%로 돌아오고 있었다. 당국자들은 인플레이션이 정상 수준으로 돌아가고 고용 시장이 강세를 유지하며 경제가 성장하는 '연착륙'에 점점 가까워진다고 낙관하던 참이었다. 그러나 트럼프 관세와 기업 및 금융 시장 모두에 대한 불확실성은 미국 경제를 혼돈 속에 몰아넣고 있다. 연준은 금리 인하에 보수적일 수밖에 없을 것이다.

금리를 내릴 수 없거나 내리는 속도가 완만하면 예산을 절감하는 '정부 효율부Department of Government Efficiency, DOGE'가 제 역할을 해주어야 한다. DOGE는 2025년 1월 트럼프의 지시로 예산관리국Office of Management and Budget, OMB 산하에 설립되었다. DOGE는 백악관 산하의 임시 기관으로 운영되며, 임기는 18개월이다. 이 부서는 무보수 '특별 공무원'인 일론 머스크가 이끌며, 재무 공개 요건도 없다. 이 부서의 목표는 민간의 비즈니스 마인드로 정부 지출을 재편하는 것이다.

DOGE는 초기 목표로 2조 달러의 예산 절감을 내세웠으나, 이후 목표를 1조 달러로 수정했다. 트럼프는 벌써부터 절감액의 20%를 국민에게 환급하는 방안을 검토 중이다. DOGE는 2025년 4월 20일 기준으로 누적 절감액이 약 1,600억 달러에 달한다고 주장한다. 실제 영수증이나 증빙 자료가 첨부된 금액은 325억 달러로 전체의 약 20%라고 한다. DOGE는 주로 네 가지 영역에서 예산을 절감했다. ① 다양성, 형평성, 포용성을 위한 이니셔티브Diversity, Equity, Inclusion, DEI의 절감이다. 예를 들어 교육부는 DEI 이니셔티브에 대한 85건의 계약을 취소했고, 에너지부는 성별 연구에 대한 특별 기금을 종료하면서 총 10억 달러의 절감 효과를 거두었다고 했다. ② 국제 원조 구조 조정이다. 미국 국제개발처USAID에 대한 연간 자금 지원을 중단하고, 우크라이나에 대한 원조도 줄였다. ③ 미디어 구독 취소다. ④ 연방 인건비 절감이다. 그러나 절감 대상이 점점 규모가 작아질 수밖에 없고 사회적 여파는 커져만 갔다. 설령 DOGE의 주장대로 연방 정부가 직원 수의 75%를 감축한다 하더라도 사회적으로 엄청난 물의를 빚을 것은 명약관화했다.

일론 머스크의 DOGE는 수단 방법을 가리지 않았다. DOGE는 연방 정부 데이터를 수집하여 이민자들을 주택, 일자리에서 몰아냈고[135] 개인 정보를 이용하여 서류 미비 이민자들이 일하고 공부하고 사는 곳을 찾아내어 그들을 거주지와 직장에서 추방했다. 세금 정보를 사용하여 미국에 불법 체류 중인 의심자 700만 명을 찾아 거리에서 경찰들이 이민자들을 수색하고 잡아갔다. 공공기관들은 서류 미비 이민자들이 시민권자나 다른 적격 가족과 함께 살더라도 공공 프로그램의 혜택을 받지 못하도록 하겠다고 약속했다. 사회보장국은 부자격자를 추적해 '사망자'로 등록하여 이들이 미국에서 혜택을 받거나 합법적으로 일할 수 있는 능력을 제한했다. 북한이나 중국에서도 이런 일은 일어나지 않았다.

당연히 DOGE와 머스크에 대한 반감이 엄청나게 일어났고 머스크의 테슬라 자동차들이 길거리에서 불에 타는 일이 일어났다. 이런 식으로 연방 정부의 예산을 줄여나간다는 것은 누가 보아도 무리였다. 게다가 캐런 다이넌Karen Dynan*은 DOGE가 연방 정부의 예산 절감에 그다지 기여하지 못한다고 했다. 인력 절감 규모는 상대적으로 작고, 운영 예산 축소는 단기적으로는 효율 감소를 가져올 것이며, 연구 개발 예산 감축은 장기적으로 낮은 생산성과 성과를 초래할 것으로 보았다.

사실 예산 절감의 가장 큰 걸림돌은 의무 지출이 예산의 3분의 2나 차지하며, 그중에서도 사회보장과 의료보험이라는 두 가지가 절반을 차지한다는 구조적인 문제다. 재량 지출의 절감은 한계가 있고 국채 이자는 단기간 내에 해결할 수 없는 것이다. 심지어 장거张舸✱와 오우양후이欧阳辉◆처럼 DOGE의 가장 큰 역할은 사실 경고라는 사람까지 나타났다.[136] 미국 예산 시스템 개혁의 시급성을 드러내는 것이 목적이라는 것이다.

결국 머스크는 DOGE를 떠나 자신의 기업 경영에 전념한다고 발표하기에 이르렀다. 하지만 DOGE는 없어지지 않았고 활동을 중지하지도 않았다. 트럼프 행정부는 연방 정부 전반에서 지출 거부로 다양한 업무를 중단시키고 있다. 이 비공식적인 업무 중단은 부서들을 기능 불능 상태로 몰아넣고 부처는 여전히 존재하지만 실제 업무는 중단되고 있다.[137]

● 미국의 저명한 거시경제학자. 하버드대학교 경제학과와 케네디 행정대학원에서 실무 교수(Professor of the Practice)로 재직 중이며, 2017년 3월부터 피터슨 국제경제연구소 비상근 선임 연구원(Nonresident Senior Fellow)으로 활동 중이다.
✱ 랴오닝대학교 상과대학(辽宁大学商学院) 객원 교수.
◆ 장강상과대학 금융학원 걸출원장(长江商学院金融学杰出院长) 출강 교수.

일론 머스크보다 더 영향력 있는 인물은 러셀 보트Russell Vought라는 말도 있다.[138] 보트는 예산관리국장이다. 머스크와 달리 미디어의 주목을 받지 않고 활동하는 보트는 트럼프의 1기 임기 중 행정명령 13957에 참여해 연방 정부 내 수천 개의 정책 직무를 재분류하는 작업을 주도했다. 이 행정명령은 바이든 행정부에서 폐지되었지만 트럼프가 2025년 1월에 유사한 행정명령 14171을 발령해 채용 및 해고 절차를 신속히 진행하도록 했다. 인사관리국은 이 조치가 연방 정부 내 5만 개의 직위에 영향을 미칠 수 있다고 추산했다. 바이든 행정부 기간 동안 보트는 헤리티지 재단의 영향력 있는 '프로젝트 2025'의 주요 저자이자 핵심 설계자로 인정받았으며, 이 문서는 트럼프의 두 번째 임기 청사진으로 널리 여겨진다.

DOGE 활동에도 금리 상승과 부채 규모가 확대되어 정부 부채의 이자는 급증하고 있다. 2019년 팬데믹 이전에는 10년 만기 미국 국채 이자율이 약 2.14%였다. 그 후 연준의 금리 인상으로 2023년 10월에는 5.43%까지 치솟았다. 지난 2년 동안 약간 하락했지만, 2025년에는 여전히 약 4.2% 수준을 유지할 것으로 예상된다. 미국 정부의 부채 규모는 계속해서 증가해 2025년 5월 기준 36조 2,000억 달러로 미국 명목 GDP의 100%에 도달했다. 향후 10년 이내에 54조 달러로 증가할 것으로 예상된다. 5월까지 정부 부채의 이자 지급은 4,500~4,700억 달러로 추정된다. 미 정부 예산에서 가장 큰 지출 항목인 사회보장 지출을 넘어설 것으로 보인다.

미 정부 부채 상황은 더이상 방치할 수 없는 수준임에 틀림없다.

이제 세상은 미 국채를 과거와는 다른 눈으로 보고 있다. 더이상 안전 자산이 아닐 수도 있다는 생각이 퍼져나가는 것이다.

거꾸로 위용딩余永定●은 중국 해외 자산이 미중 무역 전쟁의 또 다른 전쟁터가 될 수 있다고 우려했다. 위용딩은 중국이 미국 국채 보유량을 감축해야 한다고 주장해왔다. 특히 2022년 2월 러시아가 우크라이나를 침공한 후 미국이 러시아의 자산을 압류한 것을 보고 미국이 중국의 해외 자산을 중국에 불리하게 사용할 수 있는 가능성을 경계하라고 중국 정부에 권고했다.[139] 그래서인가 중국 인민은행과 외환관리국은 완벽에 가까운 시장 타이밍을 보여주며 베이징의 달러 의존도를 조용히 줄였다.[140] 중국의 미국 국채 보유량은 이제 3위이고, 2위 자리를 영국에 내주었다.

트럼프 관세 세수는 얼마나 될까

재정 지출 절감 외에 재정 적자를 해소하는 방법은 세수를 늘리는 것이다. 경기가 좋아지고 세금이 많이 걷히면 연방 정부의 세수도 늘어나겠지만 공화당의 정책은 정부 세금을 줄이는 것이다. 게다가 트럼프는 공화당의 2017년 1조 7,000억 달러 감세안을 영구화하는

● 중국의 저명한 거시경제학자로, 중국사회과학원 세계경제정치연구소 소장을 지냈다.

것 외에 추가적인 법인세 인하를 약속했다.[141] 또한 규제 완화도 약속했다. 앞서 말했듯이 트럼프에게는 다른 개념은 중요하지 않다. 재정 수입 증가 수단이 관세이면 관세를 부과할 뿐이며 여기에 동맹, 조약, 관례 등 다양한 고려 사항은 중요하지 않은 것이다.

트럼프는 2025년 1월 20일 두 번째 임기 시작과 함께 '외세청External Revenue Service, ERS'이라는 새로운 정부 기관을 설립하겠다고 발표했다. 이 기관은 외국에서 발생하는 수익, 즉 관세, 수입세, 외국 기업의 미국 내 수익 등을 징수하는 역할을 맡게 된다. 트럼프는 관세 수입으로 연간 소득이 20만 달러 미만인 미국 국민의 소득세를 거의 없앨 수 있다고 했다. 트럼프가 관세의 비약적인 증가를 예상하는 것을 알 수 있는 장면이다.

필자를 포함하여 다수의 전문가가 트럼프는 정말로 관세를 세수 증가 수단으로 삼는다고 생각한다. 관세가 중국뿐 아니라 전 세계를 대상으로 하는 점도 이런 견해를 지지한다. 즉 트럼프의 관점은 위기 상태에 빠진 미 연방 정부를 구하기 위해서 연방 정부의 지출을 줄이고 수입은 늘려서 구조적 적자 상태를 해소하는 것이며 그 방법으로 관세라는 수단을 휘두르는 것이다. 이는 트럼프 행정부가 결코 중국만을 대상으로 관세를 부과하지 않을 것이며 90일 유예 등 각종 관세 유예는 정말로 유예이지 면제해주지 않을 것임을 의미한다.

그러면 트럼프가 '해방의 날'로 선포한 2025년 4월 2일, 미국 정부가 발표한 상호 관세 조건에서[142] 미국 정부는 얼마나 많은 세수를 올릴 수 있을까? 미국의 2023년 관세는 총 3조 1,000억 달러이고 개인 및 법인 소득세는 약 2조 달러 규모다. 트럼프는 개인 및 법인 소득세를 감면한다는 공약을 내걸었다. 이를 고려하면 관세가 2조 달러 더 늘어야 해서 66%가 늘어야 한다.

진찬룽金燦榮*은 트럼프가 1,000억 달러 수준의 관세 수입을 4,000억 달러 이상으로 늘리려 한다고 보았다.[143] 심지어 5,000억~6,000억 달러 수준을 목표로 할지도 모른다고 했다. 하지만 일이 트럼프가 생각하는 방향으로 흘러갈 것 같지는 않다. 미국 기업이 관세를 성실 납부하지 않을 가능성도 있는 것이다. 한 중국의 언론인은 미국 연방 정부의 법 집행 능력은 매우 제한적이라며 미 연방 정부의 제한된 인력만으로는 철저하게 정책을 시행할 수 없다고 지적했다.[144] 그는 미국 민간 기업의 대부분은 정직하며, 모든 미국 유통업체와 최종 고객은 미국 정부 공무원 대신 중국 업체의 공급망 규정 준수 여부를 일대일로 면밀히 감시한다고 했다. 하지만 만약 미국이 중국에 50% 이상의 관세를 부과한다면, 미국 민간 기업은 중국 공급업체에게 멕시코나 동남아시아로 공장을 이전하도록 요구할 것이고, 중국과 미국 사이의 공급망은 분리될 것이다. 미국이 전 세계 다른 나라에도 높은 관세를 부과하면, 미국 민간 기업도 미국 정부의 규제를 피할 방법을 찾을 것이다. 트럼프가 미국 민간 기업의 이익에 거슬러서 정부 공무원에게 의존한다면, 그의 정책은 결코 제대로 실행되지 않을 것이라고 그는 단언했다. 즉 불법이든 합법이든 기업들은 트럼프의 관세를 피해나갈 것이라는 암시다.

역으로 트럼프의 희망사항을 맞춰주는 방법을 건의하는 사람도 있다. 그는 바로 대만의 이코노미스트 우자룽이다. 우자룽이 생각하는 트럼프의 계산법은 매우 간단하다. 미 연방 정부는 매년 6조 7,000억 달러 정도를 지출하는데 세수가 4조 7,000억 달러 정도이기 때문에 차이가 나는 2조 달러를 해결하면 된다는 것이다. 아무튼 축약해서 말하면 트럼프 행정부는 국채를 줄여 이자 1조 달러를 절감하고 관세로 1조 달러의 세입을 확보하면 된다는 것이다.

우자룽은 미국을 상대할 때 관세만으로는 충분하지 않으며 관세 외 요소를 해결해주어야 한다고 말한다. 베트남이 미국에 제로 관세를 제안했을 때, 미국은 중국의 원산지 세탁이 아니라는 것을 증명하기 위해 베트남이 대중국 관세를 35%~50% 수준으로 인상해야 한다고 요구했다. 우자룽은 이렇게 미국 입장에서 문제를 직접 직시하고 해결책(즉 트럼프가 원하는 결과를 가져오는)을 찾아야만 미국과 협상이 가능하다고 했다. 과연 베트남은 미국의 요구에 응할 뜻을 밝혔다.

우자룽 외에도 트럼프 관세의 진의를 무역 적자 해소로 보는 전문가가 늘고 있다. 킴벌리 클라우징Kimberly Clausing✖은 50% 관세로 연간 7,800억 달러의 세수를 창출할 수 있다고 보았다. 김현종은 트럼프가 관세로 6,000억 달러, 이자 축소로 1조 달러를 벌려 한다고 추정했다.[145]

● 인민대학교 국제관계학 교수.

✖ 미국의 저명한 경제학자. 피터슨 국제경제연구소 비상근 선임 연구원 겸 UCLA 로스쿨 세법 및 정책 분야 에릭 M. 졸트 석좌 교수(Eric M. Zolt Chair in Tax Law and Policy).

피터슨 국제경제연구소의 워릭 맥기빈Warwick McKibbin●과 제프리 숏 Jeffrey J. Schott✖은 미국의 보편적 관세가 15%p 인상되면 외국이 보복하지 않는다고 가정할 경우 10년간(2025~2034년) 연방 정부 수입이 3조 9,000억 달러 증가할 것으로 예상했다.[146] 미국의 성장 둔화, 생산, 고용 및 실질 임금 감소 등 상쇄 효과를 고려하면 10년간 순 세수 증가액은 3조 2,000억 달러가 된다. 다른 국가가 보복을 가할 경우 순세수 증가액은 약 1조 5,000억 달러로 더 줄어들 것이다. 실제로 상대국이 보복 조치를 할 경우, 관세율 20%p 인상으로 얻는 관세 수입 증가액이 15%p 인상 때보다도 적게 나왔다. 이는 수입 규모가 더 크게 감소하기 때문이며, 기업이나 가구로부터의 세수도 감소하기 때문이다. 이에 따라 20%p 인상할 경우 10년간 얻는 순수입 증가액은 7,910억 달러로, 관세별 시나리오 중 가장 작게 나왔다.

맥기빈의 분석에서 관세를 10%p 인상할 경우 연간 약 2조 5,320억 달러의 관세 수입이 증가하지만 기업 소득세 감소 3,510억 달러, 가구 소득세 감소 6,050억 달러를 제하면 1조 5,750억 달러가 될 것으로 추정했다. 15%p 인상할 경우에는 관세 수입 증가 2조 9,430억 달러, 기업 소득세 감소 5,260억 달러, 가구 소득세 감소 9,080억 달

● 호주국립대학교(Australian National University, ANU) 크로포드 공공정책대학원(Crawford School of Public Policy) 공공정책학 교수 및 응용거시경제분석센터(CAMA) 소장, 피터슨 국제경제연구소 비상근 선임 연구원, 브루킹스 연구소 비상근 선임 연구원, 로위 연구소(Lowy Institute) 명예 교수, 맥기빈 소프트웨어 그룹(McKibbin Software Group Inc.) 대표.

✖ 피터슨 국제경제연구소 선임 연구원.

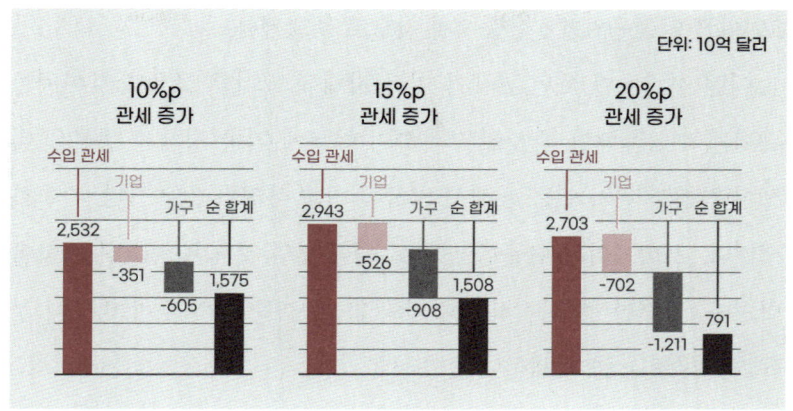

트럼프 관세는 세수 증가를 가져오지만 다른 세수를 감소시킨다.
상대국 보복 시나리오하의 미국 세수 베이스라인으로부터의 추정 변화(2025~2034년).
출처: Warwick J. McKibbin and Geoffrey Shuetrim's PIIE Briefing, The US revenue implications of President Trump's 2025 tariffs.

러로 순증가는 1조 5,080억 달러로 추정되었다. 관세에 대한 수입 반응으로 가정할 때, 관세 수입을 극대화하는 비율은 50%이고, 관세 수입은 약 7조 8,000억 달러로 정점에 이른다.

이 세 가지 관세율 시나리오에서 미국은 향후 10년간 GDP, 투자, 고용, 실질 임금이 관세를 인상하지 않을 때보다 낮아지고 초기 2년 동안 인플레이션이 높아질 것으로 예상되었다.

의회예산처의 추산에 따라 10%의 준수율과 24%의 소득 및 세금 상쇄율을 반영할 경우, 순 연간 관세 세수는 330억 달러가 된다. 유사한 조정 사항을 반영한 예일대학교 예산 연구소Yale Budget Lab의 장기

연간 관세 세수 추산치는 358억 달러다. 미국 물가는 7.1% 올라가고, 미국 임금을 6.3% 상승시킬 것으로 추정된다.

이런 숫자들만 보면 관세가 미국 경제에 기여할 것으로 보이지만 관세는 수입품에만 세금을 부과하기 때문에 미국 경제의 생산을 미국이 경쟁 우위가 있는 것에서 미국이 비교 우위가 없는 것으로 전환시킨다. 소비세라는 단순한 세금도 세금 부담 분배에 중요한 영향을 미친다. 가난한 가구는 저축이 거의 없고, 소득 대비 소비 비중이 부유한 가구보다 높기 때문이다.

다음 그래프(121쪽)는 관세 수입을 최대로 징수할 때 소득 하위 및 중위의 미국인은 세후 수입이 오히려 줄어든다는 것을 보여준다. 하위 20%는 소득세 감면 없이 세후 소득의 8.5%를 잃게 된다. 중간 20%는 약 5%의 순손실을 입게 되며, 이는 관세 인상을 보상하기에 충분하지 않은 적은 소득세 감면으로 보상된다. 상위 20%는 관세 인상으로 소득의 4%를 잃지만, 6%의 세금 감면으로 보상받으며 2%의 소득 증가를 기록한다. 상위 1%는 세후 소득이 11.6% 증가한다.

이러한 분석 결과는 트럼프가 중국에 요구하는 145% 관세가 얼마나 무리한 것인지 보여준다. 최근 미중 무역 협상을 맞이하여 트럼프가 다시 거론한 80% 관세 역시 마찬가지다. 중국뿐만 아니라 미국에도 도움이 되지 않을 것이기 때문이다.

트럼프가 고관세를 실시하면 미국의 관세에 대응하여 외국 중앙은행들은 금리를 인하할 것이고 이는 강달러를 초래할 것이다. 이러한 결과를 예상한 글로벌 투자자들은 포트폴리오에 달러 자산을 추

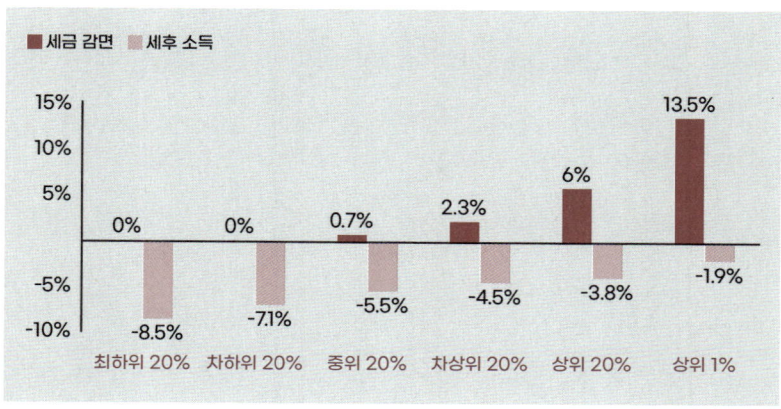

만일 관세를 최대화한다면 하위 및 중위 소득 미국인은 세금 감면이 없을 경우 세후 소득이 오히려 감소하게 된다.
출처 : Authors' calculations based on consumer expenditure survey data from the US Bureau of Labor Statistics and tax and income distribution data from the US Treasury.

가하여 더욱 강달러를 만들 것이다. 이는 결국 미국 수출품을 더 비싸게 만들어, 그 수요를 더욱 감소시킬 것이다. 이 파괴적인 순환은 미국인이 싼 수입품을 사다가 더 비싼 국내 생산품을 사게 되면서 미국 총수요 증가를 더욱 약화시킬 것이다. 미국 소비자와 기업은 달러가 강세인데도 관세를 부과하기 이전보다 높은 가격에 직면하게 될 것이며, 이는 소비와 투자를 더욱 제약할 것이다.

3장

트럼프 관세와 미중 경제

트럼프 관세는 서방 우방국들 간의 경제적 이해관계 상충이라는 모순을 수면 위로 올려놓았다. 트럼프는 단도직입적으로 세계 각국에 미국이라는 국가만의 경제적 이익을 도모하겠다고 밝혔고 이에 적극적으로 협력하라고 요구했다. 심지어 일본에는 쌀 수입 등 자기 마음에 드는 안을 가져오지 않는다면 발표된 상호 관세보다 더 올라간 25%가 8월 1일부터 부과될 것이라고 위협했다.

일본 산업 경제에서 가장 큰 비중을 차지하는 자동차에 직격탄을 맞고 선거를 눈앞에 둔 시점에서 쌀 수입을 요구받은 이시바 시게루 일본 총리는 이에 대해 강경한 입장을 보였다. 자동차와 농업 부분은 지켜내겠다는 것이다. 그러나 이러한 일본의 입장이 트럼프에게 통할 가능성은 커 보이지 않는다. 자동차와 농업은 트럼프 입장에서도 선거에 가장 중요한 산업이다.

그러나 누가 뭐라 해도 정말 중요한 상호 관세는 중국에 대한 관세일 수밖에 없다. 미중 관세 협상은 글로벌 경제에 가장 큰 영향을 줄 요인이며 세계 각국 경제에 직격탄을 날릴 사건인 동시에 트럼프 정권의 미래에도 결정적인 영향을 줄 사안이다. 지난 무역 전쟁 때와는 달리 완강히 저항하는 태도를 보이는 중국과 거칠게 세계를 흔들어대는 트럼프 정부가 안정적인 협상 결과를 도출할지 현시점에서는 알 수 없다. 설사 미중 협상이 합의를 이룬다 해도 얼마나 지속 가능한지는 의문이다. 따라서 세계 각국은 협상 성공, 실패 모두의 경우에 대비해야 한다.

미중이 원만한 합의를 이루지 못하면 글로벌 경기 침체가 올 가능성에 대한 우려가 산업계 전반에 팽배하다. 중국은 미중 디커플링에 대한 준비를 해왔지만 최선을 다해 합의를 이루려 할 것이다. 다만 수용할 만한 한계를 넘어설 경우 중국은 디커플링도 각오한다는 태세를 보이는데 이때 중국은 어떤 영향을 입을 것인가? 동시에 중국으로부터의 공급망 종속을 완전히 해결하지 못한 미국도 당장 큰 영향을 받을 텐데 이 경우 미국 경제에는 어느 정도 타격을 줄 것인가? 그리고 무엇보다도 가공 무역의 경제 구조를 가지고 있으며 미중 두 나라에 절대적으로 의존하고 있는 우리나라 경제는 어느 정도의 타격을 받을 것인가?

글로벌 공급망의 충격은 그대로 글로벌 자본 시장에 전달될 텐데 자본 시장은 어떤 반응을 보일 것인가? 환율에는 어떤 영향을 줄 것인가? 암호화폐나 위안화 국제화에는 어떤 영향을 줄 것인가? 우리 앞에 높인 이 수많은 의문에 대한 대답을 모색해보자.

글로벌 경기 침체가 오는가

트럼프가 일으킨 관세 전쟁은 세계 경제에 어떤 영향을 얼마나 끼칠까? 미국 자신이 만든 규칙 기반의 국제 자유무역 시대가 갑작스럽게 끝난 것으로 보고[147] 현실적으로 자유무역이 다시 돌아올 것 같지도 않다는 가정으로 분석해야 한다는 의견이 많다. 피터슨 국제경제연구소의 2025년 춘계 경제 전망[148]에서 캐런 다이넌Karen Dynan[149]도 현 상황을 과거와의 단절로 판정하고 세계적인 경기 침체가 올 것으로 전망했다. 실질 글로벌 GDP는 2025년에 2.7%, 2026년에 2.8% 증가할 것으로 전망되었는데, 이는 2024년 3.2% 증가에서 대폭 감소한 수치다. 그중에서도 미국의 높은 관세 직격탄을 받는 북미 지역이 심할 것으로 보았고, 상대적으로 관세가 낮고 안보를 위한 소비가 확대될 유럽 지역은 성장할 것으로 보았다.

글로벌 자산운용사 슈로더Schroders는 '공격적인 트럼프' 시나리오는 미국 경제에 스태그플레이션을 야기할 것이며, 나머지 세계도 불황에 빠지게 할 것이라고 예상했다.[150] 마쥔马骏, Gene Ma[151]은 관세 중심의 인플레이션은 연준의 불확실성을 높인다며 개발도상국들은 트럼프가 아시아 금융 위기를 다시 일으킬 수 있다고 우려한다고 했다.

관세 협상과 관세 보복

필자의 일관된 주장이지만 앞으로 몇 년 동안 지정학적 요인이 무역과 경제에 영향을 주고 공급망은 상당 기간 요동칠 것이어서 필연적으로 물가는 오를 것이다. 세계 GDP 비중 1위인 미국 경제가 침체 국면에 접어드는 것은 물론 그 여파로 글로벌 경제가 함께 침체될 것은 확실해 보인다.

그런데 단기적으로는 미국 경제가 그렇게 큰 타격을 입지는 않을 것 같다. 우리나라의 KIEP[152]는 2025년 세계 경제 성장률을 2.7%로 전망하고, 2026년에는 2.9% 성장할 것으로 예측했다. 여기에는 관세 및 무역 전쟁 격화, 인플레이션 재발과 통화정책 불확실성, 역逆자산효과와 금융 불안 및 부채 위기 등이 복합적으로 반영되어 하방요인으로 작용할 가능성이 있다는 단서가 붙어 있다. 하지만 미국은 소비와 투자가 크게 둔화된다는 전제하에서도 2025년 1.3% 성장할

주요 산업국 GDP 현황

순위	국가	GDP	세계 GDP 비중
1	미국	25조 4,300억 달러	약 24.6%
2	중국	14조 7,200억 달러	약 14.2%
3	일본	4조 2,500억 달러	약 4.1%
4	독일	3조 8,500억 달러	약 3.7%
5	인도	3조 4,100억 달러	약 3.3%
6	영국	2조 6,700억 달러	약 2.6%
7	프랑스	2조 6,300억 달러	약 2.5%
8	러시아	2조 2,400억 달러	약 2.2%
9	캐나다	2조 1,600억 달러	약 2.1%
10	이탈리아	2조 400억 달러	약 2.0%
13	한국	1조 6,700억 달러	약 1.6%

것으로 전망했다. 이것은 종전 전망치 대비 0.8%p나 하향 조정한 것이지만 최근 미국 경제가 강세였던 것이 작용했다. KIEP는 중국은 4.1% 성장할 것으로 예상했다. 중국 정부의 목표가 5% 내외인 것을 감안하면 상당한 조정으로 볼 수 있다. 이는 그만큼 객관적인 입장에서 볼 때 관세 전쟁으로 미중 모두 부정적인 영향을 매우 크게 입는다는 뜻이다. 동시에 경기 침체라고 이야기하기에는 그 영향 정도가 크다고는 할 수 없다.

미국에 대한 관세 보복은 글로벌 경기 침체를 야기할 수 있다

문제는 각국이 트럼프 관세에 대해 보복한다면 광범위한 글로벌 경기 침체가 올 것이라는 사실이다. 막심 치르코프[153]는 중국의 보복 조치는 이미 세계 무역에 영향을 주기 시작했으며, 이는 결국 세계 GDP 성장 둔화로 이어질 것이라고 보았다. WTO는 미국과 중국 간 무역이 81% 급감할 것으로 예상한다고 발표했다.[154] WTO 사무총장 응고지 오콘조이웨알라는 세계 경제가 두 개의 고립된 블록으로 더욱 분열될 수 있다며 글로벌 GDP가 2040년까지 장기적으로 약 7% 감소할 것으로 예상된다고 말했다. WTO는 세계 상품 무역도 가장 큰 폭으로 감소하여 -0.2% 성장률을 보일 것으로 예측했다.[155]

트럼프는 미국 달러의 세계 금융 지배력을 줄이려는 국가에 100% 관세를 부과하겠다고 위협했는데 그럴 경우 관세로 대부분 국가의 GDP가 더욱 낮아지고 인플레이션이 높아질 수 있다. 피터슨 국제경제연구소의 분석 결과(130쪽 도표)를 보면 장기적으로 심대한 영향을 주는 것을 볼 수 있다.

중국의 GDP는 2040년까지도 장기적인 손실을 입고 현재의 디플레이션 상태에서 물가가 급상승하는 상태로 전환될 것으로 예상하고 있다. 이 또한 중국만의 영향이 아니며 크든 작든 거의 모든 BRICS 국가 또는 신흥 시장 국가들이 받을 영향이다.

비비언 발라크리슈난 싱가포르 외교부 장관도 "이것은 한 시대의 종말이다"라면서 "최근의 상황은 우리가 가능한 한 광범위한 그룹과 협력해야 한다는 것을 확신하게 했다"[156]라고 말했다. 싱가포르 입장

미국 100% 관세가 BRICS 국가 GDP에 끼칠 영향

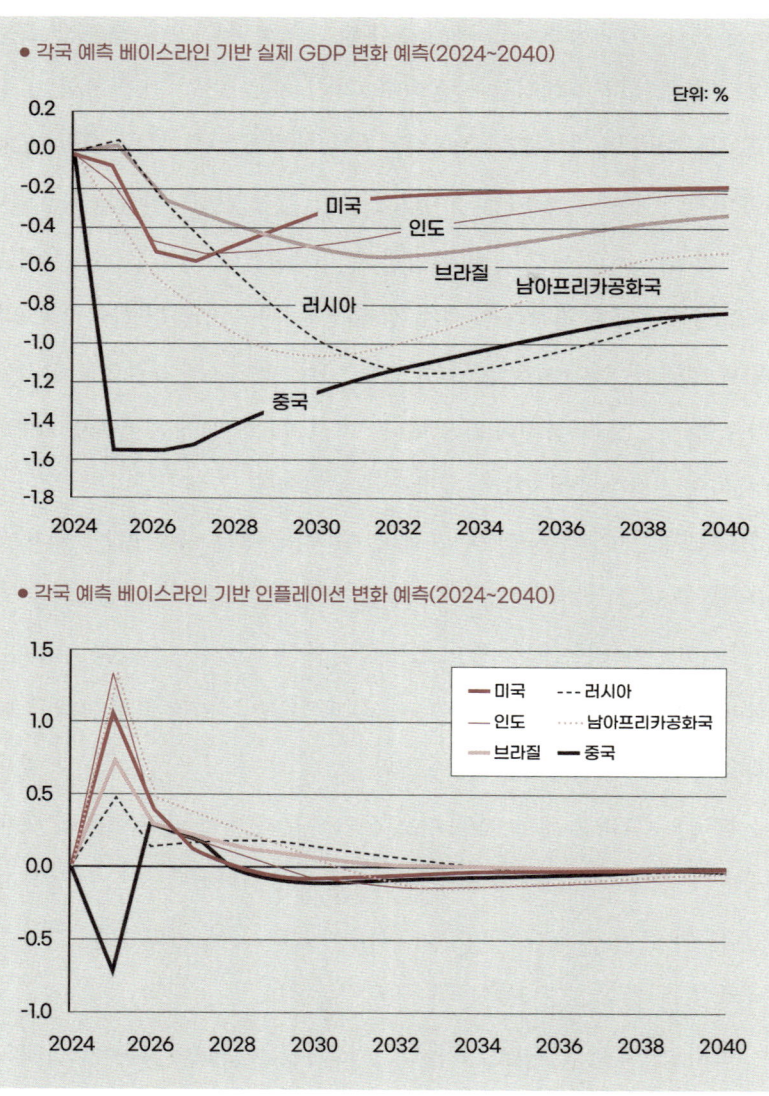

미국의 대BRICS 100% 관세는 모든 국가에 GDP 하강, 물가 상승을 야기한다.
출처: Warwick J. McKibbin and Marcus Noland's blog post, Trump's threatened tariffs projected to harm economies of US and the BRICS.

은 자유무역을 떠날 수 없으며 결국 미국 중심 시장과 중국 중심 시장 외에 상당 정도 자율성이 있는 세 번째 시장이 출현해야만 하는 것일 수 있다. 필자는 미중 중심이 아니라 제3의 국가들이 상호 동일한 자유무역 규칙하에서 교역하는 그룹을 이루는 것을 '세 번째 진영'이라고 부른다.

지금까지 경과를 보면 미국에 보복 관세를 부과한 국가들은 세계 GDP의 35% 정도 차지하는 것으로 나타났다.[157] 만일 이들이 일사불란하게 행동한다면 미중에 대항하는 세 번째 진영이 될 가능성이 아주 없는 것은 아니다. 하지만 각국은 단합하지 못하는 모양새다. EU를 보아도 각국은 대미 보복 관세를 부과한다는 대원칙에는 합의했다. 그러나 실행에서는 단합하지 못했다. 헝가리는 물가 상승을 이유로 관세 부과를 지지하지 않았다. 이탈리아도 조르자 멜로니 총리가 트럼프를 만나 관세율을 최소 10%로 낮추려는 단독 행위를 시도했다. 이렇게 EU 각국이 개별적으로 미국과 협상하면 EU의 가장 소중한 자산인 공동 경제 체제가 훼손될 것이며 개별 협상은 EU 종말의 시작을 의미하게 될 것이라고 한다. 마치 죄수의 딜레마를 보는 듯한 양상이다.

협상 없는 트럼프 관세

스콧 베센트는 미국과의 무역 역차가 큰 국가들을 '더티 15'라고 표현하며 압박했고 그 후 '더티 18'로 해당 국가가 늘어났다. 이들 국가는 아르헨티나, 호주, 브라질, 캐나다, 중국, EU, 인도, 인도네시아,

일본, 한국, 말레이시아, 멕시코, 러시아, 사우디아라비아, 남아프리카공화국, 스위스, 대만, 태국, 튀르키예, 영국, 베트남 등이다. 그 후 미 상무부는 가장 무역 역차가 큰 국가로 중국, EU, 멕시코, 베트남, 아일랜드, 독일, 대만, 일본, 한국, 캐나다, 인도, 태국, 이탈리아, 스위스, 말레이시아, 인도네시아를 지목했다.

현재 미국은 중국, 베트남, 인도, 일본, 한국, 캐나다, 멕시코, EU, 이스라엘, 태국, 호주, 아르헨티나, 스위스, 말레이시아, 캄보디아 등 다양한 국가와 무역 협상을 진행 중이다. G20 회원국 중 절반 정도는 보복 관세를 자제하고 미국과 협상에 나섰다. 아르헨티나, 브라질, 영국, 인도, 인도네시아, 멕시코, 한국, 튀르키예, 남아프리카공화국, 일본 등이다.

그런데 트럼프의 상호 관세를 감면받기 위한 방법을 트럼프 쪽에서 제시하지 않는 것도 큰 문제다. 각국은 도대체 트럼프 행정부가 무엇을 원하는지 몰라 우왕좌왕한다. 트럼프는 각국 정부가 최선의 제안을 가져오면 그것을 보고 자신이 원하는 것을 추가할 속셈으로 보인다. 그러나 이런 방식의 협상은 혼란을 가중할 뿐이다.

트럼프는 아랍 에미리트UAE에서 열린 회의에서 "150개국이 미국과 무역 협상을 원하지만, 각국과 개별적으로 협상할 시간은 없다"고 말했다. 이에 따라 미국은 개별 협상 대신 일괄적인 관세 정책을 통해 무역 조건을 설정하겠다는 방침을 발표했다. 트럼프 대통령의 이러한 방식에 대해 미국 내에서도 우려하는 목소리가 나온다. 여론조사에 따르면, 미국인의 63%가 트럼프의 관세 정책에 반대하며, 66%

는 인플레이션과 생활비 상승에 대한 우려를 표명했다. 또한 전체적인 경제 정책에 대한 지지율은 42%로, 반대율 58%를 밑돌고 있다.

트럼프의 과격한 관세 부과는 상대국과의 무역 손차를 급격히 줄이고 이론적으로는 단기간 내에 무역 수지를 역전시킬 가능성마저 존재한다. 문제는 상호 관세로 상대국과의 무역 손차가 줄어들면 트럼프 행정부가 관세를 다시 조정할 것인가이다. 예를 들어 한국의 대미 무역 수지가 1년 후에 평형을 이루면 그때는 관세율을 줄일 것인가 말이다. 만일 관세가 지속적으로 조정되는 동적 체계를 미국이 채택한다면 세계는 끊임없는 관세 불확실성에 시달리게 될 것이다. 그렇다고 지금의 상호 관세를 트럼프 임기 동안 지속한다면 각국은 엄청난 피해를 보게 될 것이다. 현재로서는 트럼프 상호 관세가 일단 확정되면 적어도 상당 기간 동안 지속될 것으로 가정할 수밖에 없지만 말이다.

전문 기관들의 글로벌 경제 예측

IMF가 4월 세계경제전망보고서 최신판을 발표하면서 2025년 세계 경제 성장률 전망치를 2.8%로 낮춰 잡았다.[158] 보고서에 따르면 2025년 성장률은 선진국은 1.4%, 신흥 시장 및 개발도상국은 3.7%로 1월 전망치보다 0.5%p 낮아질 것으로 예상된다. 미국의 성장률은 1월 전망치보다 0.9%p 낮은 1.8%로 둔화될 것으로 예측했다.

각 기관의 글로벌 경기 예측

예측 기관	예측 내용
WTO	미중 간 무역 81% 감소, 글로벌 0.2% 감소 글로벌 GDP 2040년까지 7% 감소
IMF	2025년 글로벌 GDP 2.8% 성장 미국 1.8%, 선진국 1.4%, 신흥 시장 및 개발도상국 3.7%
OECD	글로벌 GDP 3.1% 성장 무역은 자동차 및 부품 약 3% 감소, 기계 및 장비 산업은 2.5% 이상 감소
피치(Fitch)	글로벌 GDP 2.3% 성장
영국 FT	각국 모든 무역 30% 이상 급격 감소 각국 보복 시 미국 수출 43% 이상 감소

경제협력개발기구OECD는 2025년 세계 경제 성장률을 3.1%로, 미국 경제 성장률은 2.2%로 하향 조정했다. OECD는 트럼프의 상호 관세로 가장 크게 영향받는 것은 자동차 및 부품 무역으로, 수출이 약 3% 감소할 것이며, 그다음으로 기계 및 장비 산업이 2.5% 이상 감소할 것으로 예상했다.

영국「파이낸셜타임스」는 가상의 시나리오에서, 무역 전쟁이 트럼프의 관세에 대한 대응으로 캐나다, 멕시코, 중국이 부과하는 보복적인 25% 관세로 제한된다면, 모든 당사국의 무역은 30% 이상 급격히 감소할 것으로 분석했다.[159] 이 시나리오에서 미국은 경제적 복지에 1.1%의 타격을 입고 멕시코와 캐나다는 각각 7%와 5% 하락할 것이며, 부정적인 영향은 5~10년 동안 지속될 것으로 예상되었다. 만일 본격적인 글로벌 무역 전쟁이 발발하고 무역 상대국들이 트럼프의 관세에 보복한다면, 미국은 모든 국가 중에서 가장 심각한 인플레이션의 영향을 받을 것이라고 했다. 그러한 시나리오가 "국제 무역과 경제 활동에 상당한 지장을 초래할 것"이며, 미국의 수출이 43% 이상 감소할 것이라고 경고했다.

트럼프 행정부의 대중국 경제 및 무역 프레임워크를 살펴볼 때 네 가지 목표를 상정할 수 있다는 견해가 있다.[160] ① 미국의 상품 무역 적자를 크게 줄이는 것이다. ② 중요하고 교역량이 많은 공급망을 리쇼어링해야 한다는 것이다. ③ 식량 공급, 농지, 광물, 천연자원, 항만 및 해운 터미널 등 미국의 핵심 인프라 및 관련 공급망에서 중국을 배제해야 한다는 것이다. 이 목표는 바이든 행정부의 정책을 계승한 것으로 AI 및 첨단 컴퓨팅, 정보 산업, 전기차를 포함한 청정 에너지 산업 부문에서 중국의 입지를 제거하는 것이다. 마지막으로 ④ 반도체, AI, 양자, 생명공학, 그리고 초음속, 항공우주, 첨단 제조, 지향성 에너지 분야까지 첨단 기술 분야에서 중국과의 분리를 확대할 것이다. 마당은 더 넓어지고 울타리는 더 높아질 것이다.

미중의 영향

유럽 중앙은행ECB 총재 크리스틴 라가르드는 달러 대비 유로 강세가 트럼프의 일관성 없는 정책의 결과이며 유럽에는 기회라고 말했다.[161] 영국 BBC는 중국이 받을 영향을 세 가지 시나리오(137쪽 표)로 제시했다.[162]

그러나 이미 대세는 드러나고 있다. 트럼프가 아무리 관세를 조정하더라도 과거 관세와는 단절되는 큰 격차의 관세일 것이기 때문이다. 분석가들은 중국 입장에서 대미 관세가 54%~56%에 도달하면 대부분의 상품을 포기할 것이라고 지적한다.

서양 언론 중 가장 미중 무역 전쟁에 비판적인 언론인으로 보이는 앰브로즈 에번스-프리처드Ambross Evans-Pritchard[163]는 중국 GDP의

트럼프 행정부의 정책 결과로 중국이 받을 영향을 예측한 영국 BBC의 3가지 시나리오

시나리오	대중국 관세	내용
1	수년간 고관세 유지	트럼프가 2018년 무역 전쟁에서 부과한 관세는 사실 바이든의 임기까지 포함해서 7년 동안 지속되었기 때문에, 트럼프의 관세에 대한 집착이 미중 간에 4년간 고율 관세로 이어질 수 있다는 견해가 많다.
2	단기적 관세 급락	트럼프가 중국산 제품에 대한 높은 관세를 "극적으로 낮출 것"이라고 말하며 미중 무역 전쟁에 대한 정책 전환 가능성을 시사했다.
3	관세 보류와 인상이 반복되는 상황	이 시나리오는 무역 전쟁의 첫 번째 단계에서도 분명하게 나타났다.

6.7%를 차지하던 대미 수출은 2.7%로 감소했고 약 86%가 세계 나머지 지역으로 향한다고 지적했다. 루저芦哲[164]는 관세로 중국의 대미 수출이 31.5% 감소할 것으로 예상하며, 그 결과 중국의 전체 수출이 4.6% 감소하고 2025년 중국의 GDP가 1%p 하락할 것으로 전망했다.[165] 래리 후Larry Hu[166]와 장위샤오张雨潇는 관세로 중국의 수출이 15%p, GDP 성장률이 2~2.5%p 감소할 것으로 추정했다.

하지만 제프리 삭스Jeffrey Sachs[167] 같은 사람은 트럼프가 중국에 부과한 관세는 중국이 나머지 세계와 활발한 무역을 계속할 것이기 때문에 중국의 무역 기회를 제한하지 못할 것이라고 말했다. 그러면서 관세의 목표가 궁극적으로 중국을 고립시키는 것이라면 실패하리라고 보았다.[168]

미중이 받을 충격

트럼프의 상호 관세에 대한 중국의 반응은 '이미 예상하던 일'이라는 것이었다. 중국은 트럼프가 중국에 관세를 부과하기 직전에 어떤 예상치 못한 충격에도 대처할 준비가 되어 있다고 말했다.[169] 리창은 중국은 올바른 방향으로 세계화와 다자주의를 고수할 것이라며 중국이 '예상치 못한 외부 충격'에 대비하고 있다고 말했다.

초기 중국 미디어는 트럼프의 방식은 무역 구조를 조정할 뿐이며, 수출에 큰 영향을 미치지 않을 것이라고 보도했다.[170] 상당수 중국 기업에 미국 시장의 비중이 크지 않다는 것이다. 하지만 아무리 비중이 적다 해도 중국에서 미국으로 수출한 금액이 2024년에는 3조 5,000억 달러가 넘는다. WTO는 중국의 대미 수출이 81% 급감할 것으로 보았는데 그렇다면 2조 8,000억 달러가 넘는 제품이 미국으로 수출길이 막히는 것이다. 이런 천문학적인 규모의 상품이 일거에 판매처를 잃고 표류하게 되었는데 어떻게 중국에 영향을 미치지 않겠는가?

카이위엔증권开源证券은 트럼프 관세로 중국의 대미 수출이 30% 감소하고, 전체 수출이 4.5% 이상 감소하며, 경제 성장률이 1.3%p 하락할 것으로 예상했다. 아니나 다를까 미국 아마존을 통해 수출하던 중국 업체들은 2월 초부터 판매가 급격히 감소하고 있다. 일부 중국 수출업체는 주문이 50% 감소했고, 다른 업체는 물건을 전혀 팔지 못했다고 한다.

트럼프의 관세로 가장 큰 타격을 입는 것은 누구인가? 후지에胡捷●에 따르면 관세 비용은 소비자, 미국 수입업자, 중국 공급업체가 분담하되 협상력이 약한 당사자가 부담을 떠안게 될 것이다.[171] 월마트의 경우 주요 공급업체들의 평균 이윤은 약 5%인 반면, 중소 공급업체들의 상당수가 2~3%에 불과하다고 한다. 이러한 낮은 이윤은 이들 공급업체들이 관세를 부담할 여력이 없다는 것을 의미한다.

품목별 관세에 해당하는 알루미늄을 보면 2024년 중국은 미국에 53만 4,000톤의 알루미늄 제품을 수출했는데, 2025년에는 12% 감소할 것으로 예측되었다. 2018년 2%에 불과하던 인도 수입분은 2023년 1월부터 8월 사이 25% 정도로 증가했다. 결국 트럼프의 관세에 따라 많은 국가의 공급업체 경쟁력에 변화가 발생할 것이고 경쟁력이 떨어지는 중국 공급업체들이 향후 시장에서 도태될 것이라는 의미다.

앰브로즈 에번스-프리처드는 중국에는 미국보다 아세안 시장이 더 크고 중국이 대미 수출 중 대부분은 포기할 수 있다고 했다. 미국 슈퍼마켓에서 할인 판매용으로 장난감, 가구, 신발, 의류를 수출하는 것은 수익성도 낮고 중국이 고기술 강국으로 부상하기 위해 원하는 틈새 시장도 아니라는 것이다.[172]

● 중국의 저명한 금융학자이자 실무 전문가. 상하이교통대학교(上海交通大学) 상하이고급금융연구원(Shanghai Advanced Institute of Finance, SAIF) 실무 교수 겸 핀테크 혁신 기지(南京) 책임자 및 동남아시아 센터 집행 이사.

미중 어느 쪽이 상대국에 의존적인지 보려면 미중의 상호 무역 의존도를 살펴보아야 한다. 그리고 지난 21세기 동안 공급망의 대미 의존도를 전략적으로 줄여온 중국이 견디는 측면에서는 유리할 것이 틀림없다. 다만 미국이 성공적으로 단기간에 대중 의존에서 벗어날 수 있다면 2조 8,000억 달러의 매출을 상실하는 중국의 손실이 더 크다고 할 수 있다.

그렇다고는 해도 재닛 옐런이 관세는 미국, 소비자, 수입 원자재에 의존하는 기업의 경쟁력에 극도로 부정적인 영향을 미칠 것이라고 말한 것을 보면[173] 미국의 대중 의존도 또한 높음을 짐작할 수 있다. 그녀는 미국이 수입하는 품목의 약 40%가 중간재라는 점에 주목했다. 그래서 옐런은 트럼프의 전면적인 관세가 미국을 경기 침체에 빠뜨릴 위험이 있다고 말한 것이다.

모건 스탠리는 2025년 1분기 미국 GDP 전망치를 연간 -1.4%로 하향 조정했다.[174] 골드만삭스는 -0.8%로, JP 모건 체이스의 이코노미스트들은 -1.75%로 전망치를 낮췄다. 또한 중국의 대미 수출이 향후 몇 분기 동안 3분의 2로 감소하고, 2025년 중국의 전체 수출이 미국 달러 기준으로 10% 감소할 것으로 예상했다.

피터슨 국제경제연구소가 글로벌 일반 균형 무역 모델을 사용하여 분석한 내용에 따르면 상호 관세, 품목 관세, 그리고 중국, 멕시코, 캐나다 수입품의 관세는 미국 GDP를 1% 감소시킬 것으로 분석되었다. 이는 2024년 미국 GDP 기준 연간 약 3,000억 달러의 생산 손실에 해당한다. 물가는 9.5% 상승하고 명목 임금은 8.6% 증가할 것이다. 즉 실질 임금은 하락할 것이다. 피터슨 국제경제연구소 애덤 포젠Adam S. Posen● 소장은 트럼프의 관세가 영구히, 국가별 관세와 품목별 관세를 모두 포함할 경우에만 실질적인 의미가 있을 것이며 그것도 연간 GDP의 0.2% 정도가 상한일 것으로 추정했다.[175]

실제로 미국 경제는 2025년 1분기에 충격적인 마이너스 성장으로 전환되었다. 이에 대한 트럼프의 반응은 바이든을 비난하는 것이었다.[176] 마이너스 성장은 아직 남아 있는 바이든의 정책 잔재 때문이며 이를 제거해야 한다고 했다. 4월 미국 민간 부문의 일자리 창출도 급격히 둔화하여 기대에 미치지 못했다.

이제 문제는 미중 어느 쪽이 더 큰 피해를 받고 어느 쪽이 먼저 손을 드는가 하는 것이다. 지금까지는 에너지와 식량 등 국가 전략 물자를 외국에서 공급받아야 하는 중국이 불리하다는 분석이 전통적인 견해였지만 중국은 전략 물자 공급망의 대미 독립을 장기간 추진해왔다. 약점이 있지만 준비가 된 중국과 약점이 적지만 준비가 안 된 미국의 대결이라 할 수 있다.

중국이 받을 영향

사람들은 중국이 외국 상품에 높은 관세를 부과한다고 생각한다. 사실 과거의 중국은 확실히 그랬다. 그러나 수출 위주의 중국이 생산

● 미국의 저명한 경제학자이자 정책 전문가.

을 위한 중간재 가격을 높일 이유가 없었다. 그 결과 중국의 관세는 지난 20년 동안 감소해왔다.[177] 그리고 양안 통일에 개입하려는 미국을 의식한 중국은 대외 경제 의존도, 특히 대미 의존도를 의도적으로 축소해왔다.

중국 해관총서의 데이터에 따르면 2024년 1월부터 11월까지 중국 전체 무역에서 미국이 차지하는 비중(달러 기준)은 11.2%로 2001년 중국의 WTO 가입 이후 가장 낮은 수준이다. 2024년 1월부터 11월까지 무역량에서 미국과의 무역 비중은 정점을 찍은 2001년에 비해 4.6%p 하락했다.[178] 수출은 14.6%로 2001년 이후 최저 수준으로 떨어졌고, 수입도 6.3%로 정점 대비 4.4%p 하락했다.

중국의 수출액이 지속 증가했으므로 중국이 수출 위주 경제라고 생각하기 쉬우나 사실 중국의 무역 의존도는 지난 10년 지속적으로 감소했다. 이것은 중국이 내수 확대를 고심해왔다는 증거다. 그럼에도 중국에서 미국 시장을 위한 상품을 생산하는 노동자 수는 약 1,000만에서 2,000만 명으로 추정된다.[179] 중국이 미국 시장을 상실하면 엄청난 실업이 발생할 것임을 알 수 있다.

UBS는 미국과 중국의 관세 인상 조치가 그대로 유지되고 중국 정부가 추가로 경기 부양책을 내놓을 것이라는 가정하에 중국의 2025년 GDP 성장률 전망치를 3.4%로 하향 조정했다.[180] 피치는 불안정한 공공 재정에 대한 우려 속에서 중국의 국가 신용 등급을 'A+'에서 'A'로 하향 조정했다. 줄리안 에번스-프리처드[181]는 중국의 경제 활동에 미치는 영향을 GDP의 0.5%~1%로 예상했다.

트럼프 관세에 따른 중국의 국가별 수출 변화[182]

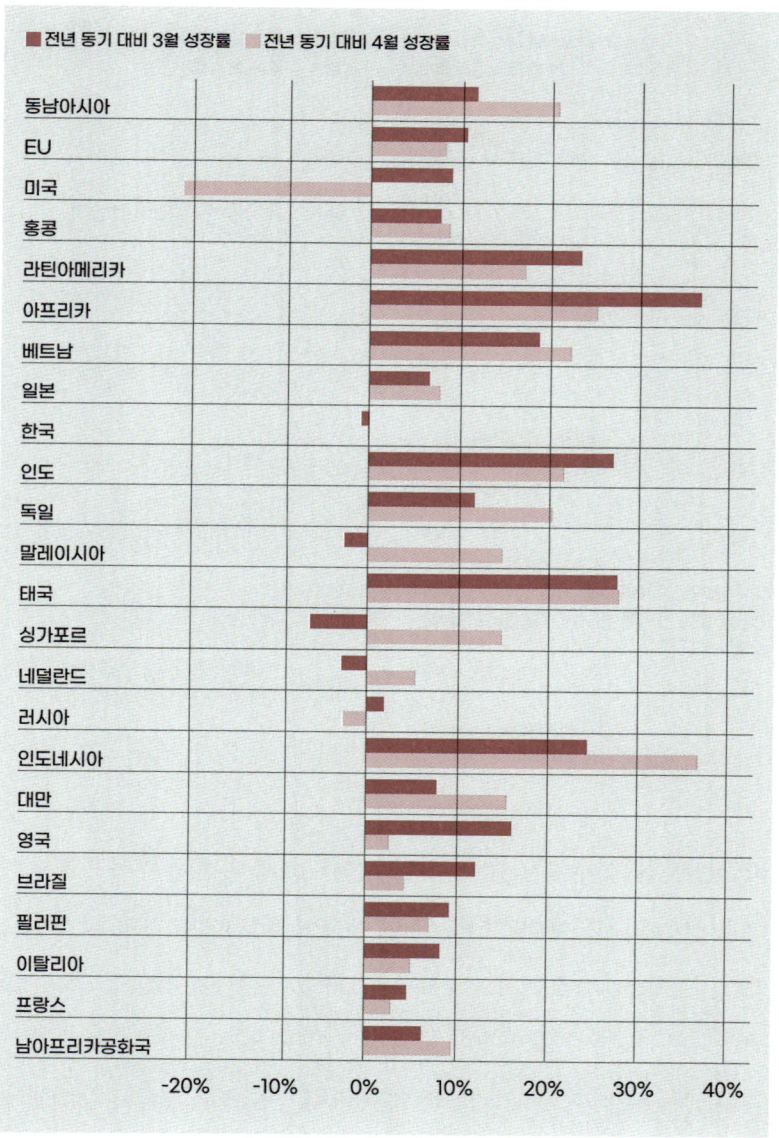

출처: General Administration of Customs.

미중의 내수 및 수출 비중 추이

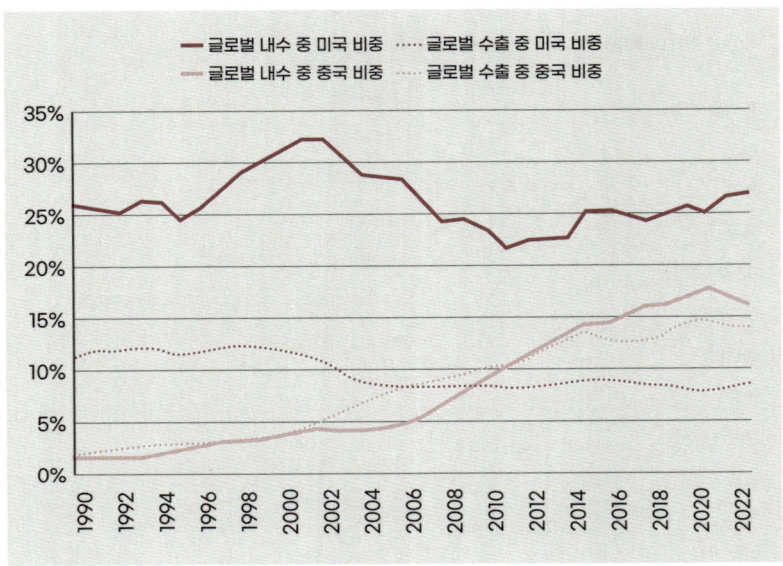

미국 경제는 중국의 수출 기반 성장을 모방하기에는 너무 크다.
내수는 최종 소비와 총 자본 형성을 포함한다.
출처: World Bank via CEIC.

그리고 중국에 관세 전쟁의 영향이 실제로 나타나기 시작했다. 중국의 2월 대미 수출이 10% 감소하면서 10개월 만에 처음으로 마이너스 성장을 기록했다.[183] PC 관련 제품이 전년 대비 20% 감소했고, 배터리도 10% 감소했고, 스마트폰을 포함한 휴대폰 제품은 7% 감소했다. 모두 대미 수출 비중이 높은 품목이다. 800달러 미만의 소형 상품은 5% 감소하여 2023년 8월 이후 최저 수준으로 수출이 감소했다. 당연하지만 2025년 4월 중국 제조 PMI가 기준선 아래인 49%로 떨

2025년 4월 중국 제조 PMI 추이 [184]

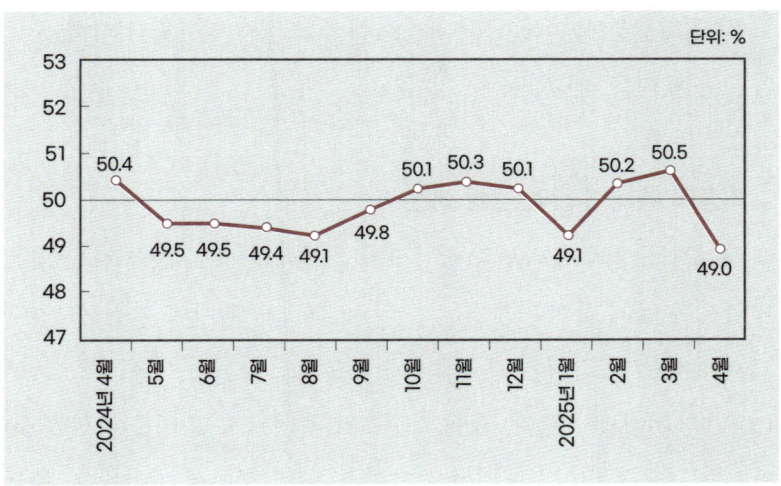

출처: 중국 국가통계국

어지며 관세 전쟁으로 생산과 수요가 모두 둔화하고 있음을 시사했다.[185] 중국 중소기업들은 경영난을 호소했다.[186]

　다른 관점에서 보면, 관세 부과가 중국 경제에 긍정적인 기능을 하는 부분이 아주 없지는 않다. 수입 상품의 가격 상승은 중국산 대체품 개발을 촉진하고, 국내 시장은 구조적 자극을 받게 되며, 적당한 수준의 인플레이션은 디플레이션인 중국 경제에 숨통을 열어주는 측면도 있다. 중국 기업들도 나름대로 브랜드 해외 진출, 공급망 이전, 시장 다원화 등의 전략으로 대응하고 있다.[187] 금융 기관도 대응책을 적극적으로 준비하고 있다. 미국 수입업자가 추가 관세를 부담하는 경우도 많다. 그러나 총체적으로 중국 경제에 악영향을 주며 특히 중소 민영 기업들에 피해가 간다는 점에서 그러지 않아도 심각한 중국의 고용에 더욱 악영향을 줄 것이다.

미중의 에너지 산업 상호 의존

에너지는 중국이 외부의 공급망에 의존하는 핵심 전략 자원이다. 에너지 수입이 막힌다면 중국은 국가 전체가 위기에 빠질 수 있다고 여겨져왔다. 그러나 미국에서 중국으로 공급하는 석유는 2024년 1,080만 톤에 불과했다. 금액 기준으로 에너지 수입 비중은 석유 60억 달러, LNG 24억 달러, 석탄 코크스 18억 달러로 미미했다. 중국은 2025년 2월 이미 미국산 LNG 운송을 중단하고 구매 물량을 중동-아태 지역으로 전환했다. 중국은 미국산 LNG 구매를 중단했고 앞으로 신규 계약을 체결하지 않을 것이라고 앤-소피 코르보[188]는 말했다.[189] 코로나19 팬데믹이 시작된 이후 처음으로 2025년 미국의 석유 수출이 감소할 수 있다는 보도도 나왔다.[190]

사실 중국 수입업자들은 이미 미국에서 수입한 물량의 대부분을 다른 시장에 판매하고 있었다. 이것은 중국이 진작에 에너지 자립을 달성했으며 미국에서 수입하는 에너지는 리스크 관리 차원에서 비축하거나 제3국에 판매해왔음을 시사한다. 에너지나 식량 공급망에 대한 자세한 내용은 졸저 『디커플링과 공급망 전쟁』을 참고하기 바란다. 중국은 이번 관세 전쟁에서 미국의 관세 부과에 대해 에너지 제품에 관세를 부과하는 방식으로 보복했다.[191] 석유에는 10% 관세를 부과하고 석탄과 LNG에는 15% 관세를 부과했다. 중국은 준비가 되어 있는 것이다.

반면 미국의 대체 에너지 부문에서 위기가 나타나고 있다.[192] 미국의 풍력 및 태양광 발전소 90%가 중국의 리튬 이온 배터리 공급에 의존하고 있으며, 기타 제품들은 베트남과 한국에서 공급받는데, 트럼프는 여기에 고관세를 부과하는 것이다. TSMC나 삼성 등 반도체 기업들이 텍사스에 공장을 짓는 이유도 우대 세금 혜택 외에 파격적인 전기료 때문인데 미국의 전력 인프라가 트럼프 관세로 흔들린다면 자가당착이나 다름없다.

중국의 수요 감소와 트럼프의 관세 전쟁으로 원유 가격은 폭락하고 미국 셰일 오일 생산업체들은 심각한 위협에 직면해 있다.[193] 미국 유가가 하락하자 리스타드 에너지Rystad Energy는 많은 미국 셰일 오일 생산자가 서부 텍사스 중질유West Texas Intermediate crude의 배럴당 62달러의 손익분기점에 직면했다고 말했다. 여기에 사우디아라비아를 비롯한 OPEC 산유국들의 신규 공급이라는 위협도 가해지고 있다. 사우디아라비아는 공급을 늘릴 계획을 발표했고 OPEC+는 가격이 하락하는데도 시장에 물량 공급을 늘리려는 것으로 보인다. 빌 스미드Bill Smead●는 트럼프는 유가를 배럴당 50달러까지 떨어뜨리려 하고, 그렇게 되면 미국의 많은 석유 생산 기업은 배럴당 60달러 미만

● 미국의 저명한 가치투자자. 스미드 캐피털 매니지먼트(Smead Capital Management) 창립자이자 최고투자책임자(CIO).

의 가격으로는 수익을 실현하기 어려울 것이라고 말했다.

하지만 트럼프는 유가 하락을 관세로 인한 물가 상승을 막아줄 수단으로 본다는 전문가가 많다. 따라서 트럼프는 국제적인 석유 수요 감소나 중국의 석유 수입 감소에 개의치 않는 것이다. 오히려 알래스카 LNG 개발 등을 통하여 더욱 대규모로 에너지를 생산하고 이를 관세에 놀라 달려오는 국가와 협상하는 데 이용하려 한다. 한국처럼 정치적으로 약한 상대를 압박하여 이들의 자금을 이용하여 미국의 대규모 에너지 산업을 일으키고 또 판매하면, 이는 다시 에너지 비용의 하락을 초래하고 따라서 관세로 인한 물가 인상을 상쇄한다는 그림을 그리는 것이다.

트럼프는 이렇게 '에너지 지배력'을 약속했지만 트럼프가 밝힌 목표에는 자기 모순이 크다.[194] 전문가들은 미국의 이익에 부합하는 최적의 가격대를 배럴당 60~80달러로 본다. 60달러 미만이면 미국 생산업체가 타격을 받고, 80달러를 넘으면 미국 경제 전반의 인플레이션 압력이 커진다는 것이다. 결국 에너지 공급망에서 위태로운 쪽은 중국보다는 미국으로 보아야 할 것이다.

미중의 식량 산업 상호 의존

식량, 특히 사료는 중국이 외국에 의존하는 이른바 전략 물자다. 2024년 중국의 대미 수입 총액 약 20%를 농산물이 차지했다. 일본 무역진흥기구JETRO의 추산에 따르면 중국이 2024년 미국에서 740개 농업 품목을 수입한 규모는 223억 달러로, 대미 수입의 13.6%를 차지했다. 중국이 주로 미국산 대두, 밀, 옥수수를 수입하는데 높은 관세로 미국 농산품 수입이 급격히 감소할 가능성이 높다고 린이단林一丹●은 말했다.[195]

중국은 전략적으로 미국 이외 지역에서 수입 농산물을 대체해왔다. 2016년 대두 수입은 미국과 브라질 양국의 중국 시장 점유율이 40% 정도로 비슷했지만 2024년에는 브라질 수입 대두가 전체 수입량의 70% 이상을 차지했고, 미국 대두는 20%에 불과했다. 그 결과 놀랍게도 중국의 전략적 약점으로 지목되어온 이 대두에 미국이 아니라 중국이 최대 15%의 수입 관세를 부과하는 조치가 3월 10일부터 발효되었다.[196] 이내 34%로 관세가 올라가자 사실상 미국산 농산물 전면 수입 중단 사태가 벌어졌다.

당연히 미국산 대두 수입이 급감하고, 브라질로 수요가 이동했다. 중국 해관총서는 2025년 4월 중국 세관에서 수입된 미국산 대두에서 맥각과 종자 코팅제를 검출했다고 발표했다.[197] 연루된 세 회사는 중국으로의 대두 수출이 중단되었는데 이는 사실상 더이상 중국이 미국의 대두를 수입하지 않겠다는 선언이나 마찬가지였다. 미국산뿐 아니라 중국은 캐나다 정부가 부과한 관세의 보복 조치로 26억 달러 이상의 캐나다산 농산물과 식품에도 관세를 부과한다고 발표했다.[198] 왕단王丹※은 중국이 캐나다 정부를 겨냥해 미국에 동조하는 대가를 상기시킨다고 말했다.

장즈셴张智先◆은 중국 대두 시장의 핵심은 대체, 절감 그리고 증산이라고 했다.[199] 미국 대두를 브라질 등으로 수입처를 대체하고 대두박 수요를 줄였으며[200] 종자 개량 등으로 중국 내 대두 생산을 늘렸다는 것이다. 현재 중국은 전 세계 대두 무역량의 60% 이상을 구매하고 있으며, 2024년에는 1억 504만 톤에 달할 것으로 예상된다. 그중 70%가 넘는 약 7,400만 톤이 브라질에서 수입된다.

2025년 5월 중국 농업농촌부는 '곡물 절약 행동 실시 방안'을 발표해 사료의 곡물 사용 비율을 약 60%로 낮추고 그중 대두박 사용 비율을 놀랍게도 약 10% 수준으로 낮추는 것을 목표로 삼았다.[201] 즉 현재 대두박 사용량을 2030년까지 10분의 1로 줄이는 계획을 추진한 것이다. 이는 브라질에서 수입하는 대두마저도 문제가 생길 수 있다는 전제, 즉 미국의 해상 봉쇄 또는 미국과의 무력 충돌을 고려한 정책이라 할 수 있다.

중국의 돼지 사료 가격도 급격히 상승했다. 대두와 옥수수 가격 상승에 대한 우려가 발생한 것이다. 옥수수와 대두박은 돼지 비육의 주요 원료로 전체 원료의 약 80%를 차지하고, 사료 비용은 양돈 비용의 55%를 차지한다. 현재 중국의 양돈 비용은 kg당 약 15위안(비현금 비용이 약 2위안/kg)인데 돼지 가격이 kg당 13위안 이하로 떨어지면 적극적인 축산 감축이 이루어질 것이다.

그래서 중국 정부는 이미 상당량의 식량과 사료를 비축해놓았다.

- 궈타이하이퉁증권(国泰海通证券) 농업 분석가.
✱ 싱가포르 유라시아 그룹(Eurasia Group) 중국 담당 이사, 전 항생은행 수석 이코노미스트, 이코노미스트 인텔리전스 유닛(Economist Intelligence Unit, EIU) 수석 애널리스트.
◆ 중국 식품 네트워크 EDA 연구소 소장.

적어도 1년 이상, 많게는 2, 3년 이상 수요에 해당하는 전략 물자를 비축해놓았다고 한다. 큰 폭의 가격 파동이 오거나 전쟁 같은 비상 상황이 오면 중국 정부는 식량 배급을 할 수 있도록 비상 계획도 마련해놓았다. 일각에서는 중국 정부가 개발한 디지털 화폐가 전시에는 양권으로 기능할 수 있다고 한다. 1인당 식량, 식품 구매량을 제한할 수 있는 것이다. 바꾸어 말하면 식량에 관한 한 중국 정부는 만전의 태세가 되어 있다.

그런데 미국 쪽은 중국 시장을 잃은 대두와 옥수수를 어떻게 처리할 수 있을까? 식량과 같은 전략 물자는 전 세계 공급과 수요가 대체로 균형을 이룬다. 중국이 대두 구매를 미국에서 브라질로 전환한 만큼 브라질 대두의 기존 고객은 다른 곳에서 대두를 구해야 하며 직접은 아니더라도 결국 미국 대두가 줄어든 공급량을 대체하게 된다. 다만 그 과정에 소요되는 시간과 비효율과 비용 상승은 미국의 농부들을 괴롭힐 것이다.

산업재

중국에서 관세 전쟁의 직접적인 영향을 받는 주요 산업은 수출 의존 산업, 특히 전자, 기계, 철강, 그리고 해운 분야다. 업계 관계자에 따르면, 선주문으로 물량을 관세 부과 이전에 확보하여 미국 내 재고를 준비하는 것이 일반적 대응이었다. 그러나 이런 대응은 모두 잠시 유효할 뿐 재고가 소진되면 대책이 안 된다.

트럼프 관세로 산업의 리쇼어링이 일어날 것이라고 보는 사람들도 있다. 예를 들어 미셸 렁Michelle Leung●은 알루미늄 수입 관세 25%를 부과하면 미국이 현지 알루미늄 생산에 대한 투자를 늘리고 고철 알루미늄 수출을 줄일 수 있다고 했다.[202] 그러나 과거 경험을 보면 관세 정책과 알루미늄 가격 간에는 상관관계가 거의 없다. 따라서 미국의 관세 정책이 중국의 알루미늄 산업에 미치는 영향은 미미할 것으로 보인다. 오히려 한국과 일본의 철강업체들이 대미 수출 의존도가 높고 내수 시장의 수요가 낮기 때문에 큰 타격을 받을 가능성이 있다고 한다.

리쇼어링은 없을 것으로 보는 이도 많다. 정보기술혁신재단Information Technology and Innovation Foundation, ITIF의 시뮬레이션 결과에 따르면 트럼프의 '해방의 날' 관세 부과로 촉발된 보복 관세는 미국 테크 기업들에 최대 820억 달러의 손실을 초래할 수 있으며, 가장 우호적인 시나리오에서도 560억 달러의 손실이 발생할 것으로 나타났다.[203] 이러한 결과를 고려할 때 ITIF는 관세가 중국의 기술을 강화하고 오프쇼어링을 가속화할 위험이 있다고 경고했다.

영국 「파이낸셜타임스」는 트럼프의 관세로 중국에 의존하던 미국 중소기업들이 필요 제품을 생산하는 미국 공장을 찾을 수 없어 곤경에 처했다고 보도했다.[204] 미국 제조업체는 중국에 비해 유연하지 못하고 소량 주문에도 응하지 않으며 제품 커스터마이제이션도 잘 받

● 블룸버그 아시아 금속 및 광업 지속가능성 부문(Asia Metals and Mining, Sustainability) 책임자.

아들이지 않는다. 결국 트럼프의 관세는 중국의 중간재를 사용해야 하는 미국의 제조업에도 타격을 주는 것이다.

소비재의 상호 의존

트럼프 관세의 직접적 타격을 가장 크게 받은 것은 소비재다. 미국인이 이미 달걀, 밀가루, 식용유를 구하기 위해 동분서주한다는 뉴스가 있다. 가장 큰 타격을 입을 곳은 중국의 일용잡화 제조 및 수출 기업이다. 미국의 수입 업체도 공급 부족을 우려하고 있다.[205]

2025년 4월 기준 중국에서 미국으로 출발하는 컨테이너 선박의 예약 건수가 절반 이상 감소했다. 크리스마스 주문도 줄었고 5월 스위스 유예 합의 이전에는 중국과 미국 간 20개 이상의 운송 경로가 취소될 것으로 예상되었다. 미국으로 항공 운송되는 일반 무역 상품이 90% 감소할 수도 있다는 예상이 나왔고, 상품의 일부가 미국에 도착한 후 관세를 내지 못해 중국으로 반송되는 상황도 벌어졌다. 크리스마스는 상품을 사지 못한 미국인과 상품을 팔지 못한 중국인 모두 우울할 것으로 보였다. 5월 스위스의 미중 잠정 유예 합의가 바로 이 미국의 크리스마스 때문이라는 말이 나오는 이유다.

2025년 5월 중국 최대 무역 박람회인 봄 광저우 박람회가 열렸지만 예전과 달리 장난감에 대한 관심이 저조했다.[206] 중국 기업들은 남미향 제품을 개발하는 등 시장 다변화를 모색하고 있지만 다른 시장은 미국만큼 마진이 크지 않다. 미국이 관세를 낮추지 않는다면, 중국 장난감 제조업체는 생산 라인을 동남아시아나 미국으로 이전해야 할 텐데 그리로 간다고 해서 나아질 것이라고 확신할 수 없다.

중국 상무부는 관세를 둘러싸고 미국 소매 대기업 월마트를 소환하여 조사에 착수한 것으로 알려졌다.[207] 이 회사가 관세를 부담하기 위해 중국의 기업에 대폭적인 가격 인하를 요구했다는 말이 퍼졌기 때문이다. 실제로 중국의 주방용품과 의류 제조업체는 관세가 부과될 때마다 10% 가격 인하를 강요받아 실질적으로 대중국 관세 분 전액을 부담해야 했다는 것이다. 트럼프는 트럼프대로 월마트에 관세 상승분을 흡수하고 상품 가격을 올리지 말라고 압박했다. 결국 미국 수입 업자나 중국 수출 업자나 모두 고통받고 있다.

중국 정부는 대규모 피해를 입을 수출 업자를 돕기 위하여 이들을 단시간 내에 중국 내수 시장으로 돌린다는 정책을 시작했다.[208] 징동그룹은 미국 관세로 타격을 입은 중국 수출 기업을 위해 2,000억 위안 규모의 지원을 실시한다고 발표했다.[209] 또한 알리바바, 틱톡 전자상거래, 콰이쇼우快手, 허마盒马, 딩동채소叮咚买菜, 웨이핀후이唯品会, 91자팡家纺, 진쿤싱 등 14개 전자상거래 플랫폼도 수출 제품을 국내 시장에 제공하겠다고 밝혔다. 영후이수퍼永辉超市, 화룬완자华润万家, 우상그룹武商集团, 우메이物美 같은 기업들도 수출 기업을 위한 '내수 판매 특급 통로'를 개설하여 수출 제품이 가능한 한 빨리 국내 소비자에게 도달하도록 하겠다고 밝혔다. 롄상왕联商网과 안디상링蚂蚁商联 같은 소매 연합도 대외 무역을 지원하겠다고 했다. 중국의 여론이 트럼프의 관세에 반발하고 반미 정서와 애국 소비 정서가 들끓을 때 이렇게 성의 표시를 하지 않는 기업은 향후 중국 내에서 장사하기 어려울 것이기 때문이다.

하지만 수출 채널을 단순히 내수 채널로 돌리는 것만으로는 문제가 해결되지 않는다. 한 중국 의류 생산 업자는 수출 마진은 20위안인데 내수 판매는 10분의 1에 불과하므로 내수로의 전환은 불가능하다고 말했다.[210] 미국 시장의 대안으로 내수 고객을 찾으라지만, 정작 수출 기업은 중국의 내수 부진, 가격 전쟁, 저수익, 결제 지연, 높은 제품 반품률 등으로 내수 판매를 원하지 않는 것이다.

선전광은 수출을 국내 시장으로 전환하는 것은 단기적으로 중국 기업의 타격을 완화할 수 있지만, 장기적 해결책은 사회보장 강화, 소득 증대, 도시화 촉진으로 내수를 확대하는 데 있다고 했다.[211] 선전광은 위안화 가치 절하 같은 전략은 무의미하다고 본다. 해결책은 가계의 소비 성향을 높이는 개혁에 있으며, 이는 청년층의 고용 증가 등 다른 목표와 함께 추진되어야 한다는 것이다. 결국 중국 경제의 구조적 문제를 해결해야 한다는 뜻이다.

반면 미국 수입업자가 관세를 부담하면 그만이라는 의견들도 나온다.[212] 한 중국의 장난감 업자는 관세를 50%로 올리더라도 영향이 없을 것이라고 말했다. 제품 마진이 커서 미국 회사가 관세 부담을 흡수할 수 있기 때문이다. 미국 내 유통 기업이 가격을 인상할 수도 있다고 그는 말했다.[213] 한 바이어는 미국의 이우 업체에 내는 주문이 부족하지 않다고 말했다. 결국 추가 비용은 미국의 최종 소비자에게 전가된다는 것이다.

알리, 테무 등 데 미니미스

트럼프는 미화 800달러 미만의 소형 소포에 대한 면세 혜택인 데 미니미스de minimis 정책도 취소했다. 2025년 5월 미국은 중국에서 오는 소형 소포에 대해 물품 가치 대비 54%의 종가세 또는 우편물 당 100달러의 종량세 중 택일하여 부과하기로 했다. 하지만 이런 미국의 조치는 만국우편연합UPU의 조약을 위반하는 것이다.

2024년 쉬인과 테무 같은 플랫폼을 통해 미국으로 배송된 소형 면세 소포는 약 13억 6,000만 개로 총 가치는 약 460억 달러에 달했고, 이는 중국 대미 수출의 약 11%나 차지한다.

트럼프 관세는 온라인 쇼핑에서 즉각적인 반응을 일으켰다. 테무와 쉬인 등에서 상품 가격 인상 및 판매 중단이 잇따랐다.[214] 테무는 미국 사업을 중단했다.[215] 노무라는 이 조치로 2025년 중국의 수출 성장률이 1.3% 감소하고 GDP 성장률도 0.2% 하락할 것으로 예상했다.[216]

베어드 에퀴티 리서치Baird Equity Research는 중국이 미국에 수출하는 전 품목의 75%를 테무나 알리 같은 온라인에서 찾을 수 있다고 추정했다. 이들 쉬인, 테무, 알리 익스프레스 같은 플랫폼은 초저가로 공급한다. 예일대학교 예산 연구소는 트럼프 관세로 이들 상품의 수입이 줄어 미국 평균 가정에 연간 1,200달러의 추가 비용을 초래할 것으로 예측했다.[217] 전문가들은 미국에서 가장 가난한 지역에 사는 주민 입장에서는 평균 관세가 11.8%가 될 것이고 가장 부유한 지역 주민에게는 평균 관세가 6.5%가 될 것으로 추정했다. 가난한 사람에게 직격탄이 된다는 것이다.

중국 상품을 미국에 파는 이커머스는 중국 기업만이 아니라 미국 기업인 아마존도 있다. 아마존은 판매 상품의 약 4분의 1을 중국에서 수입한다. 아마존은 2025년도 1분기 영업이익이 예상치인 177억 달러보다 낮은 130억~175억 달러가 될 것으로 예상한다고 밝혔다.[218] 중국 쪽 피해에 비하면 확실히 적어 보인다.

결국 미국은 중국 수입 저가 소포의 '데 미니미스' 관세를 최대 30%까지 인하할 예정이다. 스위스 회담 후 발표한 공동 성명에는 데 미니미스 관세를 언급하지 않았지만, 트럼프가 서명한 명령은 800달러 이하의 직접 배송 우편 물품의 관세를 120%에서 54%로 인하한다고 했다.[219] 우편물당 100달러의 대체 고정 관세는 계속 적용되지만, 6월 1일 200달러로 인상할 계획은 취소되었다. 오락가락하는 트럼프 관세의 일면을 보여주는 사례다.

중국은 버틸 것이다

2024년 중국 GDP 성장률은 5%인데, 이 중 1.5%p는 약 1조 달러 규모의 글로벌 무역 흑자에서 비롯되었다. 중국의 2025년 GDP 성장 목표는 약 5%로 2024년 목표 및 시장 기대치와 대체로 일치했다. 알리시아 가르시아 에레로Alicia García-Herrero●는 중국의 대미 수출이 강제로 차단되더라도 그 영향은 중국 경제에 재앙적인 타격까지는 주지 않을 것으로 보았다.

해리 머피 크루즈Harry Murphy Cruise✽는 관세가 장기간 지속된다면 중국의 대미 수출이 4분의 1에서 3분의 1까지 감소할 수 있다고 보았다.[220] 어찌되었든 중국은 2024년 양회의 세 번째 목표였던 내수 확대가 이제는 최우선 과제가 되었다. 리창은 2025년 소비자 상품의 이구환신以舊換新◆을 지원하기 위해 1조 3,000억 위안 규모의 초장기 특별 국채를 발행할 계획이며, 이는 2024년보다 3,000만 위안 증가한 규모라고 말했다. 소비자 물가 상승률 목표는 약 2%로, 전년의 3%보다 낮게 책정되었다. 하지만 중국이 과연 트럼프 관세를 버텨낼 힘이 있을지 세계는 궁금했다.

중국은 원래 타협하려 했다

트럼프 당선 후 미중은 상대에게 무역 제재 조치를 주거니 받거니 했다. 다만 그 범위가 몇몇 기업에 국한되어 격돌이라기보다는 가볍게 잽을 주고받는 양상이었다. 그리고 모두가 예상한 일이지만 중국은 이 시점에서 트럼프 2기 행정부와 어떤 거래가 가능한지 알아내려고 노력했다.[221] 당시 골드만삭스는 관세 및 정책이 명확해지자

● 프랑스 투자은행 나틱시스(Natixis) 아시아태평양 수석 이코노미스트. 홍콩과학기술대학교(HKUST) 겸임 교수이고, 브뤼셀 기반의 싱크탱크 브뤼겔(Bruegel) 선임 연구원으로도 재직 중이며, 싱가포르국립대학교(NUS) 동아시아연구소(EAI) 비상근 선임 연구원이다.
✽ 무디스 애널리틱스(Moody's Analytics) 중국 및 호주 경제 담당 책임자.
◆ 낡은 제품을 새것으로 교체하도록 지원하는 정책.

1분기 말부터 투자심리와 유동성 배경이 개선될 것이라고 낙관했다.[222] 한국의 대중국 수출이 중국 경기 지표의 역할을 하기 때문에 2024년 12월 한국의 대중국 수출이 8.6% 증가한 것도[223] 낙관론에 힘을 보태주었다.

하지만 모두를 놀라게 한 트럼프의 상호 관세가 발표되자 딩쉐샹 중국 부총리는 관세 전쟁이 암울하게 확산되고 있다며 보호무역주의에는 활로가 없고, 무역 전쟁에는 승자가 없다고 호소했다.[224] 그리고 이것은 누가 공격이고 누가 수비인지 명확하게 보여주는 것이다.

미중 대화 또는 미중 협상을 나타내는 신호는 「폴리티코」가 2월 4일 트럼프와 시진핑이 대화를 할 예정이라고 피터 나바로가 말한 것으로 시작되었다.[225] 트럼프가 멕시코와 캐나다처럼 중국에 대한 무역 관세를 해제할 수도 있느냐는 질문에 나바로는 두 정상이 대화할 때까지 기다려야 한다고 말한 것이다. 그러자 모두 미중 간의 비공개 소통이 진행될 것으로 생각했다. 또 중국은 협상하려고 실제로 노력도 했다.

러시아 미디어 「이즈베스티야」는 틱톡이 미국 내에서 서비스 금지 조치를 당할 경우 중국은 일론 머스크에게 매각하는 방안을 고려한다고 보도했다.[226] 이 말이 나온 배경은 트럼프가 틱톡 지분 50%를 미국 기업에 양도하지 않으면 중국에 100% 관세를 부과하겠다고 관세를 틱톡과 연계하는 말을 했기 때문이다. 이런 보도는 중국이 틱톡 케이스를 통해 트럼프와의 협상 채널을 열고자 하는 노력으로 간주되었다. 트럼프는 또한 중국의 초청을 받아 중국을 방문하게 되기를 고대한다고도 말했다.²²⁷ 트럼프가 이렇게 중국과 거래할 의향이 있는 것처럼 보였으므로 분석가들은 중국이 틱톡 매각, 펜타닐 생산업체 단속, 트럼프 1기 미중 무역 협정 갱신 등 트럼프를 달래기 위한 여러 가지 안을 만들 것으로 추측했다.

스콧 케네디Scott Kennedy*는 서로 간에 큰 희생 없이 표면적인 그랜드 바겐을 체결하는 것이 미중 모두에 이익이 될 것이라고 말했다. 그러나 중국 경제가 좋지 않아 중국의 협상 입지가 트럼프 1기 행정부 때보다 약해진 것으로 여겨졌다. 사실 중국의 반격 수단이야말로 많아졌는데 서방은 이를 잘 인식하지 못했다. 우신보吳心伯*는 트럼프는 분명 더 많은 대가를 원할 것이므로 여기에도 대비해야 한다고 말했다. 외견상으로는 전반적으로 미국이 기세를 올리는 모습이었다.

이때는 트럼프가 선거 유세에서 위협한 60% 대중 관세를 아직 부과하지 않았을 때였고, 당시에는 협상을 통해 2차 무역 전쟁을 피할 수 있으리라는 희망이 중국에 있었다. 분위기는 희망적이었고 자오밍하오 같은 이는 미중이 합의에 도달할 수 있을 것이라며 조심스러운 낙관론을 폈다. 가브리엘 와일다우Gabriel Wildau*도 중국 지도부가 틱톡 문제를 원만하게 해결하면 협력 토대를 마련할 수 있다고 보았다. 반면 왕총王冲*은 중국이 양국 관계의 궁극적인 파탄에 대비한다고 경고했는데²²⁸ 지금 돌이켜보면 탁월한 혜안이었다.

그 후 트럼프는 미중 사이의 보복성 관세 인상 조치가 종료될 가능성을 시사하면서, 틱톡의 운명에 대한 합의는 지연될 수 있다고 밝혔다. 하지만 이 시점까지도 미중 간 고위급 소통의 신호는 없었다.²²⁹

그래도 트럼프는 "틱톡에 대한 합의는 있지만, 이는 중국에 달려 있기 때문에 이 문제가 해결될 때까지 관세 합의를 연기할 것이다"라고 했다. 이는 미중 간에 물밑 접촉이 진행 중일 것이라는 암시로 사람들은 생각했다.

당시 트럼프 주변 사람들은 트럼프가 시진핑과 단순한 무역 관계 이상의 광범위한 합의를 체결하기 원한다고 말했다. 마이클 필스버리Michael Pillsbury◉는 트럼프가 미중 양측에 모두 좋은 협상을 하고 싶다고 말했다고 전했다. 매튜 터핀Matthew Turpin✚은 트럼프가 새로운 합의를 중국과 추구하려는 것은 놀라운 일이 아니며, 그는 항상 자신을 딜 메이커로 브랜딩해왔다고 말했다.

미국은 루비오 국무부 장관 인선이 마무리되면서 첫 양국 외교장관 회담을 진행할 것으로 여겨졌다. 그러나 첫 회담이 열릴 것으로 예상된 뮌헨 안보회의에서 미중 외교 회담은 이루어지지 않았다.[230] 루비오 국무부 장관이 동맹국 외교장관과의 면담을 우선하고 중국 왕이 외교부장을 여러 장면에서 견제해버린 것이다. 루비오는 중국

- 미국 전략국제문제연구소(CSIS) 중국 비즈니스 및 경제 분야 선임 고문(Senior Adviser) 겸 트러스티 체어(Trustee Chair).
- ✖ 상하이 푸단대학교(复旦大学) 국제문제연구원(Institute of International Studies) 원장 겸 미국연구센터(Center for American Studies) 소장.
- ◆ 테네오(Teneo) 임원(Managing Director). 중국 정치적 리스크 분석 전문가.
- ■ 저장국제대학(浙江外国语学院) 특임교수 겸 미국연구센터 소장.
- ◉ 미국 외교 정책 전략가. 헤리티지 재단(The Heritage Foundation) 중국 전략 선임 연구원, 허드슨 연구소(Hudson Institute) 중국 전략 센터 소장을 역임했다.
- ✚ 미국 국가 안보 및 외교 정책 전문가. 팔란티르 테크놀로지스(Palantir Technologies) 국가 안보 및 기술 정책 관련 고문 및 허드슨 연구소(Hudson Institute) 객원 연구원.

공산당이 미국의 '가장 강력하고 위험한 적'이라고 공언하면서 각국 외무장관과 회담하며 대중국 조율[231]을 했다. 명백히 루비오가 의도적으로 왕이를 무시한 것이다. 그가 중국의 제재를 받은 모욕을 되돌려주는 것일 수도 있었다. 이는 트럼프의 미국이 자신들을 어떻게 대하는지 중국에 깊이 각인해준 일이었다.

중국 관료들은 양국 관계가 점점 더 적대적으로 흘러가자 더이상 협상에 큰 희망을 걸지 않았다. 그럼에도 중국 관리와 전문가들은 트럼프의 관심을 끌 수 있는 제안을 준비했고, 기업과 다른 전문가들의 의견을 구했다. 중국 특유의 양손 계획이라고 할 수 있었다. 많은 분석가는 시진핑이 관세와 기술 제재 완화를 원할 것으로 보았다. 중국과의 협상을 주도할 베센트와 루트닉도 미중 무역 역조를 해결할 수 있는 여러 제안을 고려한다고 전해졌다.[232]

그러나 곧바로 이어진 베센트 재무부 장관과 중국 허리펑 부총리의 전화 회담은 베센트가 중국의 마약 대책과 무역 불균형에 심각한 우려를 표명하고 허리펑도 미국 관세에 엄중한 우려를 표명하는 것으로 끝났다.[233] 이는 결코 좋은 징조가 아니었다. 이제는 경제 전망을 비관적으로 보는 견해들이 나타나기 시작했다.

마즈앙马志昂*은 중국이 닥쳐올 관세를 대비해야 하며, 더 보호주의적인 조치를 상정해야 한다고 경고했다. 이때 중국 정부가 취한 조치가 위안화 절하와 달러 자산 축소였다. 트럼프 당선 전 6개월 동안 중국은 금을 전혀 구매하지 않았지만, 트럼프 당선 후 몇 달 동안은 연속적으로 매월 금 비축량을 늘렸다. 쉬톈천徐天辰*은 이를 미국 국채에 대한 직접적인 위험 노출을 줄이기 위한 것이라고 했다. 위용딩도 공개적으로 중국이 미국 국채를 단계적으로 매각하는 것은 달러의 무기화 위험을 고려한 것이라고 해석했다. 즉 중국은 한편으로 미국과의 협상 채널을 열려고 노력하는 동시에 다른 한편으로는 협상 결렬 등 최악의 상황에 대비한 것이다.

평화가 아니라면 전쟁이다

중국은 왜 '굴복하지 않겠다'로 태도가 바뀌었을까? 당시 중국 외교관들은 몇 달 동안 트럼프 행정부와 고위급 소통 채널을 구축하여 윈윈 무역 관계를 설득하려 했다. 중국 전문가들은 트럼프와 무역, 틱톡, 그리고 어쩌면 대만에 대해서도 빅딜을 할 수 있을 것이라는 희망을 품고 있었다. 그러나 트럼프의 '해방의 날' 이후 미국 정부의 전방위적인 공격은 관세 전쟁의 확대를 피하려던 중국에는 큰 타격이었다.

트럼프는 중국이 협상을 원하지만 어떻게 접근해야 하는지 잘 모른다고 말했다. 과연 그럴까? 트럼프는 그저 중국이 숙이고 들어오지 않는다고 이야기했을 뿐으로 보인다. 하지만 양국 사이의 채널이 없었던 것 같다. 중국은 트럼프 1기 행정부 시절, 여러 소통 채널이 있었다. 그중에서도 당시 주미 중국 대사인 추이톈카이崔天凱와 트

● 「이코노미스트」 싱크탱크 EIU 애널리스트.
✖ 「이코노미스트」 싱크탱크 EIU의 중국 담당 선임 애널리스트.

럼프의 사위인 재러드 쿠슈너 Jared Kushner 사이의 소통이 가장 유명했다. 그러나 현 주미 중국 대사 셰펑謝峰이 선거 전에 일론 머스크를 만나려고 여러 번 시도했지만 만나지 못했다.[234] 중국 외교부장 왕이는 2월 뉴욕을 방문하여 유엔 회의를 주재하는 동안 마코 루비오 미 국무부 장관을 만나려고 했지만 이루어지지 않았다. 중국으로서는 모욕이었다.

송린宋林, Lynn Song ●[235]은 미국이 중국을 대한 이런 방식은 큰 효과를 보지 못했다고 말했다. 중국은 합의를 추진하던 방향을 바꾸었다. 중국은 보복 관세를 미국에 부과했을 뿐만 아니라 미국 기업에 대한 제재와 희토류 수출 제한 등을 발표했다. 그리고 이 대응책들은 중국 정부가 장기간에 걸쳐 준비한 전략들이었다.

상황이 이렇게 되자 트럼프는 2025년 2월 3일 시진핑 중국 주석과 앞으로 24시간 내에 통화할 것이라고 말했다가 서두르지 않겠다고 말을 바꿨다.[236] 취임 이후 두 사람이 통화한 적이 있느냐는 질문에 트럼프는 통화한 적이 있다고 답한 반면 시진핑은 트럼프와 통화한 적이 있다고 말하지 않았다. 중국 외교부는 그런 통화가 없었다고 암시했는데 트럼프와 시진핑 중 한 사람은 거짓말을 한 것이다.

시진핑은 트럼프의 관세 선언에 서둘러 반응을 보일 이유가 없었다. 두 사람이 만나지 않는 상황에 대해 공지웅龔炯✱은 중국 지도자들은 일반적으로 아랫사람들이 모든 가시적인 문제를 해결하기 전에는 외국 지도자를 만나거나 대화하지 않는다고 했다. 그러니 트럼프가 직접 시진핑을 만나 담판짓기는 어려워 보였다. 그러자 트럼프도 시진핑과 서두르지 않고 대화할 것이라고 말했다.[237] 캐피털 이코노믹스는 이 시점에 중국의 대미 추가 관세를 약 200억 달러 규모로 추정했는데, 이는 트럼프 관세의 규모인 4,500억 달러와는 꽤나 차이 나는 수치였다.

2025년 3월 17일 트럼프는 '시진핑이 조만간 워싱턴을 방문할 것'이라고 하여 기대하게 했지만 중국 측은 반응이 없었다. 세계 최대 두 강대국이 그 어느 때보다 전면 디커플링에 가까워진다는 불안감이 상승했다. 1월 이후에 미중 사이에 의미 있는 백채널이 없다는 것은 미중 관계를 정상 궤도로 되돌릴 수 있는 수단이 거의 없다는 것을 의미했다. 주드 블란쳇Jude Blanchette◆은 관세를 넘어 디커플링으로 들어선 수준이라고 말했다.[238]

마이클 소볼릭Michael Sobolik■은 90일의 유예 기간이 중요하다며 트럼프가 75개국에 중국의 우회 수출을 차단하기 위한 동의를 얻을 수 있다면 미국은 중국을 포함하지 않는 무역 연합을 구축하는 엄청난 기회를 얻게 된다고 말했지만, 75개국에 상호 관세를 높게 부과하면서 다른 한편으로 협조를 구하기는 쉽지 않을 것이다.

중국이 관세에 대해 트럼프에게 굴복하지 않는 이유는 간단하다.

● ING은행(ING Bank) 대중화권 수석 이코노미스트.

✖ 대외경제무역대학교 경제학 교수.

◆ 미국 외교 정책 분석가이자 중국 전문가. 랜드 코퍼레이션(RAND Corporation) 중국 연구 센터(China Research Center) 초대 소장이자 Distinguished Tang Chair를 역임했다.

■ 허드슨 연구소(Hudson Institute) 선임 연구원.

그럴 필요가 없기 때문이다. 중국은 미국에 대항할 준비가 되어 있고 미국의 관세만으로는 중국을 굴복시키기에 충분하지 않기 때문이다. 투자 억제, 수출 통제, 자유 세계 제조업에 대한 투자 등 더 광범위한 수단이 총동원되어도 중국은 굴복하지 않을 것이다.[239]

미국과 중국은 펜타닐을 비롯한 다양한 분야에서 서로 다른 기대와 요구가 있었다. 미국은 중국이 관세를 철폐할 만한 명확한 조치를 취하기를 원한 반면, 중국은 미국이 구체적인 요구를 제시하기를 원했다. 미중 간의 협의는 교착 상태에 들어갔고[240] 이는 양측이 서로 무시하고 진행 방식에 합의하지 못했기 때문이다.

트럼프는 정상회담을 계속 주장했는데 이때 정상회담이 이루어진다면 협상이 진전되었을까? 필자가 볼 때 시진핑에게 이런 상황에서 단독으로 나와 트럼프와 협상하는 것은 대만 해협을 항행하는 알레이 버크급 미군 함정을 공격하는 것보다 어려운 일이다. 하지만 뉴스 헤드라인에 나오기를 좋아하는 트럼프는 기자들에게 '가까운 미래'에 할 것으로 예상되는 미중 정상회담을 준비하기 위해 워싱턴을 청소해야 한다며 새로운 추측을 불러일으켰다.[241] 그러나 미중 정상회담 이야기는 흐려졌고, 중국은 아예 언급조차 하지 않았다. 점점 트럼프가 미중 정상회담에 대하여 하는 말들이 신뢰감을 잃었다.

4월 말 트럼프가 중국에 145% 관세를 부과한 조치에 대해 협상을 요청했다고 중국 국영 방송사 CCTV의 소셜 미디어 계정인 위옌탄텐玉淵譚天이 밝혔다.[242] 의미는 명확했다. 트럼프 진영이 중국에 협상을 구걸해왔다는 뜻이다. 위옌탄텐은 미국이 최근 관세 협상을 희망하며 여러 채널을 통해 중국과 접촉한다고 공개하고, 미국이 더 조급해하며 중국은 급하지 않다고 보도했다.²⁴³ 이는 미국을 낮추는 발언처럼 들리지만 중국식 화법으로는 미국의 소통 요청에 응할 것이라는 뜻이었다.

그 후 중국 관영 미디어는 트럼프 행정부와 무역 협상을 해도 아무런 해가 없을 것이라며 더욱 완화된 입장을 보였다.²⁴⁴ 워싱턴 D.C.를 방문한 중국의 전문가들은 시진핑이 특별 특사를 임명하고 미국도 특별 특사를 임명해 특사들이 만나 길을 모색하는 것이 가장 좋을 것이라고 계속 강조했다.²⁴⁵ 그러나 트럼프 측은 이를 거부하며, 스스로를 '거래의 달인'으로 자칭하는 트럼프가 시진핑과 직접 협상하기를 원했다.

하지만 정상회담으로 협상을 하려면 사전에 중국은 답을 찾아야 했다. 트럼프가 원하는 것은 정확히 무엇인가? 그리고 미중 정부 간 메시지를 전달할 수 있는 사람은 누구인가? 협상 결과를 트럼프가 수용한다는 보장이 있는가? 트럼프가 우크라이나의 볼로디미르 젤렌스키에게 한 것 같은 행동을 시진핑에게 하지 않는다고 보장할 수 있는가? 필자가 생각할 때 만일 트럼프가 젤렌스키에게 한 것과 같은 행동을 시진핑에게 한다면 그것은 곧바로 미중 간의 전쟁으로 이어질 것이다.

역사적으로 국가 개혁을 위한 가장 좋은 시기는 글로벌 패권국이 존재할 때라고 한다. 역설적이게도 다극화 상황에서는 여러 신흥 강대국이 상임이사국 자리를 놓고 경쟁하고 상대국에 유리해지는 변화를 의심하기 때문에 개혁하기 더 어렵다는 것이다. 그러니 미국이 아직 힘이 있을 때 미중 관계를 핵심으로 하는 새로운 국제 질서를 수립해야 하는데 트럼프는 미국이 패권을 회복하는, 그러나 의무는 지지 않는 질서를 만들려는 것으로 보인다.

결국 이 정상회담 실랑이는 중국의 승리로 이어졌다. 미중 양국이 스위스에서 중국의 허리펑 부총리와 미국의 베센트 재무부 장관이 협의하기로 했으니 말이다. 린젠 외교부 대변인은 중미 경제무역 고위급 회담이 미국의 요청으로 열렸다며 중국이 미국의 무차별적인 관세 부과에 단호히 반대하는 것에는 변함이 없다고 말했다.

이 과정에서 중국으로서는 자신들의 이익을 위해 트럼프를 이용하지 않을 이유가 없었다. 중국 지도부는 미국이 유발한 무역 전쟁을 이용하여 국내의 다양한 이익 집단을 결집시켜 의미 있는 개혁을 추진할 수 있고, 미국이 소외시키는 국가들과의 관계를 확대하여 중국의 입지를 강화할 수도 있다. 그렇기에 중국은 트럼프의 두 번째 임기를 중국이 영향력을 더 넓고 빠르게 확장할 수 있는 잠재적 기회로도 본다고 한다.

게다가 중국은 기본적으로 미국의 정책이 결국 실패할 것으로 본다. 중국은 미국이 잠재적인 시장 붕괴, 인플레이션 상승, 경기 침체를 다루는 데 어려움을 겪을 것으로 예상하며, 트럼프의 중국에 대한 디커플링은 잘 되지 않을 것으로 본다. 따라서 중국은 견디기만 하는 것이다. 그리고 참고 인내하는 데 중국인을 당할 사람은 없다. 시진핑은 중국 경제가 "연못이 아니라 바다"라고 말했다.[246] 자신감의 표현이었다.

물론 중국은 한편으로는 트럼프의 징벌적 조치에 대응하면서 다른 한편으로는 협상할 여지를 남겨둔다. 충돌하지 않고 미중 간 합의를 이룰 수 있으면 그것이 중국에 최선이기 때문이다. 하지만 합의를 위해서 전략으로 정해진 베이스라인 이상을 양보할 생각은 없는 것이다. 「월스트리트저널」은 싱자오펑邢兆鵬●의 말을 인용하여 중국이 플랜 A와 플랜 B를 모두 준비하고 있다고 보도했다.[247]

중국은 오랜 시간 이 순간을 준비해왔다

중국의 수출 지향 경제는 그러지 않아도 팬데믹, 선진국의 보호무역 정책 급증 등의 영향으로 점차 위축되었다. 대니 로드릭Dani Rodrik✱은 무역 장벽을 높이는 트럼프의 조치는 이런 수출 지향 모델에 종말을 고하는 종소리가 될 것이라고 했다. 중국은 그동안 선진국의 투자를 환영했고 기술 이전 및 기술 업그레이드를 가능하게 하는 합작 투자를 장려하거나 강제해왔다. 2000년대에 중국의 수출 성장을 주도한 것은 외국 기업이지만 2010년대 이후에는 중국 민영 제조업체가 장악했으며, 이는 중국의 자주 혁신 전략이 적어도 부분적으로 성공했음을 보여준다.

중국의 산업 정책과 외국인 투자, 그리고 경쟁적인 내수 시장이 결

● ANZ 리서치(ANZ Research) 수석 중국 전략가, 중국 경제와 금융 시장 분석을 전문으로 하는 경제학자.
✱ 하버드대학교 케네디 스쿨(John F. Kennedy School of Government) 포드 재단 국제정치경제학 교수.

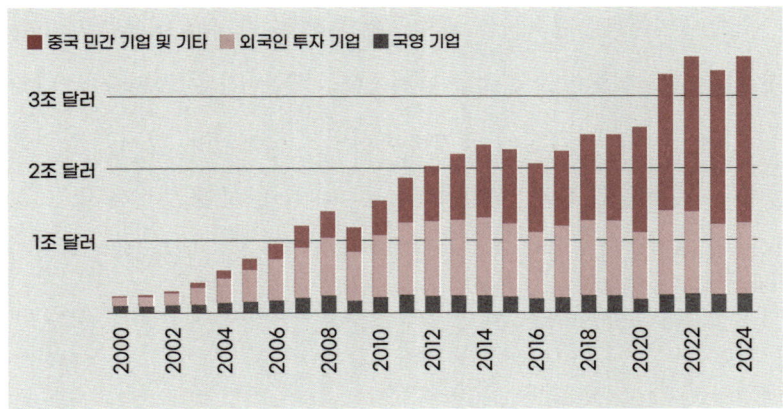

2000년대 외국 기업이 중국의 수출 성장을 주도했으나 2010년대 이후 중국 기업이 대체했다.
출처: General Administration of Customs(China) via CEIC.

합되면서 중국은 세계 최고의 제조 강국으로 도약하는 길을 열어왔다. 결국 2010년에 중국은 제조업 부가가치에서 미국을 추월했다. 그런데 이때 세계 시장 점유율에서 가장 큰 타격을 입은 나라는 미국이 아니라 일본이었다. 그리고 일본과 달리 한국은 중국과의 교역에서 줄곧 대규모 흑자를 기록하며 타격을 입지 않고 이익을 얻어왔다.

그러나 2000년대 후반부터 중국의 수출은 경제 성장에 별 기여를 하지 못했다. 중국의 무역 의존도[248]는 이 시기에 정점을 찍고 하강하기 시작했다. 중국은 두 차례의 글로벌 금융 위기를 겪으며 대외 경제 의존의 리스크를 뼈저리게 느꼈다.

2024년 중국 사회 소비품 소매총액은 48조 8,000억 위안에 달했

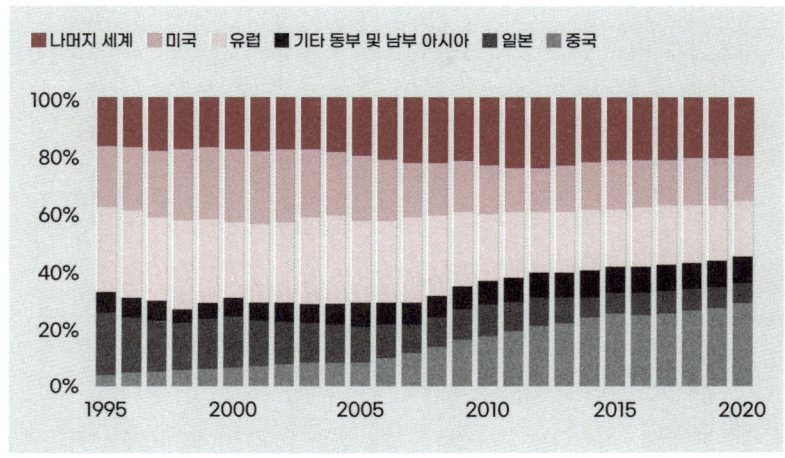

중국의 제조업 굴기는 미국보다는 일본을 대체했다.
출처: OECD Trade in Value Added.

으며, 소비가 경제 성장에 기여한 비율은 44.5%로 거의 절반에 육박했다. 다른 나라에 비해 적은 비율이지만 이제 소비가 중국 경제 성장의 주 동력이 된 것이다. 2024년에 수출 실적이 있는 중국의 10만 개 기업 중 약 85%의 기업이 내수 판매를 병행하고 있으며, 내수 판매액은 총 판매액의 약 75%를 차지한다. 즉 중국 기업의 주 시장도 수출에서 내수로 전환되어왔다.

2018년 중국은 총수출액의 19.2%를 미국에 수출했지만, 2024년에는 14.7%로 떨어졌다. 중국은 미국과의 관계가 냉각되는 가운데 지난 몇 년 동안 다른 지역에 대한 수출을 늘리기 시작했다. 블룸

중국의 무역 의존도 추이

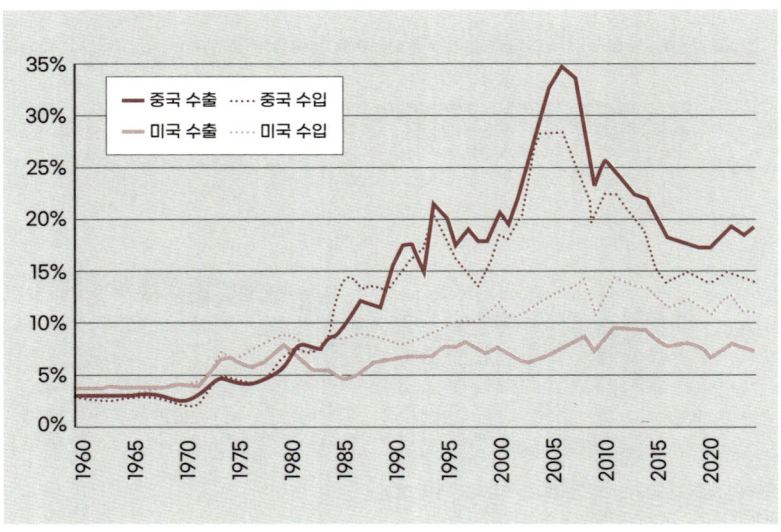

미국이 상대적으로 20년간 안정적일 때 2010년대 중국의 무역 종속도는 하강했다.
출처: Bureau of Economic Analysis(United States), General Administration of Customs(China), IMF, National Bureau of Statistics(China), and U.S. Census Bureau via CEIC.

버그의 데이터에 따르면 2017년과 2024년 사이에 브라질의 중국 수출 비중은 1.2%에서 2%로, 인도는 2.9%에서 3.4%로, 인도네시아는 1.4%에서 2.1%로, 베트남은 2.4%에서 4.5%로 증가했다.[249] 중국이 미국 시장에서 벗어나 신흥국 시장 개발에 주력해온 것을 보여준다.

중국은 트럼프의 집권 가능성에도 대비해왔다. 사실 중국 관료들은 트럼프가 미국 대통령으로 재선되기 훨씬 전에 대응 전략을 준비하기 시작했다고 한다.[250] 이 보도 내용을 소개하면 싱크탱크들이 장기간 준비해온 것 외에도 미국 선거 수개월 전부터 중국 정부 부처와 주요 국영 기업 직원들은 트럼프 행정부의 잠재적 영향에 대비한 대책 마련 작업에 본격적으로 들어갔다. 한 중국 국영 금융 기관의 고위직은 "우리는 2024년 중반부터 트럼프에 대한 모든 것을 심층적으로 조사하기 시작했다. 그가 말한 모든 것과 과거 행보에 대해 모든 측면에서 연구와 조사를 진행했다"라고 말했다.

중국 지도부는 트럼프가 예측 불가능하고 중국에 대한 강경 정책을 펼칠 것으로 예상했으며, 여기에는 중국 상품에 대한 고관세 가능성도 포함되었다! 중국 정부는 제2의 무역 전쟁을 예상했고, 관료들은 수 개월간 모든 출장을 취소하고 24시간 근무를 이어갔다. 관세 규모와 디커플링 가능성이 크다고 예상되었지만, 중국은 이를 견디기로 결심했고 경제에 주는 충격에 대응하기 위한 수단들을 확대했다고 한다.

한 중국의 경제 관료는 "권력의 부상과 쇠퇴는 고통스러운 과정이며 종종 생존을 건 투쟁이다. 중국과 미국 사이에 무력 전쟁은 아니더라도 '대규모 투쟁'이 진행 중이다"라고 말했다. 이 관리는 또한 "지금이 중국이 장기적으로 경제와 국가 안보를 확보하기 위한 '단 한 번뿐인 기회'일 수 있다"고도 말했다. "초점은 현재에만 있지 않고 미래에 있다"는 것이다. 이러한 중국 정부의 준비 과정은 이번 관세 전쟁에 중국 공산당과 정부가 어떤 자세로 임하는지 알게 해준다. 그리고 그 미래의 초점은 통일 중국이라고 필자는 생각한다.

사실 중국은 트럼프의 관세 인상에 보복한 뒤 미국과 '모든 유형의 전쟁'에 대비하고 있다고 줄곧 경고해왔다.[251] 주미 중국 대사관은 웹사이트에 "미국이 관세 전쟁, 무역 전쟁 또는 다른 유형의 전쟁을 원한다면 우리는 끝까지 싸울 준비가 되어 있다"고 게시하지 않았는가! 세상은 중국의 말에 귀를 기울이지 않는 경향이 있다고 필자는 진심으로 생각한다.

중국의 이러한 대응을 고려할 때 중국이 쉽게 미국에 양보할 것이라고는 생각하기 힘들다. 자오하이赵海*는 트럼프가 중국이 압력에 굴복하리라고 보는 오판을 했다고 말했다. 원칙을 지키는 중국의 반反관세 전략은 국제적 이미지 측면에서 미국보다 긍정적인 '전략적 전투 방식'이다.[252]

게다가 중국은 트럼프가 생각하는 것보다 더 많은 무역 전쟁 카드를 보유하고 있다.[253] 사실 중국은 승리의 패를 쥐고 있을지도 모른다. 많은 국가가 트럼프의 관세 인상 조치에 보복 대신 협상과 대화를 선택한 반면, 중국은 신속하고 확고한 보복 조치를 취해왔다. 중국의 공급망은 대비가 된 반면 미국의 공급망은 취약하니 중국은 아쉬울 것이 없다.

트럼프가 관세를 인상하자 중국, 일본, 한국은 5년 만에 첫 경제 대화를 개최하고 한중일 FTA 논의를 재개했고 여기에 아세안도 가세했다.[254] EU와 중국 관리들은 7월에 중국에서 본격적인 정상회담을 개최하는 방안을 검토하고 있다. 중국은 트럼프의 관세 정책이 미국 달러의 국제적 위상도 약화시킬 수 있다고 본다.

아드 마치다Ad Machida✖는 트럼프 행정부가 2026년 중간선거를 앞두고 있다는 점을 지적하며 트럼프 행정부가 중간선거까지 맹렬한 속도로 여러 가지 일을 할 것이라고 분석했다.[255] 그렇다. 중국은 트럼프가 중간선거에서 미국인의 지지를 상실하기를 기다릴 수 있다. 설령 중간선거에서 트럼프가 선전한다고 해도 중국은 트럼프가 물러날 때까지 4년만 인내하면 된다.

다변화 우회 수출 또는 리스크 분산

필자는 2025년 4월 말 중국 포산佛山을 방문했다. 그곳에서 지인인 J원장이 저녁식사에 초대해주었는데 그 자리에 참석한 중국 사업가 샤오肖는 태양광 패널 비즈니스를 대규모로 했다. 그는 트럼프 1기 행정부 때 사업에 상당한 타격을 입었다고 한다. 그래서 그 후 그는 생산 거점을 세계 여러 나라, 동남아시아, 남미, 멕시코, 심지어 아프리카로 분산했다고 한다. 그렇게 대비해온 결과 이번 관세 전쟁에 충분히 대처할 수 있었다고 한다. 사업가인 샤오의 통찰이나 예견도 대단하지만 이번 관세 전쟁을 대하는 중국의 공산당, 정부, 그리

● 중국 사회과학원(CASS) 산하 국가글로벌전략싱크탱크(National Institute for Global Strategy) 국제정치연구부 소장이자 부연구원.

✖ 트럼프 1기 행정부에서 정권 인수인계 팀의 핵심 멤버로 활동한 인물. 특히 일본과의 무역 및 외교 관계 논의에 관여한 것으로 알려져 있다.

고 기업이 어떤 태세인지 미루어 짐작하게 한다.

사실 이런 생산 시설 다국화를 통한 리스크 분산의 대표 격은 세계적인 유리 업체인 푸야오 글래스福耀玻璃[256]다. 푸야오는 수년 전 '현지 생산, 현지 서비스' 전략을 시작하여 미국, 독일, 러시아, 모로코 및 기타 지역에 공장을 설립하여 생산 역량을 전 세계로 분산했다.[257] 이런 리스크 분산으로 푸야오에 대한 미국 관세 정책의 영향은 미미하다고 한다. 트럼프의 관세 위협에 대해 푸야오 오너인 차오더왕曹德旺은 2018년에 이미 "미국이 아무리 세금을 올려도 돈을 벌지 못하면 팔지 않겠다"며 수요가 있는 한 관세로 문제가 해결될 리 없다고 말했다. 지금도 수요가 있는 한 아무리 관세가 올라 가격이 비싸져도 사야만 하는 고객은 살 수밖에 없고 이는 미국의 물가를 올라가게 할 뿐이라는 뜻이다. 이 말이 지금이라고 통하지 않을까?

샤오 사장 같은 우회 수출 경로 개척은 많은 기업이 택하는 실제적인 수단이다. 멕시코에 있는 많은 중국 투자 공장은 과거 트럼프의 관세 위협에 대처한 경험을 바탕으로 변화하는 환경에서도 안정적으로 운영되고 있다. 그렇다 해도 만약 멕시코에 25% 관세가 발효되거나 심지어 확대된다면, 이러한 멕시코 우회 수출은 동남아시아 국가나 다른 라틴아메리카 국가로 재조정될 것이라고 ING의 이코노미스트들은 말했다. 에두아르도 츠일리-아팡고Eduardo Tzili-Apango[258]는 그렇다고는 해도 중국-멕시코-미국 무역의 역학 관계를 근본적으로 바꾸는 것은 '매우 어려운 일'이라고 말했다. 빅터 카데나Victor Cadena는 관세 부과 여부와 관계없이 현재 미국 대통령이 누구이든 멕시코와 중국은 그 이상의 견고한 경제적, 정치적 유대관계가 있다고 말했다.[259] 과연 중국의 우회 수출로는 어떤 상황일까?

트럼프의 중국 우회 수출 방어

트럼프는 중국에 공세를 시작하면서[260] 미국의 기술, 에너지, 기타 전략적 분야에 대한 중국의 참여를 줄이도록 조치했다. 또한 멕시코 정부에도 중국 수입품에 자체 관세를 부과하도록 촉구했다. 베트남에서와 마찬가지로 중국의 우회 수출을 막으려는 것이다.

중국 닝보의 한 주방용품 수출업체는 미국 고객이 5% 가격 인하를 요구하지만, 마진이 허용하지 않아 동남아시아에 조립 공장을 설립할 계획이라고 한다.[261] 저장의 한 문구 업체는 미국 연간 매출이 6,000만 달러에 달하지만 트럼프 관세로 계약을 포기했다고 한다.[262] 그래서 이 업체는 제3국을 경유하는 우회로를 통해 미국 수출을 계속하기로 했다. 이번 한 번만이 아니라 장기적으로 미국에 제품을 공급하기 위해 동남아시아를 넘어 이집트를 경유하는 더 길고 복잡한 우회로를 선택했다고 한다. 이집트를 선택한 이유는 이집트가 미국과 무역 적자를 기록하기 때문에, 트럼프의 추가 조치로부터 안전할 것으로 보았기 때문이다. 이렇게 중국 기업들은 다양한 우회 경로를

- 멕시코 메트로폴리타나 자치대학교(Universidad Autónoma Metropolitana, UAM) 소치밀코(Xochimilco) 캠퍼스 정치 및 문화학과 전임 교수 겸 연구원. 국제관계학자이자 중국학 전문가.
- ✖ 중국 멕시코 상공회의소 부회장.

찾아 전 세계를 뛰어다니고 있다.

사실 많은 중국 제조업체가 이미 일부 생산 시설을 동남아시아와 다른 지역으로 이전해놓은 것은 주지의 사실이다. 하지만 그들의 새로운 공장은 베트남에서 46%, 태국에서 36%, 그리고 다른 나라에서는 최소 10% 관세를 부담해야 한다. 대만의 우자룽은 베트남, 캄보디아, 태국, 인도네시아, 방글라데시 등이 모두 고관세를 맞았는데 이들 국가들은 중국 기업이 주로 현지 조립 후 미국으로 재수출하는 곳이라는 점을 강조했다.[263]

문제는 우회 수출을 위해 제3국으로 간 중국 기업뿐 아니라 해당 국가도 고관세를 부담해야 한다는 것이다. 트럼프의 관세 조치 발표 이후 동남아시아 각국 정부는 집중적인 협의 모드에 돌입했다. 아세안은 트럼프의 관세 조치에 보복하지 않겠다는 입장을 분명히 했다.

중국 제조업체의 해외 투자 계획도 미뤄지고 있다. 미국의 관세는 이미 해외에 공장을 건설했거나 건설할 계획인 중국 기업에 혼란을 가져왔다. 중국 제조업체가 선호하는 지역인 캄보디아, 베트남, 태국, 말레이시아의 관세율은 각각 49%, 46%, 36%, 24%로 인상되었다. 투신촨涂新泉*은 "우선 미국 관세가 어떻게 시행되는지 지켜봐야 한다. 왜냐하면 이런 일은 지금까지 경험해본 적이 없기 때문이다"라고 말했다. 하지만 미국이 문을 닫더라도 다른 국가들은 여전히 열려 있다. 예를 들어, 중국 기업은 EU-베트남 자유무역협정을 활용하여 유럽 및 기타 국가에 접근할 수 있다고 투신촨은 말했다.[264]

베트남은 중국과 인접국이며 육상, 해상 운송로가 잘 구비되어 있고 이념적으로도 같은 공산국가다. 따라서 많은 중국 기업이 베트남을 '차이나+1'의 목적지로 선택해왔다. 하지만 베트남 대미 수출에 46% 관세가 부과되면서 이 공급망이 문제가 될 것이라고 루오즈헝罗志恒✱은 말했다.[265] 또 쉬인은 중국의 일부 주요 의류 공급업체에 베트남으로 이전하도록 요청하고 있으며, 이를 위해 최대 30%에 달하는 높은 구매 가격을 포함한 인센티브를 제공하겠다고 했다.[266] 그러나 베트남이 미국과 전격적으로 합의하지 않는 한 베트남 우회는 중국 기업이 선택하기 매우 어려운 일이 되어버렸다.

인도네시아도 32% 관세로 만만치 않다. 캄보디아는 49%의 가장 높은 관세가 부과되었다. 현재 중국 기업은 캄보디아 의류 공장의 약 90%를 소유하거나 운영하고 있으며, 주로 미국으로 수출하고 있어 큰 타격이 예상된다.

중국의 우회 수출 경로 개발

돌이켜보면 1차 미중 무역 전쟁 이후 수십억 달러 규모의 무역이 우회되었다. 역사적으로 보면 1930년대 미국은 미국 산업을 보호하기 위해 수천 가지 수입품에 관세를 인상하는 스무트-홀리 관세법을 제정했다. 그 결과 대공황이 발생하며 글로벌 무역이 급격히 위축되었다. 당시 세계를 공황으로 몰아넣은 것은 미국에 대한 직접적인 무

● 대외경제무역대학교(对外经济贸易大学) 교수 겸 중국 WTO 연구원 원장.
✱ 위에카이증권(粤开证券股份有限公司) 수석 이코노미스트 겸 연구소장.

역 보복이 아니었다. 미국의 무역 상대국들이 서로를 공격하며 글로벌 무역이 붕괴되었다고 한다. 현재 세계는 이와 유사한 위험에 직면해 있다. 트럼프의 관세 자체보다 관세가 유발하는 무역 전환과 보호주의의 파도가 더 큰 영향을 줄 수 있다.

중간재의 경우 미국도 손실이 크므로 미중이 절충할 가능성이 상대적으로 높다. 중간재 생산에 설령 리쇼어링이 일어난다 하더라도 상당한 시간이 필요해서 여유가 있다. 가장 직접적인 손실에 직면할 중국 상품의 대부분은 소비재다. 그리고 소비재 제조업체나 유통업체는 대부분 민간 기업이며 또한 중소기업이 많다. 이들 중 상당수는 이후 제3국에서 상품을 환적하고 원산지를 위장해 관세를 회피할 가능성이 높다. 지금 중국 소셜 미디어에는 '원산지 세탁 서비스'를 제공하는 광고가 넘쳐나고 있다.

트럼프의 관세 전쟁은 이렇게 제3국을 통해 상품을 우회하여 관세를 회피하려는 이른바 '회색 무역'의 새로운 붐을 일으킬 것으로 보인다. 상하이의 항구에서도 중국산 제품의 '라벨 세탁 서비스'가 빠르게 증가한다고 하며 튀르키예 업자들도 대규모로 튀르키예 항구를 통해 환적한다고 한다.[267] 튀르키예는 트럼프의 상호 관세로 가장 적은 영향을 받은 국가 중 하나로 관세가 10%다.

회색 무역을 악용하는 다른 방법으로 일부 정부 공무원과 짜고 통관 회사가 낮은 세율로 통관시키는 이른바 '회색 통관'도 있다. 이런 업체는 수입 상품 일부에만 관세를 납부하고 나머지는 세관원에게 뇌물을 주고 통과시킨다. 한국 관세청도 2025년 1분기에 원산지 정보를 위조한 295억 원 상당의 제품을 압수했는데, 이 중 대부분은 중국산으로 거의 전량 미국으로 배송된 것으로 확인됐다.

또 다른 방법으로 고가 상품과 저가 상품을 혼합하여 수출업자가 상품의 전체 가치를 낮추어 신고 비용을 절감하는 방법이 있다. 이미 여러 국가에서 고의 저가 등록으로 관세를 회피하는 편법이 판을 치고 있다는 것이다. 어차피 지금 또 앞으로도 전 세계에서 가능한 모든 합법, 불법 방법이 난무할 것이다.

그렇다고 중국에 타격이 없다는 뜻은 아니다. 중국은 소비자 물가가 연속 하락하고 생산자 물가는 2년 넘게 연속 하락 중이다. 중국 4월 소비자 물가 지수CPI는 전년 동기 대비 0.1% 하락하여 3개월 연속 마이너스다.[268] 4월 도매 물가 지수PPI는 2.7% 하락하며 2년 7개월 연속 마이너스를 기록했다. 즉 중국은 공식적으로 인정하지 않지만 디플레이션이 진행 중이다.

2025년 1~4월 중국의 총 상품 무역액은 14조 1,400억 위안으로 전년 동기 대비 2.4% 증가했다. 이 중 수출은 7.5% 증가한 8조 3,900억 위안, 수입은 4.2% 감소한 5조 7,500억 위안이었다.[269] 4월 수출은 여전히 높은 플러스 성장세를 유지하며 시장 기대치를 상회하고 있다. 이는 주로 세 가지 이유에 기인하는데, ① 미국 이외의 시장에 대한 중국의 '수출 러시' 현상이 나타났고, ② 대외 수요가 어느 정도 회복력을 보였으며, ③ 미중 초고율 관세가 시행된 시점이 중후반이어서 전체 수출에 미치는 영향이 억제되었기 때문이다.

그래도 대미 수출이 차지하는 비중은 10.5%로 3월의 12.8%에서

2.3%p 더 감소했다. 대미 수출액을 제외한 중국의 수출액은 전년 대비 13.0% 증가한 약 2,826억 7,000만 달러로 3월의 12.9% 성장에 이어 여전히 높은 수준을 유지하고 있다. 위안화 기준으로 아프리카와 라틴아메리카에 대한 중국의 수출은 첫 4개월 동안 각각 12.7%, 16.3% 증가했다.

이런 현상은 트럼프 고관세에도 중국의 수출이 잘 유지되고 있음을 보여준다. 하지만 대미 수출은 고기술, 고품질, 고마진 무역인 데 비하여 기타 지역은 저기술, 저품질, 저마진 무역이어서 질적 하락을 보인다. 그러므로 중국 기업은 미국 시장을 노릴 수밖에 없고, 그 유력한 수단으로 우회 수출은 계속될 전망이다.

미국은 디커플링을 견딜 수 있는가

트럼프 관세에 대한 가장 광범위한 반응은 주문 취소이며, 설문조사에 참여한 응답자의 89%가 이를 예상했다. 또한 응답자의 75%가 소비 감소가 예상된다고 말했다. 새로운 관세율에 따라 수입되는 제품에 대해, 응답자의 61%가 가격을 인상할 것이라고 말했다. 많은 사람이 실제로 미국 상점의 선반에서 물건이 사라지는 현상이 나타날 수 있다고 지적했다.

'트럼프 경기 침체'라는 말도 나왔다. 트럼프가 대통령으로 취임했을 때 게리 샤피로 Gary J. Shapiro•가 미국이 고관세를 부과할 경우, 미국 경제가 '트럼프 경기 침체'에 빠질 수 있다고 말한 것이다. 아트 호건 Art Hogan✱은 사람들이 트럼프에게 기대한 성장 친화적, 기업 친화적 정책의 조짐은 보이지 않으며, 보호주의적 정부의 부정적인 영향이 우선적으로 나타난다고 말했다.[270] 대부분의 이코노미스트는 트럼프가 대규모로 시작한 관세 무역 전쟁이 관련 국가들에 '모두 손해'인 상황이 될 것이라고 생각한다.

투신찬은 미국의 정책이 마치 19세기 경제 모델로 회귀하는 '내순환 경제' 같다고 말했다.[271] 그의 기본적인 판단은 미국이 세계에서 가장 비싼 생산 지역이 되리라는 것이다. 그것은 트럼프가 이야기하는 리쇼어링이 일어날 것 같지 않다는 뜻이고, 그렇다면 중국 공급망의 우회 경로조차 차단하는 상황에서 과연 미국이 중국과의 디커플링, 또는 글로벌 공급망과의 디커플링을 견딜 수 있는지 의문을 품게 한다.

데스몬드 라치맨Desmond Lachman◆은 트럼프의 두 가지 실수를 지적했는데[272] 첫 번째 실수는 무역 정책이 혼란스럽고 공격적이며, 특히 중국과의 전면적인 무역 전쟁을 시작한 점이다. 두 번째 실수는 대규모 자금 조달 없이 세금 감면을 강행하는 점이다. 수요와 공급 양쪽에 문제가 있는 것이다. 책임 있는 연방 예산 위원회The Committee for a Responsible Federal Budget는 이 상황이라면 미 국가 부채가 추가로 7조 달

- 미국 소비자기술협회(Consumer Technology Association, CTA) CEO 겸 부회장, CES(Consumer Electronics Show)를 주관하는 인물.
- ✱ B. Riley Wealth Management 수석 시장 전략가.
- ◆ 미국 기업연구소(American Enterprise Institute) 선임 연구원.

러 증가할 수 있다고 추정했다. 최근 트럼프의 BBB^{One Big Beautiful Bill Act}●가 하원을 통과했는데 상원마저 통과하면 공급과 수요의 불균형은 더욱 커질 위험이 있다.

홍콩 「아시아타임스」는 격렬한 어조로 미국은 중국과의 어리석은 경제 전쟁에서 곧 무너질 것이라고 했다. 향후 중간재 가격 급등과 희토류 등 필수 원자재 공급 중단으로 미국 산업의 광범위한 분야가 폐쇄될 것이라고 했다.[273] 매장 진열대가 텅텅 비고 인플레이션이 급등할 것이며 산업 기반이 취약한 미국의 적자 경제가 협상력을 가졌다고 믿은 이들은 굴욕을 맛볼 것이라고 말했다. 미국 국채에는 영구적인 '바보 프리미엄'이 붙고, 미국 대학은 순위표에서 추락하고, 미국의 글로벌 동맹은 서서히 그리고 갑자기 무너질 것이라고 했다. 매우 과격한 표현이다. 결국 시장에는 돈이 없고 공급망은 제대로 작동하지 않는 상황을 지적하는 것인데 한마디로 미국은 디커플링을 견딜 수 없다고 보는 것이다.

미국이 앞으로 겪게 될 경기 침체는 분명해 보인다. 마크 잔디^{Mark Zandi}✱가 지적했듯이, 설계된 대로[274] 경기 침체가 되는 것이다. 트럼프 2기 행정부가 끝날 무렵에는 관세를 부과하기 전보다 GDP가 4,320억 달러 감소하고, 물가는 1.6% 상승할 것으로 보는 견해도 있다.

● 트럼프의 2024년 재선 이후 핵심 입법 과제로, 대규모 세금 감면과 사회복지 예산 삭감, 국방 및 이민 정책 강화를 포함한 포괄적인 법안이다. 2025년 5월 22일 미국 하원에서 215대 214의 근소한 표 차로 통과되었다.

✱ 무디스 애널리틱스(Moody's Analytics) 수석 이코노미스트.

미국은 경기 침체로 가고 있다

골드만삭스는 2025년 미국의 경기 침체 확률을 45%로 상향 조정했다. 이는 기업들의 설비투자가 예상보다 더 위축될 것으로 전망되었기 때문이다. 2025년 4월 JP 모건 체이스는 2025년 미국의 성장률 전망치를 기존 1.3%에서 -0.3%로, 경기 침체 가능성은 최대 79%로 내다보았다.[275]

IMF는 2025년 1월에는 2025년 경제 성장률이 전년도 2.8%와 같을 것이라고 예측했지만 4월에는 2025년 미국 경제가 1.8% 성장할 것으로 예측치를 내렸다.[276] 피터슨 국제경제연구소는 미국 경제 성장률이 2024년 2.5%에서 2025년 0.1%로 하락할 것으로 전망했

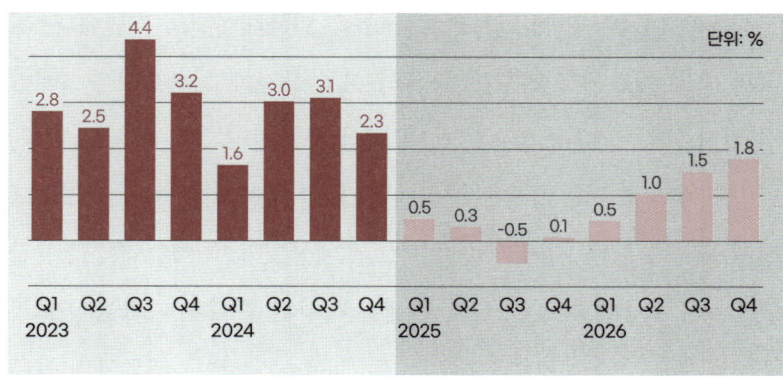

2025년 미국 경제 성장률 전망

미국 경제는 정책 변화로 성장세가 둔화할 것으로 예상된다.
미국 실질 국내총생산(GDP) 성장률의 연간 변화율, 2023년 1분기부터 2026년 4분기까지.
출처: US Bureau of Economic Analysis(via Federal Reserve Economic Data) for Q1 2023–Q4 2024; PIIE forecast for Q1 2025–Q4 2026.

다. 물가 상승률은 2025년 후반에 약 4.5%로 정점을 찍고, 실업률은 2026년 개선되기 전까지 5%를 약간 상회할 것으로 예상했다.

블랙록의 CEO 래리 핑크는 미국은 지금 경기 침체에 매우 근접해 있거나 이미 경기 침체에 들어갔다고 말했다. CSIS와 캘리포니아 대학교 산타바바라 캠퍼스UCSB의 분석[277]에 따르면, 상호 관세와 양적 요인을 감안할 때 트럼프의 평균 수입 관세율은 거의 10배인 17%로 증가했고 미국의 수입 규모는 약 11% 감소할 것으로 분석되었다. 또한 미국 GDP를 0.8% 감소시켜 연간 2,400억 달러의 생산량 손실을 초래할 것이다. 다른 국가들의 GDP를 평균 0.16% 감소시킬 것이고 캐나다와 멕시코는 0.8% 이상의 GDP 감소가 예상된다. 한국은 0.17% 감소로 분석되었다. 실제 현재의 트럼프 관세는 이 분석 당시보다 높다. 그렇다고 이 높은 관세로 결착될지도 불확실하다. 여러 측면을 고려했다는 점에서 이 CSIS의 분석은 참조할 만한 가치가 있다.

아무튼 미국은 관세 인상으로 더 높은 인플레이션에 직면했다. 미국의 중국 중간재 의존도는 중국의 미국 중간재 의존도보다 3배나 더 커서 중간재 가격 상승은 이미 기업 투자에 영향을 미치고 있다. 트럼프 행정부 2기 말에는 미국의 GDP가 4,320억 달러 감소하고, 전체 물가 수준은 1.6% 상승할 것으로 예상된다.[278] 예일대학교 예산 연구소의 예측에 따르면, 상호 관세가 시행된 후 다른 나라들이 보복 조치를 취할 경우, 미국의 개인 소비 가격 상승률은 2.1%까지 확대될 것으로 보인다. 미국의 저소득, 중산층, 고소득 가구는 각각 평균 1,300달러, 2,100달러, 5,400달러의 손실을 입게 된다고 한다.[279]

애덤 포젠은 2025~2026년 미국 경제 성장은 재정 과잉에서 비롯될 것이며, 경기 침체 여부와 관계없이 인플레이션은 높을 것이라고 말했다. 성장이 둔화하고 인플레이션이 높은 수준을 유지한다면 '스태그플레이션'이다. 그는 미국이 경기 침체에 빠질 확률을 65%로 추

트럼프 관세에 따른 국가별 GDP 증감 예상율

멕시코	-1.32%
미국	-0.84%
캐나다	-0.84%
대만	-0.34%
한국	-0.17%
스위스	-0.14%
중국	-0.13%
기타 아시아 각국	-0.12%
일본	-0.1%
EU	-0.09%
남아프리카공화국	-0.06%
브라질	-0.05%
호주	-0.04%
러시아	-0.04%
인도네시아	-0.04%
중미 및 남미	-0.04%
노르웨이	-0.04%
인도	-0.03%
중동	-0.02%
영국	-0.01%
튀르키예	-0.01%
비 EU 유럽 국가	+0.05%
기타 아프리카 각국	+0.06%

트럼프 관세가 미국 GDP를 0.8% 낮추며, 이는 2024년 GDP 수준에서 2,400억 달러에 상당한다. 관세로 각국 GDP는 대부분 하락한다.
출처: CSIS Economics Program and Scholl Chair in International Business.

미국 최고 물가 상승 예상 섹터

니켈 광석 및 농축물	+37.4%
가죽 및 가죽 제품	+27.2%
산소 강철 용광로 가스	+25.7%
파라핀 왁스	+21.8%
피트 브리켓	+21.2%
세라믹 제품	+19.7%
피트종이	+19.3%
폐기물 처리로 바이오가스 생산	+19.1%
납, 아연 및 주석 제품	+18.4%
알루미늄 제품	+17.8%
사무용 기계 및 컴퓨터	+17.8%
전기 기계	+17.7%
어류 제품	+17.4%
기본 철강 제품	+16.7%
케로신	+16.0%
라디오, 텔레비전 및 통신 장비	+15.7%
기타 비육 동물	+15.6%
석탄	+15.5%
가공 쌀	+15.5%
기타 비철금속	+15.1%

출처: CSIS Economics Program and Scholl Chair in International Business.

정했다.[280] 조너선 그레이[281]도 트럼프가 무역 협상을 신속히 타결하지 못하면 미국 경제가 경기 침체 위험에 처할 수 있다고 경고했다.[282]

폴 크루그먼은 트럼프가 제안한 전면적인 관세 부과가 미국 내 물가를 3~4% 상승시킬 것으로 추산했다. 또한 강달러 현상과 무역 파트너들의 보복 조치로 오히려 미국 경제가 위축될 수 있다고 우려했다.[283] 크루그먼은 트럼프의 관세 정책이 미국이 세계 경제 리더로서의 역할을 포기하는 신호로 해석될 수 있으며 이는 미국의 지정학적 입지에 손해를 가져올 수 있다고 경고했다.[284] CSIS에 따르면 미국 내 상품의 평균 가격이 7.1% 상승하고 임금은 6.3% 상승할 것으로 추정된다. 이는 실질 임금의 감소로 이어질 것이다. 외국도 미국 수요 감소의 영향으로 평균 가격은 1.2% 하락하고 임금은 평균 1.4% 감소할 것이다. 가장 가격 상승폭이 클 것으로는 광물, 피혁, 철강 등이 지목되었다.

리쇼어링은 일어나지 않고 근로 소득 증대 효과는 없을 것이다

2025년 4월 미국 노동 시장은 17만 7,000개 일자리를 창출하며 탄탄한 모습을 유지했다. 노동부가 발표한 고용 보고서에 따르면 실업률은 4.2%로 안정적이었다. 주요 3대 지수는 모두 1% 이상 상승했으며, 다우존스 산업평균지수는 500포인트 이상 급등했다.[285] 이는 연준이 금리를 동결할 가능성이 높다는 것을 시사한다. 관세가 물가를 상승시킬 것이기 때문이다. 이렇게 불확실성이 증가하는 상황에서 만일 경기 침체로 실업률이 상승하면 연준 정책이 효과를 보지 못한다.

불행하게도 고용에 도움이 되는 제조 리쇼어링은 거의 일어나지 않을 것으로 보인다. CNBC의 공급망 조사에 따르면, 대부분의 기업은 높은 비용 때문에 제조업을 미국으로 이전하지 않을 것이라고 말하며, 리쇼어링하더라도 81%가 자동화할 것으로 예상된다.[286] 거의 절반 가량의 응답이 리쇼어링하면 비용이 두 배로 늘 것이라고 했다.

또한 트럼프의 관세 전쟁은 전 세계적인 새로운 저관세 체제를 위한 노력을 촉발할 가능성이 더 높다고 말했다. 설문조사 응답자의 61%는 단기적으로 물가는 상승하고 수요가 감소할 것이라고 답했으며, 응답자의 63%는 경기 침체가 올 것이라고 답했다.

설문조사에 참여한 응답자의 절반 이상(57%)이 생산을 국내로 이전하지 않는 가장 큰 이유는 비용 때문이고, 21%는 숙련된 노동력이 없기 때문이라고 했다. 즉 미국의 낮은 생산성으로 설령 중국에서 철수해 나온다 하더라도 리쇼어링이 아니라 제3국을 택할 가능성이 높다는 의미다. 트럼프는 제조 리쇼어링 기업에 세금 감면을 약속했지만, 세금은 제조업의 입지 결정에 영향을 미치는 요인 중 중요도(14%)가 매우 낮았다. 응답자 중 대다수는 새로운 미국 내 공급망을 구축하는 데 드는 비용이 현재 비용의 최소 두 배(18%) 또는 두 배 이상(47%)에 달할 것으로 예상했다.

결국 공급망을 미국이 아니라 관세가 낮은 국가로 이전하는 것이 더 비용 효율적이라고 61%가 답했다. 미국 공급망 재구축, 즉 리쇼어링에 관심을 표명한 응답자 중 41%는 최소 3~5년이 걸릴 것이라고 답했고, 33%는 5년 이상 걸릴 것이라고 답했다. 즉 설령 리쇼어링을 한다 하더라도 3~5년의 시간이 걸린다는 뜻이고 빨라도 트럼프의 임기 말이다. 물론 제프 하우이Jeff Howie●처럼 중국에서 조달을 줄이고, 미국에서 생산을 확대하려는 사람도 있다. 하지만 그도 원가 상승분을 고객 가격에 전가할 것이라고 했다.[287] 롭 우드Rob Wood✖는 미국의 임금 및 일자리가 줄어들고 실업률이 높아지겠지만, 임금 중

가율은 여전히 강세일 것이라고 전망했다.

사실 이미 상당수 기업이 탈중국했다. 중국의 외국인 투자 내역을 보면 금융 투자 규모가 늘어 총 투자 규모는 증가한다고 보이지만 정작 산업 자본 투자는 감소하고 있다. 팬데믹 이후 서방 기업의 중국 주재원은 대부분 중국을 떠났고 후임으로 중국에 부임할 사람을 찾지 못하고 있다. 필자의 아내는 오랜 기간 외국인 자녀만이 입학할 수 있는 중국의 국제학교에서 교사로 일했는데 이들 외국 기업인들이 대거 중국을 떠나 중국 내 많은 국제학교가 문을 닫거나 축소하는 것을 보았다.

기업이 중국을 떠나 제조 기반을 옮길 때 목적지가 미국일 이유는 없다. 트럼프 1기 행정부가 미중 무역 전쟁을 일으키던 당시 중국의 대미 수출 TOP 20 기업 중에서 대만계 기업이 2016년 기준으로 15개였다.[288] 외교 관계가 막혀 중간재 위주로 사업을 하는 대만계 기업이 소리 소문 없이 중국에서 돈을 벌고 있었던 것이다. 이들 중 상당수가 중국을 떠났는데 이들에게 리쇼어링의 선택지는 미국이 아니라 당연히 대만이었다. 대만 「디지타임스」의 콜리 황 사장은 2024년까지 중국에서 대만으로 리쇼어링한 대만 기업이 가지고 온 자산이 한화로 340조 정도 규모라고 필자에게 말해주었다. 더 중요한 사실은 이들 대만 기업이 외국에 보관하고 있는 자금 규모는 사실상 얼마일

- 윌리엄스-소노마(Williams-Sonoma, Inc.) 최고재무책임자(CFO) 겸 부사장.
- 판테온 매크로이코노믹스(Pantheon Macroeconomics) 수석 영국 이코노미스트.

지 아무도 모른다는 것이다. 그리고 그것은 그만큼 대규모 산업 자본이 중국을 떠났다는 것을 의미한다.

그래서 CSIS도 미국의 일자리는 증가하지 않을 것으로 보았다.[289] 총 고용 대비 제조업 일자리의 비중은 이전에 관세를 인상했을 때도 계속 감소했고, 이는 미국 경제가 상품 기반이 아니라 서비스 기반 경제로 전환되는 등 거시 경제 구조의 변화 때문으로 해석되었다. 트럼프가 이야기하는 리쇼어링이 일어났을 때 과연 일자리가 얼마나 더 늘어날지는 정말 의문이다.

이렇게 탈중국의 목적지에 미국은 나타나지 않는다. 업계에 따르면 미국 공장의 비용은 중동보다 3분의 1 정도 높고, 중동 공장의 비용은 중국보다 3분의 1 정도 높다고 한다. 결국 미국 공장의 노동 생산성이 중국이나 기타 국가의 노동 생산성보다 우월해지지 않는 한 미국으로의 리쇼어링은 큰 추세가 되기 어렵다. 만일 리쇼어링이 일어난다 하더라도 미국 정부의 세수에는 도움이 되겠지만 노동자의 고용은 매우 적을 것이며 따라서 고용 효과는 미미할 것이다.

트럼프의 관세는 제조 생산 부문의 근로자에게 도움이 된다. 하지만 미국에서 상품 생산 부문에 종사하는 중산층 근로자는 거의 없다. 제조업은 미국 노동력의 약 8%만 고용하고 있으며, 그 외 2% 정도는 농업, 광업, 임업, 어업에 종사하고 있다. 나머지 90%는 교사, 간호사, 레스토랑 직원, 소매업 종사자, 사무직 종사자, 소프트웨어 개발자 등 서비스업에 종사하고 있다. 그러니 미국 제조 산업을 도와준다고 해도 고용에 대한 기여는 제한적일 수밖에 없다.

자본 시장은 분리되는가

　미국과 중국의 자본 분리는 이미 현실이 되었고, 공식화되었고, 가속화되고 있으며, 파괴력도 크다.[290] 이는 글로벌 자본 흐름, 공급망, 기술 생태계의 역사적인 재편을 예고하는 신호라고도 볼 수 있다. 자본 흐름은 점점 더 정치적으로 변질되고 기술 분열도 확대되고 심화되어 글로벌 금융의 기본 구조 자체에 변화를 가져올 것으로 보인다.

　트럼프가 상호 관세를 발표한 후 중국 국채 수익률이 사상 최저치에 근접하는 등 투자자들이 안전한 자산으로 피신하면서 수익률이 하락했다.[291] 중국은 트럼프의 관세에 맞서 자국 경제를 방어하기 위해 필요하다면 대출 기관에 대한 규정을 완화할 여지가 있다고 말했다.[292] 각급 정부에서 관세에 영향을 받은 산업과 기업에 적절한 지원을 약속했다. 또한 중국 지도부는 이미 미국의 조치를 예상하고 있으며, 그로 인한 잠재적 영향도 충분히 예측하고 대응 계획을 세워두었다고 말했다. 사회주의 체제의 국가는 이런 상황에서 리더십을 발휘하기가 더 용이한지도 모른다.

미국 시장의 반응

저우하오周浩는 높은 관세로 두 가지 결과가 발생할 것으로 보았다. 첫째, 수입 감소와 재정 적자 감소는 미국 소비의 위축을 가져오고, 둘째로 미국 경상 수지 적자 감소는 미 국채 발행 규모 감축을 초래할 것이다. 이는 미국이 아닌 국가들의 미 국채 보유 축소를 의미한다. 그는 우리가 목격하는 것은 관세 전쟁 같지만, 최종 결과는 대차대조표 침체일 수도 있다고 했다.[293] 즉 일본의 잃어버린 30년 상황이 도래하는 것이다.

이는 앞으로 미국의 경기 둔화를 더욱 악화시킬 요인으로 작용할 수 있다. 주가 조정의 심화, 재정 우려로 인한 금리 상승, 또 인플레이션 기대치가 안정화되지 않을 것이므로 추가적인 통화 긴축 등이 예상된다. 미국 경제의 약화는 글로벌 성장에 심각한 영향을 미칠 것이며, 특히 중국이나 우리나라 같은 미국 무역 교역국에 큰 타격을 줄 것이다.

2024년 말 기준 중국 10년 만기 국채 수익률은 약 1.6%이고, 미국 10년 만기 국채 수익률은 약 4.6%로 둘은 3%p 차이가 난다.[294] 이전이라면 중국이 미국 국채 비중을 늘리는 것을 고려할 수 있었겠지만 지금은 기대하기 어렵다. 그래서 앤서니 홉킨스Anthony Hopkins[✕]는 중국이 미국 국채 구매자로서 중요한 역할을 한다는 사실을 트럼프가 잊고 있다고 지적했다.[295] 트럼프의 정책으로 중국의 미국 국채 투자 능력이 약화될 위험이 있으며, 그렇게 되면 돌을 들어 자신을 치는 것과 같다는 것이다.

1조 9,000억 달러를 보유하고 있는 일본과 중국이 대규모로 미 국채를 매각한다면, 아무도 매입하지 않을 가능성을 많은 사람이 지적했다. 중국의 미 국채 매각은 미국 자산의 매력에 대한 우려를 불러일으켜 달러와 미국 국채 가치의 추가 하락을 초래할 수 있다. 일본, 영국, 그리고 중국은 미국의 가장 큰 채권 보유국이며, 그 뒤를 영국, 룩셈부르크, 케이맨 제도, 벨기에, 캐나다, 프랑스, 아일랜드, 스위스, 대만, 홍콩이 잇는다. 만약 이들 중앙은행이 공격적으로 미 국채를 매각하거나 신규 매입을 중단하면, 그 결과는 글로벌 신용 시장의 혼란으로 이어질 수 있다. 그럼에도 트럼프는 아시아 중앙은행에 거의 아무런 배려나 대응을 하지 않고 있다.

오쿠무라 아타루Ataru Okumura[◆] 같은 이들은 중국은 결국 "미국에 대

- 중국 궈타이민안(国泰民安) 국제 수석 이코노미스트.
✕ 케임브리지대학교 명예 스머츠 영연방 역사학 교수(Emeritus Smuts Professor of Commonwealth History).
◆ SMBC 니코증권 수석 전략가.

한 협상력을 높이기 위해 글로벌 금융 시장에 혼란을 일으키는 것을 주저하지 않을 것"이라고 말하고[296] 필자도 중국은 필요하다면 어떤 일도 할 것이라고 믿는다. 그러나 무작정 미 국채를 매각하면 중국도 상당한 손실을 보아야 하므로 중국은 현명하게 줄일 방법을 모색하고 있다.[297] 그 일환으로 중국은 미 국채를 달러 표시 기업채 등으로 전환하고 있다. 국채를 기업채 등으로 전환하고 특히 은행이나 금융 기업의 소유로 전환하면 국가 간에 갈등이 일어나도 미국의 기업이 해당 채권 상환을 거부하기 어렵다.

제를리나 정 Zerlina Zeng 같은 이는 중국이 보유한 미국 국채 규모를 고려할 때 미국 국채 매각은 중국에도 타격이 될 것이라고 주장했다. 반면 우자룽은 중국의 미 국채 매도는 걱정하지 않아도 된다고 하면서[298] 그 근거로 미 국채 거래량이 주식 시장보다 크고 70% 이상이 미국 투자자 소유라는 점, 최대 해외 보유국은 중국이 아니라 일본이라는 점을 들었다. 그리고 설령 중국이 미 국채를 매도한다고 해도 인수할 투자자가 충분히 많다는 것이다. 그러므로 단기적인 변동으로 그칠 것이라고 보았다.

중국과 일본이 미 국채를 매도할 경우 과연 인수할 투자자가 충분한가? 그는 2015~2016년 중국에서 1조 달러가 유출된 일을 지적하며 당시 미 국채 시장에는 변동이 없었다고 상기시킨다. 기본적으로 거대한 미 국채 시장을 흔들기에 중국의 실력은 충분하지 않다는 것이다. 최후에는 미국 연준이 개입하여 인수하면 된다고 한다. 하지만 2015~2016년 당시 중국에서 1조 달러가 유출된 것은 중국 내부 정치 투쟁의 결과였고 이 자금이 당시 미 국채 형태라고 가정할 수 없다. 물론 이 정도 규모의 자금을 소수가 보유하고 있었으므로 미 국채가 상당한 비중을 차지했을 것이라는 가정은 합리적이다. 그러나 당시 상하이방 등 시진핑 파벌을 피해 외자를 반출하던 그룹은 각종 편법을 사용했으며 미 국채 가격 변동과 직접적으로 연결하기에는 무리가 있다.

2025년 5월 21일 무디스가 미국의 신용 등급을 강등한 이후 처음으로 진행된, 미국 재무부가 실시한 20년 만기 국채 입찰에서 발행 금리가 5.047%로 결정되었다. 이는 2023년 10월 이후 최고치다. 응찰률은 2.46배로 전월의 2.63배보다 낮았으며, 최근 6회 평균인 2.57배에도 미치지 못하는 수치였다. 전문가들은 이번 입찰 결과가 트럼프가 추진하는 대규모 감세 법안 BBB와 맞물려 미국의 재정 적자 확대 우려를 더욱 부각시켰다고 보았다. 이에 따라 장기 국채 금리가 상승하고, 이는 기업의 자금 조달 비용 증가로 이어져 주식 시장에도 부정적인 영향을 미쳤다는 것이다. 간단히 말해 안전 자산인 미 국채에 대한 시장의 우려가 커진 것이다.

존 버틀러John Butler*는 미 주식 시장의 하락세가 미국으로부터 대규모 자본이 이동하기 시작한 것일 수 있다고 생각한다. 골드만삭스

● 크레딧사이츠(CreditSights) 아시아 신용 전략 책임자(Head of Asia Strategy)이자 동아시아 기업 신용 리서치 책임자.
✱ 웰링턴 매니지먼트(Wellington Management) 매크로 전략가(Macro Strategist)이자 글로벌 매크로 전략 팀 리더.

도 미중 간 금융 시장의 극단적인 디커플링 상황이 발생할 경우, 미국 투자자들이 최대 8,000억 달러 규모의 중국 주식을 강제로 매각해야 할 수 있다고 경고했다.[299] 미국 증시에 상장된 중국 기업의 주식예탁증서ADR, 홍콩 상장 주식, 중국 본토 A주 등을 포함하여 미국 투자자들이 보유한 중국 관련 주식은 약 8,000억 달러에 달한다는 것이다. 골드만삭스는 미국 투자자들이 A주는 하루 만에 매각할 수 있지만, 홍콩 상장 주식 H주는 119일, ADR은 97일이 걸릴 것으로 추정했다.[300] 미국과 중국 간 금융 분리가 현실화될 경우, 중국 투자자들도 미국 주식과 채권을 강제로 매각해야 할 수 있으며, 그 규모는 약 1조 7,000억 달러에 이를 것으로 예상된다.

만일 이렇게 알리바바, 핀둬둬 등의 중국 기업이 상장 폐지되면 미국 투자자들은 큰 손실을 입을 것이다.[301] 그리고 스콧 베센트는 중국 기업의 상장 폐지 가능성을 배제하지 않았다. 트럼프도 2020년에 여러 중국 기업을 뉴욕증권거래소에서 퇴출시킨 전력이 있다. 2025년 3월 기준 총 시가 총액이 1조 1,000억 달러에 달하는 286개의 미국 상장 중국 기업이 상장 폐지 대상이 될 수 있으며 골드만삭스는 중국 대형주 시가 총액의 약 7%가 매도될 위험에 처할 것으로 본다.

이런 상황이니 투자자들은 저위험 머니 마켓 펀드MMF에 몰려들었고, 투자회사협회Investment Company Institute에 따르면 2025년 5월 510억 달러 이상이 MMF에 유입되어 총 자산이 7조 300억 달러를 기록했다고 한다. 반면 블루칩 S&P 500 지수는 9월 이후 최악을 기록하며 거의 2% 하락했다. 카타니 케이이치加谷珪一는 부실한 회사는 주가가 더 떨어질 것이며 적자생존이 이루어지고, 일종의 거대한 구조 개혁이 시작되었다고 볼 수 있다고 지적했다.

미국 고관세에 직면한 많은 국가는 대미 무역 흑자가 감소하고 미 달러 수입이 줄어들어, 전 세계적으로 달러 공급이 부족해질 수 있다. 중국은 이러한 상황이 오면 대규모 위안화 채권을 발행할 가능성이 있다.[302] 실제로 자금 조달을 원하는 기업들이 저비용 자금 조달과 리스크 헤지를 위해 중국 채권 시장에 몰려들었다. 외국 기업이 중국 시장에서 위안화로 자금을 조달하는 이른바 팬더 채권 발행액은 2024년 1,948억 위안(265억 달러)으로 사상 최고치를 기록했다. 2025년 1분기 발행액은 416억 위안으로, 2005년 위안화 채권을 처음 발행한 이래 분기 기준 두 번째로 높은 수치다. 이는 이전에는 글로벌 기업들이 외국에서 자금을 조달하여 중국 법인으로 보냈는데 이제는 중국에서 채권을 발행하여 자금을 조달하는 방식으로 전환했음을 의미한다.[303] 게다가 지정학적 불확실성으로 글로벌 기업들은 자금 조달 통화를 다원화해야 하며, 이것이 팬더 채권 발행 공급을 더욱 촉진하고 있다.[304]

요르그 뷔트케(Jörg Wuttke)[*]는 중국 현지 채권의 발행은 중국 은행들이 중국 내 글로벌 기업의 리스크를 공유한다는 뜻이라고 했다. 이제

- 일본의 경제 평론가.
* DGA-알브라이트 스톤브릿지 그룹(DGA-Albright Stonebridge Group) 파트너이자 설립 멤버. 저명한 비즈니스 리더이자 유럽-중국 무역 및 투자 전문가로, 세 차례 주중 유럽연합 상공회의소 회장을 역임했다.

는 글로벌 자본 시장의 중심이 중국으로 확대되는 것이고 향후 중국 자본 시장의 동향이 글로벌 자본 시장에 영향을 줄 것임을 의미한다. 이런 상황에서 트럼프가 중국 자본 시장의 디커플링을 추진할지는 초미의 관심사다.

중국의 자본 시장

중국의 10년 만기 국채 금리는 중국 경제가 디플레이션에 빠질 수 있다는 우려로 사상 최저치에 근접했다. Wind●에 따르면 2022년 3.4%에서 2025년 1분기 평균 이자율이 2% 미만으로 하락했다. 크리스토퍼 리Christopher Li✖는 중국 채권이 외국 발행자에게는 자금 조달의 대안이 되고 투자자에게는 자국 국채 및 기업 채권보다 높은 수익률을 제공한다고 말했다. 그러니까 서로 이해관계가 맞아떨어지는 것이다.

2025년 5월 미중 무역 협상이 시작되면서 중국 인민은행, 국가금융감독관리국, 중국 증권감독관리위원회는 포괄적인 정책 패키지를 발표했다.[305] 은행의 예금준비율RRR 인하, 기준금리 인하, 주택저축대출 금리 인하 등이었다. 이 조치는 중국 정부가 통화 완화, 규제 개혁, 자본 시장 강화 등으로 시장을 안정시키고 경제 회복을 지원하려는 의도였다. 조치의 규모는 예상대로였지만, 시행 시점은 예상보다 빨랐다. 사실 이번 관세 전쟁의 특징 중 하나는 중국의 대응 속도가 처음부터 지금까지 무척이나 빠르다는 것이다.

이 타이밍에 미국에 상장되어 있던 고급 전기 자동차 회사 익스트림 크립톤, 일명 지커极氪, ZEEKR가 중국 지리자동차浙江吉利控股集團에 합병되어 홍콩 증시로 복귀하는 일이 발생했다.[306] 5월 7일, 지리자동차가 지커의 발행 주식 전량을 인수할 계획이라고 발표한 것이다. 지리는 현재 지분 약 65.7%를 소유하고 있으며, 거래가 완료되면 익스트림 크립톤은 지리 지주와 완전 합병되어 뉴욕증권거래소에서 상장 폐지된다. 이 일로 중국 ADR들이 미국에서 상장 폐지되고 홍콩 또는 A주 형태로 중국으로 돌아갈지 여부가 이슈로 등장했다. 상장 폐지를 당하느니 그 전에 자국 시장으로 돌아와 손실을 피하려 한다는 논리다.

사실 지커의 홍콩 증시 복귀는 자사 사정이고 미중 양국의 자본 시장 전략과는 아무 관계가 없었다. 아무튼 이 일은 미국 증시에 상장한 중국 기업의 홍콩 시장 복귀에 대한 논의를 촉발했다. 골드만삭스는 홍콩 복귀 상장 요건을 충족하는 중국 기업을 27개사로 판정했다. 시가 총액은 1조 4,000억 홍콩달러에 달하며, 이 중 시가 총액이 큰 기업으로는 핀둬둬拼多多, PDD.US, 만방그룹满帮集团, YMM.US, 푸투富途控股, FUTU.US, 레전더리 바이오텍传奇生物技术, LEGN.US, 웨이핀후이唯品会, VIPS.US, 지커 등이 있다. 포트폴리오에 이들 회사가 있다면 지정학 리스크를

● 중국의 데이터 제공 기업.
✖ BNP 파리바 S.A.(BNP Paribas S.A.) 아시아 신용 거래 데스크 애널리스트.

다시 평가해보아야 할 것이다.

스위스에서 미중이 90일간의 유예 조치에 합의한 후 트럼프는 중국이 완전한 시장 개방을 약속했다고 큰소리쳤다. 그러나 중국 쪽에서는 시장 개방에 대해 아직 한마디도 나오지 않았다. 그렇다고 중국이 이를 부정하지도 않았다. 이것은 시장 개방을 협의하고 있으나 아직 합의를 이루지는 못한 상황으로 해석된다. 그렇다면 시장 개방의 내용은 무엇이고 어떤 범위로 개방한다는 것일까? 뒤에서 다루겠다.

달러, 위안화, 암호화폐

강달러인가 약달러인가?

중국 시장 개방과 함께 외환 시장에서는 트럼프 정책 방향이 강달러인가 약달러인가를 놓고 다양한 추측이 나왔다. 여기에 트럼프가 자기 이름을 딴 암호화폐를 만든 것을 겨냥하여 스테이블 코인이 미국 정부의 중점 정책 방향이라는 사람들도 나타났다. 중국 정부가 수출을 도모하기 위하여 위안화를 절하할 것이라는 사람이 있는가 하면 제2의 플라자 합의가 추진 중이며 따라서 위안화는 절상될 것이라는 사람도 있다. 한마디로 달러와 위안화를 둘러싼 외환 시장의 예측은 매우 혼란스럽다.

대서양 협의회 Atlantic Council의 데이터에 따르면, 전 세계 수출 인보이스의 54%는 달러로 표시된다. 금융 분야에서는 달러의 지배력이 더욱 두드러진다. 국제 대출 및 예금의 약 60%가 달러로 표시되고, 국제 채권 발행의 70%도 마찬가지다. 외환 시장에서는 거래의 88%가 달러와 관련되어 있다. 글로벌 달러 수요는 미국 자산에 프리미엄을 주어 미국 정부의 자금 조달 비용을 실제보다 훨씬 낮게 유지하고 있다. 그러나 트럼프 행정부는 달러의 준비통화 지위가 달러를 지나치게 강하게 만들어 미국의 수출에 부정적 영향을 주기 때문에 그 비용이 이익보다 크다고 생각한다.

트럼프 행정부에서 환율을 책임지는 사람은 바로 스콧 베센트 재무부 장관 한 사람이라고 한다.[307] 베센트는 미국이 적극적으로 환율 약세를 추구한다는 시각을 불식시키기 위해 노력해왔다. 그는 강달러 정책은 그대로 유지될 것이라고 반복해서 말해왔다. 미 정부의 재정을 책임지는 그로서는 대규모 국채를 발행해야 하고 또 이자를 지불해야 한다. 달러 약세는 국채 발행 조건을 어렵게 하고 이자 부담을 키운다. 이렇게 트럼프는 약달러를 원하지만 베센트는 강달러를 이야기해야 하는 모순, 이것이 바로 지금 미국이 당면한 문제를 상징적으로 말해준다.

달러 하락의 위험과 가능성은 높아지고 있다. 스티브 블리츠Steve Blitz●는 재정 적자가 줄어들지 않는 한 통화 정책만으로는 인플레이션 추세를 역전시킬 수 없다고 했다. 스카일러 와인앤드Skyler Weinand✖

- 미국의 저명한 경제학자. 글로벌데이터(GlobalData) 산하 경제 리서치 기관 TS 롬바드(TS Lombard) 미국 수석 이코노미스트(Chief US Economist) 겸 매니징 디렉터(Managing Director).
✖ 리건 캐피털(Regan Capital) 최고투자책임자(CIO).

는 실업률이 크게 상승하지 않는 한, 연준은 향후 금리를 동결할 가능성이 높다고 보았다. 2025년 5월 트럼프가 압박하는데도 미 연준은 금리를 동결했다. 만일 경기 침체와 물가 상승이 동시에 일어난다면 연준은 물가 상승을 먼저 막을 것이라는 암시도 했다. 이는 트럼프의 생각과는 상치하는 것이다. 하지만 대다수 사람은 이러한 연준을 지지했다. 연준은 트럼프의 불확실성의 대척점에서 미국 경제에 대한 확실성을 제공하는 것이다.

하지만 트럼프가 달러 약세를 희망하는 것은 분명해 보인다. 달러 약세는 외국 상품이 미국으로 수입되는 것을 막아주리라는 교과서적 희망에서 비롯된 것이다. 트럼프는 이미 1기 행정부에서 중국을 포함한 다수 국가를 환율 조작국으로 지정하려 하기도 했다. 그것은 기본적으로 트럼프가 달러 약세를 원한다는 말이다. 시장은 이미 반응하여 아시아 각국의 화폐가 모두 대달러 강세를 보인다. 트럼프의 2기 대통령 취임 이후 달러는 전 세계 통화 대비 전체적으로 약 8% 하락했다. 달러 지수는 2023년 7월 이후 처음으로 주요 100 수준 아래로 떨어졌다. 카마크시야 트리베디Kamakshya Trivedi●는 트럼프가 미국 자산의 초특권 지위를 약화시키고, 이로 인해 미국 자산과 달러 수익률에 압박이 가해진다고 지적했다.

위안화 절상인가 절하인가?

달러 기반 시스템은 국제 상거래의 중립적 중재자 역할을 해왔다. 그러나 그 중립성이 약화되고 있다. 중국의 국경 간 은행 간 결제 시스템CIPS은 SWIFT의 대안으로 떠오르고 있으며, 이런 병행 금융 시스템의 출현은 통화 시장에 복잡성을 더할 것이다. 그러면 달러의 주도적 지위가 쇠퇴하거나 심지어 종식될 수 있을까? 마크 소벨Mark Sobel✖은 "신뢰할 수 있는 파트너 및 동맹국으로서의 역할이 달러가 가진 지배적 지위의 핵심 기둥이었지만, 이제 이 기둥은 무시되고 있다"라고 했다.[308] 토르스텐 슬로크Torsten Sløk◆에 따르면, 외국인이 19조 달러의 미국 주식, 7조 달러의 미국 국채, 5조 달러의 미국 회사채를 보유하고 있다. 이 투자자 중 일부가 포지션을 축소하기 시작하면 달러는 지속적인 평가 절하 압력을 받게 될 것이다. 그레고리 피터스Gregory Peters■는 "미국은 100년 동안 준비통화로서의 지위를 누려왔지만 이 지위를 잃는 데는 백일도 걸리지 않을 것이다"라고 말했다.

「인민일보」는 중국이 더이상 미국과 거대한 무역 협정을 체결하는 '환상에 집착'하지 않는다고 보도했다.[309] 그렇다면 위안화에는 어떤 변화가 일어날까? 1997년 IMF 당시 전 세계가 걱정하던 위안화 절하는 일어나지 않았다. 중국 정부는 당시 위안화 가치를 지키는 방침을 정했고 전 세계의 찬사를 받았다. 그런데 2025년의 관세 전쟁에서도 중국은 위안화 가치를 지킬 것인가?

- 골드만삭스(Goldman Sachs) 글로벌 외환, 금리 및 신흥 시장 전략 책임자.
- ✖ 금융 싱크탱크 OMFIF(Official Monetary and Financial Institutions Forum) 미국 지부 의장(U.S. Chairman). 미국 재무부에서 약 40년간 국제 금융 및 통화 정책 분야에서 고위 관료로 재임한 베테랑 경제학자다.
- ◆ 아폴로 글로벌 매니지먼트(Apollo Global Management) 파트너 및 수석 이코노미스트.
- ■ PGIM 고정수익부(PGIM Fixed Income) 공동 최고투자책임자이자 멀티섹터 팀 공동 책임자. 1조 3,400억 달러 규모의 자산을 관리하는 PGIM의 고정수익 자산(7,500억 달러 이상) 운용을 이끄는 핵심 인물이다.

트럼프의 관세 전쟁이 시작되자, 중국 국가외환관리국은 관세의 잠재적 영향을 파악하기 위해 기업 의견을 조사한 것으로 알려졌다.[310] 중국 정부는 위안화 환율의 안정성을 견지하고, 관세 부과 영향을 상쇄하기 위한 위안화 절하 요구 목소리는 무시한다고 한다. 중국 당국은 위안화의 상승세를 신중히 관리할 것으로 예상된다. 즉 중국은 인위적 절하보다는 위안화 절상을 예상하지만 그 속도를 통제할 것으로 보인다.

필자는 미국의 관세에 대응하기 위하여 중국이 위안화 가치 절하를 하지 않겠느냐는 질문을 자주 받는다. 하지만 기본적으로 중국의 환율 정책은 수출보다 경제 및 금융 안정을 우선시해왔다. 중국은 2000년대부터 2014년경까지 수출을 촉진하고 외환보유액을 축적하기 위해 위안화 환율을 인위적으로 낮게 유지해온 것이 사실이다. 그러나 2015~2016년 대규모 자본 유출 사태 이후에는 자본 유출을 우려해 환율을 낮추기보다는 끌어올리기 위해 개입했다. 이 상황은 국가 최고 권력을 흔드는 문제였기에 중국 지도부가 그 어떤 정책 순위보다도 자본 유출을 경계하는 원인이 되었다. 따라서 중국 지도부는 금융 시장 개방 정책이 실시되어 자본 계정을 중국 정부가 완전히 개방하면 환율과 변동성 통제에 문제가 발생할 것이라고 생각할 가능성이 크다.

중국은 달러, 유로, 엔의 가중치를 낮추고 마카오의 파타카를 추가하는 등 위안화 통화 바스켓을 수정했다. 2024년 내내 위안화의 환율 변동성은 2023년에 비해 감소하여 9% 이상에서 4% 내외로 떨어졌다.[311] 중국 정부는 위안화 환율이 목표치를 '초과'할 위험을 억제하겠다고 약속했으며, 이는 중국 정부가 적어도 단기적으로는 환율 안정화에 집중하고 있음을 나타낸다.

블룸버그는 중국 증권 시장의 위안화 중간 가격 담합을 우려하며 중국이 미국의 새로운 관세에 대처하기 위해 위안화 통제를 완화할 수 있다고 믿는다고 보도했다.[312] ANZ은행과 말레이시아은행은 위안화 중간가격이 미 달러 대비 7.2까지 떨어질 것으로 예상하며, 골드만삭스는 중간가격이 점차 7.3까지 떨어질 것으로 전망한다. 스탠다드차타드는 2025년 위안화 환율이 7.2위안에서 7.4위안 사이가 될 것으로 예상한다. 이렇게 다수의 주요 은행은 위안화의 하방 리스크를 보는 것이다. 시장은 2025년 말까지 달러 대비 위안화 환율이 7.6까지 소폭 하락할 것으로 예상한다.

그러나 위안화는 최근 강세를 보여 중앙은행의 움직임과 상반된 형국이다. 킹거 라우Kinger Lau●는 위안화 전망이 은행의 중국 주식에 대한 '오버웨이트overweight 전략'을 뒷받침한다고 보았다. 그는 위안화 1% 상승이 중국 주식 3% 상승으로 이어진다고 설명했다.[313] 또 위안화 강세는 소비 촉진과 과잉 생산 억제에 유리하다. 물론 수출에는 불리하다. 원인이 미국 자산에 대한 불안감일 수도 있다. 결국 시장은 미중 간에 환율 협의를 했는지 궁금해할 뿐으로 위안화 동향에 대

● 골드만삭스 중국 주식 수석 전략가.

한 혼란에 빠져 있는 것이다.

왕주王菊*는 미국이 단기적 대안이 부족해 관세 전쟁을 완화했지만, 공급망과 기술 분야에서 중국과 중장기적 디커플링은 계속된다고 말했다.[314] 그녀는 중국이 위안화 가치를 크게 상승시키는 것을 허용하기는 어려울 것으로 보았다. 하지만 위안화 약세는 해외 부채 부담이 커지기 때문에 부동산 개발업자들의 채무 불이행을 유발할 수 있다. 게다가 위안화 약세는 일본, 한국, 그리고 다른 아시아의 주요 경제국들이 환율 약세를 미국이 묵인해주었다고 생각하게 할 수 있다. 그렇게 되면 트럼프의 의지와는 달리 달러 강세가 될 수도 있어 또다시 충돌이 일어날 수 있다. 결국 중국으로서는 적정 구간 안에서 위안화 환율을 관리하는 것이 최선이다.

위안화 국제화

1990년대 후반부터 2000년대까지 중국을 비롯한 아시아 국가들, 그리고 신흥 시장 국가들은 경상수지 흑자를 기반으로 경제 성장 속도보다 빠르게 외환보유고를 늘려왔다.[315] 하지만 이런 시대는 2010년대에 막을 내렸다. 중국은 더이상 세계 최대 외환보유고 보유국이 아니다.

중국은 위안화 환율을 인위적으로 약세로 유지하지 않으며, 미국의 관세 부과에 직면한 환율 하락 압력을 관리하기 위해 고군분투할 가능성이 높다. 미국이 약달러 강위안화를 추구한다면, 중국을 비롯한 신흥 시장 국가들은 환율 정책을 추진하는 데 훨씬 더 어려움을

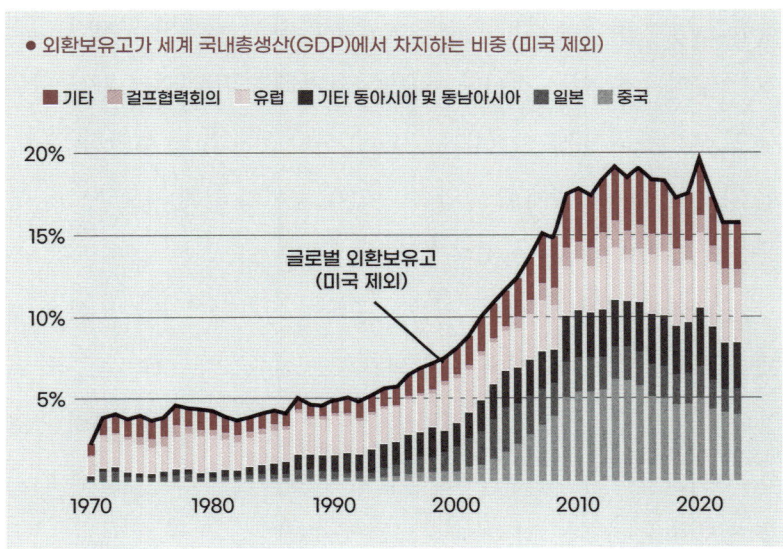

글로벌 외환보유고 축적 시대는 2010년대에 종료되었다.
출처: IMF via CEIC.

겪게 될 것이다. 그래서 중국이 채택하는 방법 중 하나가 홍콩 HKD의 전략적 활용이다. 홍콩이 충분한 외화를 보유하고 있는 한 홍콩의 PEG제*는 유지될 수 있다. 이런 전제하에서 중국은 홍콩 시장에서 달러 자산을 HKD 자산으로 전환함으로써 홍콩의 국제 금융 허브 지

- BNP 파리바 S.A. 중국/홍콩 외환/금리 전략 책임자.
* 홍콩 달러(HKD)를 미국 달러(USD)에 고정환율로 연동하는 통화제도.

위를 지키면서 중국 보유 달러 자산의 규모를 줄일 수 있다. 그리고 홍콩은 달러 자산을 기타 자산으로 전환하며 자국의 달러 자산 리스크를 줄여갈 수 있는 것이다. 홍콩 외환기금의 미국 달러 자산 비중을 보면 기존의 90% 이상에서 79%로 하락했다. 반면 위안화, 유로, 엔 자산의 비중은 증가했고 장기 수익을 높이기 위해 사모펀드와 부동산으로 투자 일부를 돌렸다.[316]

미 달러의 신뢰도에 대한 의문은 중국이 독자적인 글로벌 화폐 체계를 구축하려는 가능성에 대한 의문으로 이어진다. 그러나 중국 위안화의 영향력은 미 달러에 비하면 너무나 작다. 이런 위안화의 국제화 가능성, 기축 통화로의 가능성 논란에 대해 황치판은 명확한 기준을 제시했다. 그것은 GDP 비중 기준 국제화다.

국제 화폐 시장에서 미국은 결제 통화 비중에서 자국의 글로벌 GDP보다 비중이 크다. 지난 30년 이상 외환 시장에서 이루어진 통화 간 거래의 85~90%는 달러였다. 10년 전에는 SWIFT에서 약 35%가 달러 거래였고 지금은 거래의 약 50%가 달러로 이루어진다.[317] 미국은 전 세계 무역의 약 10%만을 차지하지만 전 세계 무역 거래의 약 54%가 달러를 사용하는 것이다.

반면 선진국 및 산업 강국은 GDP 비중과 유사한 화폐 사용 비중을 보인다. 그리고 개발도상국은 글로벌 GDP 비중에 훨씬 미달하는 자국 화폐 결제 비중을 보인다. 이는 중국도 마찬가지다. BRICS는 달러와 경쟁할 수 있는 새로운 통화 가능성을 제기하기는 하지만 달러의 지배력을 위협하기에는 너무나 미약하다. BRICS 내에 공동 통화 또는 재정 연합을 만들 구체화된 계획도 아직 없다.

2022년 러시아가 미국의 제재로 SWIFT에서 제외된 이후 중국은 자국에서 개발한 국경 간 은행 간 결제 시스템CIPS의 확대를 시도해 왔다. 하지만 지금까지 CIPS는 SWIFT 거래량의 0.2%에 불과한 수준이다. 황치판은 "중국이 GDP 비중에 상응하는 화폐 사용률, 즉 결산 화폐 비율이나 준비 화폐에서의 위안화 비중이 중국 GDP가 세계에서 차지하는 비중과 유사한 수준에 오를 때 비로소 본격적인 국제화를 추진할 것이다"라고 한다. 즉 중국은 아직 기축 화폐를 도모하거나 글로벌 화폐의 역할을 도모할 시기가 성숙하지 못했다고 판단하는 것이다.

암호화폐

트럼프의 전향적인 암호화폐 정책 또한 조용히 진행되고 있다. ICASInstitute for China-America Studies에 따르면 트럼프는 부채를 발생시키지 않으면서 달러의 영향력을 확대하려고 한다.[318] 그 하나의 수단으로 트럼프는 갑자기 친 암호화폐 정책을 추진하는 것으로 보인다. 이는 규제 완화, 제도 정비, 그리고 트럼프 자신의 암호화폐 참여 등을 보면 알 수 있다.

트럼프는 원래 암호화폐에 호의적인 사람이 아니었다. 그러나 2023년부터 입장이 바뀌었고 2024년 공화당도 비트코인 채굴 권리를 옹호했다. 경제적 의미보다는 암호화폐가 국가의 구속에서 벗어난 개인의 자유라는 이념적인 이슈로 재인식되기 시작한 것이다. 트럼프는 폴 앳킨스Paul S. Atkins*나 브라이언 퀸텐즈Brian Quintenz* 같은 암호화폐 옹호자를 공직에 임명했고 바이낸스, 크라켄, 코인베이스 등 주요 암호화폐 거래소에 대한 연방 정부의 단속 조치를 보류시켰다.

중국이 국가 주도 중앙집중식 디지털 화폐를 발전시키고 글로벌 무역의 잠재적 수단으로 추진하는 데 비해 트럼프는 탈중앙화, 규제 완화 자본 흐름 등 민간 부문 혁신에 기반한 금융 모델을 제시하고 있다. 이는 트럼프가 암호화폐를 지정학적 전략적 수단으로 삼을 가능성을 시사한다. 트럼프의 시각에서 암호화폐는 의회의 세출 예산이나 금리 인하에 의존하지 않고 경제에 활력을 불어넣을 수 있는 정책 수단으로 고려될 수 있다. 디지털 자산은 단순한 투기 도구가 아니라 대체 유동성, 즉 자본을 공급하고, 소비 활동에 활력을 불어넣고, 투자를 유치하는 메커니즘으로, 동시에 정치적 또는 정책적 제약을 받는 일반적인 거시경제 수단을 우회할 수 있는 수단이라는 것이다.

2025년 1월 23일, 트럼프 대통령은 '디지털 금융 기술에서 미국의 리더십 강화'라는 제목의 행정명령을 발효했다. 주요 내용은 다음과 같다.

- 중앙은행 디지털화폐CBDC 발행 금지
- 달러 기반 스테이블코인 육성
- 암호화폐 기업의 은행 서비스 접근성 보장
- 블록체인 네트워크 참여 및 자기 자산 보유 권리 보호
- 디지털 자산 시장에 대한 대통령 직속 워킹그룹PWG 설치

이 행정명령이 의도하는 것은 분명하다. 통제를 벗어난 암호화폐를 육성하여 전 세계에 달러 기반 암호화폐를 유통하려는 것이다. 공화당이 주장하는 정부 비개입, 규제 철폐, 자유로운 비즈니스를 지향하는 것이다.

3월 6일 트럼프는 행정명령 14097호에 서명하여 재무부에 전략적 비트코인 준비금Strategic Bitcoin Reserve을 지시했다. 주요 내용은 다음과 같다.

- 미국 정부는 보유한 비트코인◆을 매각하지 않고 장기 보유한다.
- 추가 비트코인 확보를 위한 예산 중립적 전략을 수립한다.
- 비트코인 외 디지털 자산을 위한 별도의 스톡 파일을 구성한다.
- 각 연방 기관은 보유 중인 디지털 자산을 재무부에 보고한다.

이 이니셔티브는 미국의 전략 석유 비축을 모델로 한 것으로 디지털 자산을 전략적 주권 헤지 수단으로 삼으려는 것으로 보인다. 세계 최대 비트코인 보유국으로서의 입지를 강화하는 것이다. 이 이니셔티브는 비트코인을 금과 유사한 가치 저장 수단으로 취급한다. 준비

● 미국 증권거래위원회(SEC) 제34대 위원장, 금융 전문가이자 변호사. 도널드 트럼프 대통령이 미국 상품선물거래위원회 위원장으로 지명했으며, 암호화폐와 분산금융(DeFi) 산업의 강력한 지지자다.
✖ 미국의 금융 전문가이자 정책 고문.
◆ 이 정책은 형사 및 민사 소송에서 몰수한 현재 170억 달러 이상의 가치가 있는 비트코인을 용도 변경하여 디지털 화폐의 연방 준비금을 구축한다.

은행의 규모는 아직 크지 않지만, 트럼프 행정부의 의지를 강하게 표명하고 국가 자산 다각화를 위한 새로운 도구를 제공했다는 점, 그리고 향후 선택의 여지가 있다는 점에서 의미가 크다.

트럼프는 암호화폐 산업에 대한 규제 완화를 지속 추진하고 있다. 미국 증권거래위원회SEC는 밈 코인에 대한 규제 권한을 행사하지 않겠다고 발표했고 법무부의 암호화폐 범죄 수사팀NCET을 해체했다. 이러한 조치는 암호화폐 산업에 대한 정부 개입을 최소화하려는 의도로 해석된다.

그러나 트럼프 개인의 밈 코인, $TRUMP를 출시하고 트럼프 소유 기업인 CIC Digital이 전체 공급량의 80%를 보유한 것이나 트럼프 가족이 암호화폐 기업인 월드 리버티 파이낸셜을 통해 USD1 스테이블코인을 출시한 것은 윤리적 문제와 함께 암호화폐 정책의 신뢰성을 실추시켰다. 필자의 의견을 "비트코인은 아무것도 생산하지 않는다" 라는 워런 버핏의 말로 대신한다.

흥미로운 것은 최근 홍콩 정부가 홍콩의 법정화폐 스테이블코인 발행자에 대한 라이선스 제도를 마련하고 스테이블코인 조례안을 입법회에서 통과시킨 일이다.[319] 홍콩 금융관리국은 2022년에 암호자산과 스테이블코인에 대한 토론 보고서를 발표하고 업계와 대중에게 관련 규제 모델에 대한 의견을 요청했다. 그 후 2023년 홍콩 금융서비스국财经事务及库务局, FSTB과 금융관리국은 스테이블코인 발행업체를 규제하기 위한 입법안에 대한 의견을 수렴하기 위해 공개 협의서를 공동으로 발간했다. 미중 간의 협상이 금융 시장 개방으로 이어질

지 모르는 가운데 그간 암호화폐에 부정적이던 중국이 홍콩에서 스테이블코인의 제도화를 추진하는 것은 금융 시장 개방이 어쩌면 전통적인 영역에서보다 암호화폐 등 새로운 시장 쪽에서 시작될지도 모른다는 추측을 가능하게 해준다. 물론 현 시점에서는 아무것도 확실한 것은 없다. 다만 트럼프가 GENIUS Act Guiding and Establishing National Innovation for U.S. Stablecoins Act를 통과시킨 것을 보면 그의 의도는 스테이블코인 발행자들이 준비해야 하는 미 국채 수요를 노렸을 수 있다는 관측이 힘을 얻는다.

4장

중국은
끝까지 싸울 것이다

THE US-CHINA TARIFF WAR

중국의 대응은 지난 무역 전쟁, 그러니까 트럼프 1기 행정부 때와는 전혀 다르다. 우선 자세가 다르다. 중국은 미국 정부의 요구에 가능한 한 부응하려는 태도를 전혀 보이지 않는다. 이는 미국, 그리고 트럼프는 물론 전 세계의 예상과도 매우 달랐다. 게다가 트럼프의 대중 조치가 발표되면 시차 없이 중국은 즉시 이에 대응하는 조치를 발표하는 등 완전히 이전과 다른 양상이 전개되고 있다.

중국은 무엇이 달라진 것일까? 그리고 트럼프의 관세 폭탄과 압박에 어떻게 대응하려는 것일까? 트럼프는 중국과의 디커플링도 불사하는 것일까? 만일 트럼프가 중국을 글로벌 시장에서 밀어내어 공급망 단절을 도모하는 데 성공한다면 중국은 이를 견딜 수 있을까? 만일 견딜 수 없다면 중국은 어떻게 디커플링에 대응할까? 현재 악화일로에 있는 중국 경제와 크게 효과를 보이는 것 같지 않은 소비 진작 정책은 디커플링 상황을 맞이하면 어떤 결과를 초래할까?

언제 무슨 결정이 날지 알 수 없는 트럼프 행정부에 비해 중국 공산당은 매우 일관된 정책과 기조를 보여왔다. 그리고 이러한 전략, 정책, 기조는 앞으로도 달라지지 않을 것임을 강조하기도 한다. 따라서 우리는 중국 정부의 자세를 잘 분석하여 기본으로 삼고 여기에 트럼프의 변동성을 고려하여 미래를 예측해볼 수 있다.

중국 공산당은 트럼프 1기 무역 전쟁 시절의 후반에 자신들의 베이스라인, 즉 더이상 양보할 수 없는 선을 정했다고 전해진다. 그리고 최악의 상황을 상정하고 최선의 준비를 해나간다는 원칙도 이미 발표했다. 그것은 중국이 미국과 원만한 합의를 원하지만 자신들이

정한 기준선을 넘는 경우 디커플링을 감수한다는 의미이기도 하다. 만일 디커플링을 피할 수 없다면 중국은 '미국 없는 세상'을 추구할 것이라는 전문가 의견도 나오고 있다.

만일 미국뿐만 아니라 대부분 서방 국가들과 교역을 할 수 없는 상태가 되어 전면적인 디커플링 상태가 된다면 중국의 국가 경제는 그들의 표현대로 '내순환 경제'일 수밖에 없다. 그리고 이는 소위 '내순환 위주의 쌍순환 경제'라는 표현으로 준비해왔다.

트럼프 2기 행정부의 무역 압박, 관세 압박, 기술 제재 등을 받으며 이를 돌파할 원칙으로 시진핑은 '신질생산력'을 중점 정책으로 부각하고 있다. 앞으로 2026년에 새로 시작되는 15차 5년 계획은 미국과의 디커플링, 신질생산력, 또한 조국 통일로 생각되는 중국 공산당 창당 백년 목표 달성을 추구할 것으로 보인다. 이러한 중국의 대응을 하나하나 짚어보고 중국의 의도를 파악해보자.

중국의 대미 전략은 원칙을 지키며 끝까지 싸우는 것이다

2025년 5월 중국의 대미 정책 방향을 암시하는 잠재적 신호가 「베이징일보」에 게재된 논평에서 나타났다.[320] 제목이 마오쩌둥의 1938년 글 '장기 전쟁에 대하여'[321]를 언급했는데 당시 마오의 주장은 장기 소모전으로 전쟁을 진행하면 결국 중국이 승리할 텐데, 이는 더 강력한 일본군을 점차 자원으로 고갈시키기 때문이라고 했다. 즉 이 논평은 목전의 미중 관세 전쟁에서도 중국은 장기전, 소모전으로 대응해야 한다는 주장이다. 사실 이 장기전 전략은 국지전, 소모전과 함께 중국 정부가 이미 수년 전부터 공언해온 대미 전략 중 하나다.

마틴 울프Martin Wolf●는 미중 관세 전쟁에서 미국이 이기지 못하는 이유가 미국이 자신의 유리한 조건을 포기하기 때문이라고 지적했다.[322] 미국은 많은 나라에 중국보다 더 중요한 수출 시장이지만 중국 역시 많은 국가에 중요한 시장이라는 점을 간과한다는 것이다. 게다가 중국은 주요 원자재 및 중간재의 공급처이며, 그중 상당수는 쉽게 대체할 수 없다고 지적했다. 수입이야말로 무역의 핵심이고 상황이 위기와 갈등으로 갈수록 수출보다 수입이 중요해진다는 것이다. 필자는 그의 견해에 전적으로 동의한다. 위기 상황이 되면 무역이라는 개념보다는 국가 공급망 또는 보급망이라는 전략 개념이 더 중요하며 이럴 경우 수입 쪽이 수출보다 전략적으로 더 중요하다.

물론 자원 조달은 자국 산업의 가치 사슬에서 업스트림에 해당될 뿐이므로 자국의 원가 우위 산업망을 갖추기 위해서는 자국 산업 자체가 글로벌 수준의 경쟁력을 확보해야 한다. 이것은 만국 공통이다. 그리고 상황이 악화될수록 차별화 우위보다는 원가 우위가 더욱 중요해질 것이다. 미중이 부심하는 지금의 상황을 걱정하여 필자는 국가 전략 보급망에 대한 대안을 수립해야 한다고 정부 고위직 관료에게 이야기한 적이 있는데 그의 대답은 미국이 알아서 하지 않겠냐는 것이었다. 정말 실망스러운 대답이었다.

황치판은 중국 공산당이 2018년 트럼프 1기 행정부 당시 외교 전략을 수립하며 미국에 대응하는 4대 전략적 원칙을 확립했다고 했다.[323]

● 영국의 저명한 경제 저널리스트, 「파이낸셜타임스」 수석 경제 논평가 겸 부편집장.

- 환상을 버리고 투쟁을 준비한다.[324]
- 노선을 견지하기 위해서는 정력定力이 필요하며 확신을 가져야 한다.
- 베이스라인을 견지하되 탄력적으로 대응한다.
- 중국의 약점을 보완한다.

이 네 가지 원칙하에 상대를 정신없이 흔들어대는 트럼프에 대응한다는 것이 바로 중국 공산당의 기본 방침이다. 옳고 그르고를 떠나서 이것이 중국 공산당이 나름대로 숙고하여 마련한 태세이며 트럼프 2기 행정부에도 지속 적용한다.

이런 중국의 전략이 잘 통한 것일까? 「뉴욕타임스」는 '트럼프의 협상 루틴은 더이상 통하지 않는가?'라고 기사를 냈다.[325] 트럼프는 오랫동안 극단적인 요구를 던지고 위기를 조성한 다음 고압적인 협상을 하는 소위 맥시멀리스트로서의 명성을 누려왔다. 그러나 점점 더 그가 결국 물러서고 (현실을 부정하며) 자신이 이겼다고 선언하는 일이 늘어난다는 것이다. 소위 TACO Trump Always Chickens Out라 해서 트럼프 대통령이 강경한 관세 조치를 발표한 후 시장의 부정적인 반응이나 경제적 압박을 받으면 이를 철회하거나 완화하는 경향을 비꼬는 일마저 나타났다. 여기에는 트럼프의 고압 협상이 중국에 통하지 않는 것이 작용했다고 본다.

중국에 관세를 부과했을 때 트럼프는 중국과 다른 국가에 "보복하지 말라"고 경고했다. 그러나 시진핑은 이를 무시했다. 그는 보복 관세로 대응했고, 중국에 대한 관세가 145%에 달할 때까지 관세 인상으로 끝까지 보복했다. 5주 동안 시진핑과 트럼프는 미중 양측 모두에 경제적 파멸을 초래할 수도 있는 길을 선택했다. 인플레이션과 물자 부족이 예상되었고 컨테이너 화물선들이 되돌아왔다. 결국 트럼프가 양보하는 데 약 40일이 걸렸다. 양국이 각각 30%, 10% 관세에 잠정 동의했지만 향후 90일 이내에 문제를 해결하기로 합의한 것 외에 중국은 양보하지 않았다. 이 시점까지만 보면 중국의 대미 전략은 통하는 것이다.

관세 경쟁은 트럼프의 의도를 점점 더 분명하게 보여주었다. 트럼프가 무차별적으로 관세를 부과하기 시작한 이래로 세계는 몇몇 중요한 의문을 떠올리게 되었다. 트럼프 관세는 세계 무역 질서를 재편하기 위한 것인가? 아니면 미국을 재산업화하려는 것인가? 아니면 정부 재정을 위한 새로운 수입원 확보인가? 등이다. 트럼프는 여러 차례 이 세 가지가 모두 맞다고 말했다. 그럴 수 있다. 트럼프 같은 사람은 모든 것을 요구하고 상대가 그것을 받아들이면 다시 더 내놓으라고 할 것 같지 않은가?

황치판은 트럼프의 이런 일방적 압박에 대항하는 중국의 5대 자산이 있다고 말했다. 트럼프의 의도가 무엇이든 중국이 이 자산을 활용하면 충분히 대처할 수 있다는 것이다.

- 대규모 내수 시장.
- 세계에서 가장 잘 구성된 공급망.
- 글로벌 금융 체계와 분리된 중국 금융 체계.

- 과학기술 자주 개발 능력.
- 시장 개방.

중국의 내수 시장은 잠재적 규모를 고려할 때 세계 최대 시장이다. 그 어떤 국가, 그 어떤 기업도 중국 시장을 떠나면 그 즉시 글로벌 경쟁력을 상실한다. 한국이 반중 노선을 채택하더라도 중국 시장을 떠날 수 없는 이유다. 미국부터 중국 시장을 떠날 수 없다. 엔비디아의 젠슨 황이 미국 정부의 거듭되는 규제 강화에도 계속 중국 정부와 고객을 만나며 협력을 지속하려는 이유다. 가끔 중국과 결별해야 한다는 사람이 있는데 우리 기업 중 엔비디아나 테슬라보다 월등한 기업이 있다면 그 기업은 중국과 결별해도 좋을 것이라 생각한다. 하지만 대다수 한국 기업에 그럴 여유가 있는가 말이다. 중국 국가 리스크를 관리하는 것은 한국 정부가 해야 할 일이며 기업은 열심히 중국 시장을 개척해야 하는 것이 아닐까?

중국 공급망의 자기 완결성은 한국에 큰 문제다. 윤석열의 대통령 취임식에 온 중국의 왕치산은 "내 속에 네가 있고 네 속에 내가 있다 我中有你, 你中有我"라는 말로 한중 산업 구조의 밀접성을 제시하며 한중 양국이 국가 전략상의 조율을 통해 전략적인 공급망 협력을 하자고 제안했다. 이를 윤석열 정부는 무시했고 그 결과 중국 주요 공급망의 핵심 중간재에서 한국 제품은 배제되었다. 오랜 기간 무역 흑자를 얻었던 중국인데 이제는 무역 적자로 바뀌고 말았다. 중국은 미국과의 대치를 준비하여 더욱 완결성 높은 공급망을 만들어가고 있다. 이제 중국 공급망 시장으로 진입할 기회는 대폭 줄었으며 설령 기회가 주어진다 하더라도 지정학적 전략이 우선되지 않고는 피차 간에 의사 결정하기 어렵다.

중국 금융 산업은 1970년대 중국이 개혁개방이라는 혁명적 조치를 취하던 당시부터 이미 절대 외국에 점령당하지 않겠다고 전략적으로 전제한 산업이다. 지금까지도 중국은 외국인 지분이 금융 자산의 5%를 넘지 못하도록 정책을 유지해왔다. 모든 외국 기업은 중국에 보낸 외화를 주거래 은행에 맡겨야 하며 이를 자유롭게 위안화로 교환하지 못한다. 역으로 중국에서 취득한 위안화 자산도 자유롭게 외화로 교환하지 못한다. 모두 중국 당국의 허가를 받아야 하는 것이다. 이런 체계는 사실상 중국 국내 경제 체제는 해외 경제, 또는 글로벌 경제와 분리된 체계라고 할 수 있다. 다시 말해 중국은 필요하다면 외국과의 경제적 디커플링을 언제든 실시할 수 있는 것이다. 이것은 글로벌 경제와의 디커플링에 대한 내성을 보유하고 있다는 의미이며 동시에 미국 같은 서방 국가의 경제적 압박 수단에 대응할 준비가 되어 있다는 말이다.

황치판이 중국의 과학기술 자주 개발 능력을 중국의 자산으로 꼽은 것은 매우 의미심장하다. 황치판은 보시라이薄熙来가 국가 주석이 된다면 총리가 될 것으로 여겨지던 인물이며 천재로 인정받는다. 그는 경제통이며 이론과 실무에 모두 밝다. 그는 이제 충칭 시장 자리에서 물러났지만 경제 각료들에게 종종 자문하는 것으로 알려져 있다. 따라서 현재 중국 정부 내에서 어떤 정책과 어떤 일들이 일어나는지 깊이 이해하고 있을 것으로 추정된다. 그런 경제통인 그가 과학기술의 자주 개발 능력을 미국에 대항하는 중국의 5대 자산 중 하나로 꼽은 것이다. 중국은 공급 측 개혁, 고품질 발전, 신질생산력 등의 구호를 앞세우며 자력으로 과학기술 개발에 몰두할 것이다.

마지막으로 황치판은 시장 개방을 들었다. 그는 시장 개방을 중국 공산당의 영원한 정책이라고 자주 이야기했다. 스위스 미중 합의에서 90일간의 유예를 결정했을 때 트럼프는 중국이 '완전한 시장 개방', 또 '중국의 시장 리셋reset'을 약속했다고 주장했다. 중국은 이에 대해 한마디도 하지 않았지만 부정하지도 않았다. 미중 간에 어느 정도 협의가 진행 중인 것으로 보아도 무방할 것이다. 황치판이 시장 개방을 전략 자산으로 든 것은 미국을 상대할 때 이렇게 양보 대상으로 제공할 만한 매우 큰 가치가 있기 때문이다. 그렇다. 중국의 시장은 대외 담판, 협상에서 큰 자산이다.

중국의 이러한 기조는 중국이 미국과 장기간에 걸친 갈등 상황을 예상하고 대비해왔음을 의미한다. 그리고 중국이 보는 미국의 약점도 있다. 미국은 4년 임기 대통령 체제이기 때문에 절대적으로 장기전에 불리하다. 무역, 관세 등의 협상은 통상 2, 3년 이상 소요된다. 임기에 쫓기는 트럼프 행정부 쪽이 절대적으로 불리한 요인이다.

지리적 환경에서도 미국은 중국이 있는 아시아 지역에서 국지전에 불리하다. 비단 군사적인 의미뿐 아니라 경제적인 의미에서도 그러하다. 대다수 아시아 국가들은 중국에서 자원과 중간재를 공급받는다. 중국과의 공급망에 문제가 생기면 당장 산업에 영향을 받는다.

그리고 그 영향의 범위는 미국에 국한되는 것이 아니라 자국 시장과 전체 글로벌 시장이다. 따라서 미중이 경쟁할 경우 중국의 영향력이 더 클 수 있다.

미국의 현재 산업 구조는 공급망이 절대적으로 부실하다. 비상 상황이 전개되면 완전한 자급자족이 가능한 중국과는 달리 미국은 많은 상품을 외국에서 공급받아야 한다. 공급망 또한 국가가 전략적으로 관리해온 중국과는 달리 미국은 매우 취약한 구조다. 어디가 어떻게 약한지조차 파악하기가 어렵다. 산업 구조가 과다하게 금융 및 서비스에 편중된 것이 문제다. 여기에 정치 체제가 국민의 불만 여론에 민감하여 일관된 정책, 일관된 전략을 굳건하게 펼쳐나가기 어려운 상황도 불리하게 작용할 것이다. 기업과 경제계는 단기적 이익에 급급하여 인내를 요구하기 어렵다.

물론 중국이라고 해서 약점이 없는 것이 아니다. 중국은 그간 절제 없이 진행해온 과다 투자, 그로 인한 과잉 생산 상태를 해소해야 한다. 그래서 이번 트럼프와의 관세 전쟁을 국내 과잉 생산 공급망 구조 조정에 이용할 가능성도 배제할 수 없다. 이 과잉 생산 해소는 필연적으로 공급망 축소가 필요한데 이 시점에서 미국 시장이 닫히는 것은 뼈아픈 일이다. 경제의 한 축을 담당해온 부동산 및 인프라 투자도 한계에 부딪혔다. 미중 갈등이 장기화하면 중국 내부의 모순도 한계를 향해 달려갈 것이다.

이렇게 미중 양측의 갈등은 치킨 게임의 양상을 띠고 있다. 미중 양국은 점점 디커플링되는 상황을 면하기 어렵다. 중국은 시간이 자신의 편이어서일 것이고 트럼프는 더욱 중국을 압박해야 하기 때문이다. 미국 보수 엘리트들은 필요하다면 중국과의 디커플링을 불사해야 한다고 하는데 필자가 보기에는 중국이야말로 미국과의 디커플링을 불사할 각오가 되어 있다. 게다가 장기간에 걸쳐 준비해왔다. 그 대표적인 증거가 내순환 경제다.

중국에서 내순환 경제에 대한 공감대는 이미 2008~2009년에 형성된 것으로 보인다. 이 당시 내순환 위주 경제로 전환해야 한다는 여러 내부 제언이 있었지만 중국은 시행하지 못했는데, 필자는 아마도 당시 권력을 새로 잡은 시진핑 그룹이 권력 및 이권을 장악하는 과정이었기 때문이라고 추측한다. 이제 중국은 미중 갈등을 맞이하여 이미 대외 경제 비중을 당시의 70% 대에서 38% 수준으로 낮추었으며 중국의 미국 수출 비중도 2017년 21.6%에서 2024년 13.4%로 감소했다. 중국은 지난 수년간 미국과의 충돌에 대비해온 것이다. 중국이 일관되게 말하는 "대화하겠다면 문은 열려 있다. 싸우자면 끝까지 맞서주마! 谈, 大门敞开; 打, 奉陪到底!"[326]에서 보듯이 중국의 태도는 명확하다.

중국은 디커플링되면 미국 없는 세상을 만들고 싶다

중국은 미국 일방주의에 다자주의라는 명분으로 글로벌 협력 대항 체제 구성을 도모하고 있다. 트럼프 행정부가 WTO 체제를 사실상 배제하는 것도 그간 미국 주도로 구성된 글로벌 자유무역 체제를 미국 스스로 비난한다는 점에서 명분이 서기 어렵다. 자국에 유리하면 글로벌 자유무역이고 자국에 불리하면 배제하는 태도는 글로벌 리더 국가로서 정정당당하지 못하다.

트럼프는 지금 약탈적 접근 방식을 보인다. 그의 추진력과 속도에 당황한 많은 국가가 무릎을 꿇었다. 그러나 상대를 힘으로 굴복시켜 양보를 이끌어내는 것은 리더십이 아니다. 그리고 압박은 장기적으로는 효과적인 전략이 될 수 없다. 판허린潘鶴林은 중국이 아예 반미 동맹을 결성하고 주도해야 한다고 주장한다. 이 동맹으로 미국을 글로벌 무역 시스템에서 쫓아내야 한다는 주장이다. 저우샤오밍周晓明✖은 중국이 상하이 협력기구Shanghai Cooperation Organization, SCO 회원국 및 BRICS 국가들과 동맹을 맺어 트럼프의 관세에 맞서 싸울 수 있다고 주장했다. 중국의 전문가들은 중국이 BRICS, SCO를 통해 개발도상국과 동맹을 맺으라고 제안하기도 했다.[327]

중국은 EU, RCEP◆, CPTPP■, 한중일 FTA 등 다자간 협력 체제를 추진하며 동시에 러시아, BRICS, SCO, 북한, 일대일로 연안 국가, 글로벌 사우스 국가들과 협력을 강화해나가고 있다. 세계는 이제 글로벌 단일 시장에서 적어도 미국이 이탈한 시장 체계로, 또는 복수의 지역 블록화된 시장 체계로 전환되고 있다. 그것은 원가 우위의 영향이 감소하는 상황을 의미하며, 따라서 집중화 전략 또는 차별화 우위가 중요해지는 세상이 온다는 것을 의미한다.

중국은 이제 '미국 없는 세상', 아니 '미국 없는 글로벌 시장'을 꿈꾸기 시작했다. 가치투자자인 리루가 지적했듯이 시장은 규모를 통해 자연독점화 되며 글로벌 시장은 지구상 최대의 시장이다. 중국은 지금까지 미국의 제재로 이 글로벌 시장에서 디커플링되지 않기 위해 갖은 노력을 해왔다. 그런데 지금 트럼프의 고관세는 상황 진전 여하에 따라 '미국이 스스로 디커플링' 될 수 있는 것이다. 그러므로 중국은 이제 미국 없는 글로벌 시장의 기회를 보고 있고 이에 대해 데이비드 루빈David Lubin⊙은 중국이 이 시기를 최대한 활용하려는 조짐이 보인다고 말했다.

최근 중국에서는 중앙 주변 업무 정치국 회의가 최초로 베이징에서 열렸다. 시진핑을 비롯한 중앙위원회 정치국 상무위원 7명이 모두 참석했다.[328] 이 회의에 대한 관영 매체의 보도 내용은 알맹이가 없지만 중요한 것은 '주변 업무', 즉 '주변 국가들에 대한 전략 및 정책'이 별도의 정치국 회의로 성립할 정도로 우선순위가 상승했다는 사실이다. 그간 중국은 주로 BRICS 등 글로벌 사우스 국가들에 집중해왔는데 정책 순위가 주변 국가로 향한 것이다. 이는 결코 미국이나 한국에 좋은 신호가 아니다. 중국의 글로벌 포석이 상당 정도 이루어졌으며 앞으로 아시아 지역에 노력과 자원을 집중한다는 뜻이기 때문이다.

미국을 제외하고 중국이 가장 중요하게 생각하는 경제 지역은 EU, RCEP, CPTPP, 그리고 BRICS와 SCO다. 이 중 중앙 주변 업무 정치국 회의가 집중할 대상은 RCEP와 CPTPP다. RCEP는 중국과 동남아 15개 국가[329]의 자유무역협정으로 3개 제로(제로 관세, 제로 장벽, 제로 차별)라는 목적을 가지고 있다. 90%의 상품이 무관세이며 향후 10~20년 내에 제로 관세를 달성하고자 한다. 중국으로서는 이미 확

- 중국의 저명한 경제학자이자 디지털 경제 및 기술 정책 전문가. 중남재경정법대학교 디지털 경제 연구소 소장 및 칭화대학교 객원 연구원.
- 중국의 저명한 경제 칼럼니스트이자 논평가.
- 지역포괄적 경제동반자협정(Regional Comprehensive Economic Partnership).
- 포괄적·점진적 환태평양경제동반자협정(Comprehensive and Progressive Agreement for Trans-Pacific Partnership).
- 영국의 저명한 경제학자. 영국 왕립 국제문제연구소(Chatham House) 글로벌 경제 및 금융 프로그램에서 마이클 클라인 선임 연구원(Michael Klein Senior Research Fellow)으로 활동 중이다.

보한 시장이다.

CPTPP[330]는 원래 일본이 주도하여 미국의 지원을 얻어 중국을 배제하려는 경제 블록 TPP였다. 그러나 2017년 1월 트럼프 행정부가 거부하자 일본을 중심으로 나머지 11개국[331]이 협정을 재구성하여 CPTPP를 체결하게 되었다. 이 CPTPP에는 중국을 배제하기 위해 상품 및 서비스 무역, 투자, 지식 재산권, 전자상거래, 노동 및 환경 기준 등 중국이 받아들이기 어려운 조건을 걸었다. 우리나라와 중국은 모두 가입 신청을 한 상태이며 아직 가입하지 못했다.

중국은 어떻게 가입 조건을 돌파하려고 할까? 그것은 중국의 자유무역시험구 정책에서 엿볼 수 있다. 중국은 현재 전국 22개성에 자유무역시험구를 설치했다. 각각의 자유무역시험구는 $120km^2$ 정도의 면적을 차지하며, 성마다 3개 정도의 자유무역시험구가 있다. 이 자유무역시험구 안에는 CPTPP의 요구 조건인 제로 관세, 제로 보조금 구역 등을 구현하고 있다. 그리고 자유무역시험구 각 지점에서 다른 지점을 네트워크로 연결해나갈 계획이다. 이렇게 되면 중국 전역에 걸쳐 CPTPP 조건을 충족하는 구역이 네트워크를 이루게 된다. 바로 점-선-면 전략이다.

조건이 성숙되면 중국은 국가로서가 아니라 CPTPP의 가입 조건 중 하나인 '지역'의 자격으로 가입하려는 것으로 생각된다. CPTPP의 가입 조건인 '국가' 또는 '지역'은 원래 대만과 홍콩을 고려한 것이다. 중국은 이 조건을 거꾸로 활용하여 중국 전체가 아니라 자유무역시험구 '지역' 자격으로 가입하고 사실상 그 혜택을 모두 받으려는 것이다. 중국이 EU, RCEP, CPTPP, BRICS, SCO와 협력을 완성하면 그야말로 '미국 없는 세상'이 완성된다. 우리가 넋놓고 있으면 언제 이 세상이 우리에게 닥쳐올지 모른다.

중국은 내순환 경제로
디커플링을 견딜 수 있다

　트럼프는 미국이 더 많이 생산하기를 원하고, 중국은 국민이 더 많이 소비하기를 원한다. 누구나 다 중국은 내수 경제를 키우고 진작시켜야 한다고 말한다. 필자는 이런 말들에 대해 이는 학부모가 학생에게 공부하라는 말과 똑같다고 설명한다. 즉 공부해야 한다는 것을 모르는 학생이 없듯이 중국이 내수 위주의 경제로 전환해야 한다는 것도 누구나 다 아는 말이다. 관건은 효과적인 방법을 찾는 일이다.
　중국 정부는 전시 상황 대비 태세는 갖추었다. 1년 이상 장기간 버틸 수 있는 식량, 에너지, 보급 체제, 운수 체제, 금융 체제, 농촌 공급망 등을 모두 정비하고 갖추었다. 산업 시각에서 보면 첨단 반도체 같은 일부 하이테크 제품을 제외하면 모두 자국 내에서 자급자족이 가능하다. 류허 전 부총리의 말대로 아파트 단지 내에서 채소를 심고 베란다에서 닭을 키울 수 있는 곳이 중국이다. 그러나 이런 전시 비상 체제가 아니라 미국에 의해 무역로가 봉쇄되더라도 중국의 경제 체제는 큰 문제없이 작동할 수 있다. 디커플링이 철저하게 이루어진다 해도 중국은 대비가 되어 있는 것이다. 그러면 중국이 디커플링 상태에서 제대로 경제가 돌아갈지 알아보자.

2019년 한때 중국의 소매 판매액이 미국과 매우 근접했고, 심지어 개별 월별로는 미국보다 더 높았었다. 당시 중국이 세계 최대 소비 시장으로 부상할 것이라는 이야기가 전 세계 언론에서 뜨거운 화제가 되었다. 그러나 2020년 이후 중국과 미국 간의 소비 격차는 다시 벌어져 2024년에는 미중 소비 격차가 GDP 비율 기준 20%p를 넘어설 것으로 추정되었다. 여기에는 팬데믹이 결정적 영향을 끼쳤고 공급 과잉의 경제 체제 모순이 컸다.

중국금융포티포럼CF40은 '2025년 1분기 거시정책 보고서'에서 트럼프의 관세 정책이 중국 경제에 미치는 영향이 2분기 이후 서서히 나타날 것이라며, 5가지 측면에서 대응 방안을 제시했다.[332] 첫째, 내수 확대를 가속화하고, 둘째 주식 및 외환 시장을 안정시키고, 셋째 협상의 문을 열되 미국의 '극단적 압력'과 '과도한 조건'에 대응해야 한다고 제안했다. 네 번째는 피해를 입은 기업에 필요한 구제책을 제공하는 것이고, 다섯 번째는 기업이 수출에서 내수로 전환할 수 있는 더 나은 환경을 조성하는 것이다. 실제로 이런 건의는 모두 정책화되었다. 다만 내수 확대는 아직 확실한 성과를 보지 못하고 있다.

왕타오는 국가 통합 시장, 사회보장 제도, 민간 부문 발전, 고용 보호 등 리창 총리의 연설에서 언급된 광범위한 모든 사안은 장기적으로 더 중요하다고 했는데 이 말은 중국식 화법으로 리창이 제시한 정책이 효과를 보려면 장기간이 걸린다는 의미다. 왕타오는 부동산 시장이 안정화되지 않았고 소비자 신뢰도가 여전히 낮다고 지적했다. 그녀는 관세가 부과되면, 앞으로 어떤 일이 일어날지 모르니 정책이 중심이 되어야 하고 국민이 가계 소득이 증가했다고 느끼게 해야 한다고 주장했다.

장빈张斌*은 수요 부족 상황을 벗어나 소비자물가지수를 2% 내외의 적정 인플레이션 수준으로 회복하기 위해서는 GDP가 5조~6조 위안 규모의 수요 격차를 메워야 한다고 말했다. 소비만으로 이 격차를 메우려면 소비 성장률이 15% 이상에 도달해야 한다. 현재 상황에서 이러한 높은 소비 성장률을 구현하려면 소득이 훨씬 더 급격하게 증가해야 하는데, 이는 분명히 비현실적이다.

여기에 대해 중국은 5% 성장을 유지할 수 있는 정책적 수단이 있다고 주장하는 이들이 있다.[333]「신화통신」은 인공지능, 로봇공학, 신에너지, 스마트 제조 등 분야의 호황이 고품질 개발의 장기적인 잠재력을 열어줄 것이라고 했다. 물론 딥시크 모먼트 이후 중국 사회가 신질생산력으로 대표되는 혁신 기반 경제에 전향적인 자세를 갖게 된 것은 사실이지만 가시 기간 내에 성과를 낼 수 있을지는 의문이다.

미중 무역 협상은 당분간 어떤 결과가 나올지 예상하기 어렵다. 따라서 외부 충격이 더 심해질 경우 중국 정부는 2025년 내내 추가

적인 정책 지원을 내놓을 것으로 예상된다. 루이스 쿠이스Louis Kuijs✖
는 이에 대해 중국이 과거 절제된 경기 부양책을 시행해온 것은 계산
에 따른 것이지, 실수가 아니었다고 지적했다. 즉 앞으로 중국 정부가
더욱 대규모 경기 부양책을 내놓을 것이라는 뜻이다. 루비 오스만Ruby
Osman◆도 중국은 의도적으로 정책을 유보해두었다[334]고 분석했다.

샹송쭤는 모두 중국 내수를 진작해야 한다고 말은 하지만 중국 국
민의 GDP 대비 소득은 글로벌 주요 경제체 중 가장 낮으며 심지어
인도나 브라질보다도 낮다고 지적했다. 중국 국민의 GDP 대비 가처
분 소득 총액은 40% 정도로 다른 나라들의 60% 이상 수준에 비해
현저하게 낮아 국민이 소비할 소득이 없다는 것이다. 그래서 샹송쭤
는 수출 기업에 대한 면세, 비용 면제, 또는 보조금 등은 근본적인 해
결책이 될 수 없다고 지적한다. 샹송쭤는 2025년 중국의 수출은 가
장 낙관적인 관측하에서도 최소한 10~15% 하락을 면치 못할 것으
로 본다. 쉬진徐瑾■은 과거에 이 문제에 대해 다음과 같이 말했다. "소
비를 장려할 필요가 없다. 사람들은 돈이 있으면 자연히 소비를 한
다. 소비를 장려하는 것은 합리적으로 들리는 공허한 슬로건에 불과
하다."[335]

필자는 팬데믹 기간 3년 동안 중국 현지에서 갇혀 살았다. 매일 검

● 중국 사회과학원 세계경제정치연구소 부소장.
✖ S&P 글로벌 레이팅스(S&P Global Ratings) 아시아 태평양 수석 이코노미스트.
◆ 토니 블레어 글로벌 체인지 연구소(Tony Blair Institute for Global Change, TBI) 중국 전문가이자 정책 고문.
■ 중국의 저명한 경제학자, 칼럼니스트, 저술가. 「파이낸셜타임스」중국어판(FT中文网) 금융 섹션 주필.

사를 받아야 했고 모든 경제 활동은 중단되었다. 필자가 현지에서 느끼는 중국인의 소비 패턴은 이렇다. 우선 중국 경제가 수십년에 걸쳐 고도 성장을 해오다 보니 고도 성장이 당연한 사회가 되어버렸다. 그런 사회에서는 인플레이션도 높다. 미래 기대 소득도 높다. 그래서 사람들은 자신의 능력이 허용하는 최대한의 미래형 자산에 투자를 한다. 그리고 일반인에게 가능한 투자 대상은 바로 부동산과 주식이다. 부동산은 자신의 주거 수요, 자녀의 교육 수요, 부모의 부양 수요와도 직결된다. 따라서 일차적으로는 부동산에 그다음에는 금융 자산에 투자한다.

지표로는 어떻게 나타날지 몰라도 필자는 적지 않은 중국인이 수 채에서 수십 채, 경우에 따라서는 백 채가 넘는 부동산을 보유한 것을 보았다. 중국의 부동산은 대체로 선금 20~30%를 자신의 돈(또는 남의 돈을 빌려서)으로 지불하고 나머지는 모두 은행에서 융자를 받는다. 하지만 월세가 은행 이자를 초과하기 때문에 걱정이 없었다. 그래서 급여가 얼마 되지 않는 사람도 급여보다 많이 소비하며 산다. 즉 지금까지 중국인이 소비하는 양식은 그들의 근로 소득이나 사업 소득이 그만큼 많아서가 아니라 미래 기대 소득이 크기 때문이었다.

자산 버블이 무너지면 기대 투자 소득이 줄어들고 심지어 마이너스로 전환된다. 그렇게 되면 일거에 소비를 대폭 줄여야 한다. 더구나 경기 전망이 불투명하고 직업 안정성이 낮아지면 더욱 만일의 상황에 대비한 저축을 늘려야 한다. 지금 중국은 부동산 담보 대출금을 서둘러 미리 갚는 사람이 지속적으로 늘고 있다. 모두 리스크를 줄이고 대폭 낮아진 기대 소득에 대응하는 것이다. 따라서 부진한 소비 뒤에는 낮은 소득이 있다. 고용이 없으면 소비 자체가 없다. 반대로 소비를 유지하려면 고용이 향상되어야 한다. 많은 사람에게 소비, 소득, 고용은 삼위일체다. 궁극적으로 중국 내수 경제 회복은 민간 기업이 상황에 대한 신뢰를 회복해야 가능하다.

현 중국 경제 정책에서 고용은 최우선 과제다. 왕샤오핑王晓萍 인적자원사회보장부 부장은 2025년 1,220만 명의 대학생이 졸업하고, 빈곤 탈출을 위해 일하는 사람의 수는 3,000만 명을 넘을 것이며, 많은 농민공이 안정적인 일자리를 찾아야 한다고 했다.[336] 2025년 3월 기준으로 도시 조사 실업률은 5.2% 내외이고 16~24세 청년층의 도시 실업률은 16.5%다. 그래서 중국 정부는 도시 실업률을 약 5.5%로 유지하기 위해 1,200만 개의 도시 일자리를 창출할 계획이다. 그러나 대학에서는 졸업을 미루고 직업 훈련을 받는 이들을 실업 통계 대상에서 제외하고 소위 탄력 근무[337]를 하는 인원이 수천만에서 1억 이상으로 추정되는 이상 실제 실업은 더 심각하다고 보아야 한다. 재무부 자료에 따르면 2024년 증치세 수입은 전년 대비 3.9% 감소하여 재무부의 예상치보다 거의 8% 낮은 것으로 나타났다.[338] 이렇게 내수가 풀리지 않으니 고용도 어려운 것이다.

장청강张成刚●은 노동집약적 산업을 지원하여 고용을 흡수하고 안

● 중국의 저명한 노동경제학자. 중국 신고용형태연구센터(中国新就业形态研究中心) 소장 겸 수도경제무역대학교(首都经济贸易大学) 노동경제학원 부교수.

정시키는 것, 신기술 적용과 일자리 전환을 조정하는 것, 새로운 고용 기회를 창출하는 것이 불가피하다고 했다. 하지만 노동집약적 산업은 부가가치가 낮아 지금의 과잉 생산 구조의 중국에서 지원하기 쉽지 않다. 하이테크 산업은 중국 사회에 필요한 만큼의 고용을 제공하지 못한다. 결국 지금 당장은 기존 전통 산업에 더 수요를 공급할 수밖에 없으며 그중에도 내수를 일으키는 방법 외에 없다. 중국 정부가 이구환신 보조금 정책으로 자동차와 가전제품의 소비를 늘리는 것이 그 예다. 하지만 이구환신은 미봉책이다. 민영 기업이 투자할 만큼 긍정적인 내수 성장을 기대할 수 있어야 한다. 그리고 이를 위해서는 정부 주도의 단발성 인프라 투자가 아니라 기업 주도의 영속적 사업 투자가 이어지는 선순환 구조를 만들어야 한다.

가처분 소득을 늘리는 한 가지 방법은 국가의 사회 안전망을 확대하는 것이다. 진찬룽도 공공 자원의 배분과 조정을 통해 주택, 의료, 교육, 연금 등 네 가지 핵심 분야의 문제를 근본적으로 해결할 수 있다며 복지 개선과 국민 생활 투자 확대를 통해 내수 수요를 창출하고 내수 순환을 실현할 수 있다고 주장했다.

샹송줘는 중국 주식 시장에서 국민이 돈을 벌게 해주는 것이 관건이라고 말하는데 이는 매우 흥미로운 발상이다. 개인의 수입이 늘고 사회보장을 위한 기금의 수익이 증가하면 사회 전반적인 희망이 커지며 소비 마인드가 돌아온다. 여윳돈이 조금 생긴 중국 국민이 돈을 버는 방법은 부동산과 주식 중 주식이다. 샹송줘는 부동산은 중국 정부가 최선을 다한 결과가 지금이기 때문에 기대하기 어렵다고 본다. 그래서 주식뿐만 아니라 채권 시장, 보험 시장 같은 자본 시장이 중요하다는 것이다. 반면 금과 같은 현물 자산은 권하지 않는다. 그리고 그는 이러한 위기에서 기회를 찾을 수 있는 가능성은 민영 기업 외에 기대하기 어렵다고 본다. 즉 샹송쥐는 국민이 근로 소득으로 돈을 벌 수 없으니 자본 시장, 서비스 산업에서 돈을 벌 수 있도록 해주어야 한다고 보는 것이다.

중국처럼 자본 투자가 큰 국가는 신규 투자 투입을 줄여 미투자 여유 자본을 기존 산업에 투입하도록 유도하는 것이 하나의 전략이 될 수 있다. 중국식으로 표현하면 투자 수요에 신규 자본을 새로 투입하는 것을 증량增量●이라고 한다. 이 증량을 하기보다는 기존 시장 내에 이미 존재하는 자본 즉 존량存量✖을 활용하면 증량하려던 투자를 국민의 소득을 올리는 데 사용할 수 있다. 이렇게 증량을 최적화하고 존량을 활성화하는 관계를 잘 조율하는 것이 시진핑 경제 사상[339]의 중요 내용이다.[340] 자원 배분 효율을 높이기 위해서는 증량을 질적으로 향상시키고 존량을 활성화해야 한다는 것이다.

중국의 존량은 얼마나 될까? 1차 산업은 주로 농업으로 집체 소유제이며 산업 자산으로서의 가치가 작다. 2023년 말 기준 2차 산업 법인 자산은 252조 1,000억 위안, 3차 산업 법인 자산은 1,187조 위안에 달한다. 자산 중 활용이 가능한 것은 주로 금융 자산과 부

● 일반적으로 특정 기간에 새로 추가된 수량이나 규모를 의미한다.
✖ 일반적으로 특정 시점에 존재하는 총량을 의미하며, 장기간에 걸쳐 축적된 것을 의미한다.

동산이다. 금융 자산은 505조 9,000억 위안, 부동산 자산은 169조 5,000억 위안 정도다. 제7차 전국 인구 조사 데이터에 따르면, 2020년 중국 가구 주택 건축 면적 존량은 500억m²를 넘었는데 이 존량은 수요를 훨씬 능가한다.

존량을 활성화한다는 것은 자금, 토지, 설비, 기술, 인재 등 기존 경제 자원을 최적화하고 재구성하여 그 가치를 높이고 더 큰 효과를 창출하는 것을 의미한다. 존량 - 증량 분석의 시각으로 보면, 중국 경제는 기존의 증량 중심 성장에서 존량을 조정하고 증량을 최적화하는 성장으로 변화를 겪고 있다. 현재 중국의 존량 자원은 과잉 요소가 많다. 존량이 과잉이면 당연히 증량해서 자원을 투입하기보다는 존량을 구조 개혁해야 한다. 잘만 할 수 있다면 그야말로 꿩 먹고 알 먹는 것이다. 이렇게 존량의 생산 능력을 줄여서 다른 곳에 활용하는 것을 중국 공산당식으로 표현하면 바로 '공급 측 개혁'이다.

중국 국무원은 '존량 자산의 활성화와 유효 투자 확대에 관한 의견'을 발표하고, 존량 자산의 활성화 방식을 최적화하고 개선하기 위한 관련 조치를 제시했다. 즉 기존 사업 구조 조정 방법을 지시한 것이다. 여기에는 부동산 투자 신탁 기금의 '건전한 발전'을 촉진하고, 정부와 '사회 자본'의 협력을 '규범화'하고 질서 있게 추진하며, '재산권 거래'의 규범화를 적극적으로 추진하며, '국유 자본 투자 및 운영' 회사의 기능을 발휘하고, 존량의 활성화와 '개축 및 확장을 유기적으로 결합'하는 방안을 모색하는 내용이 포함되어 있다. 이는 무슨 뜻일까? 쓸데없이 벌여놓은 부동산을 투자 신탁으로 돌리거나 재산권을

(좋은 조건에) 양도하여 다른 목적으로 쉽게 사용할 수 있도록 하라는 말로 해석된다. "자산 관리와 부채 관리를 통합 조정한다. 자산과 부채는 어느 정도는 동전의 양면과 같다. 존량을 해소하면 리스크가 노출될 가능성이 있으므로, 시스템 리스크가 발생하지 않도록 단단히 방어해야 한다"라는 말도 알기 쉽게 바꾸면 자산을 매각하여 부채를 갚으라는 것이며 이때 숨겨져 있던 부실이 드러나니 시스템 리스크(중국 정부가 시스템 리스크라고 할 때는 금융 리스크를 말한다)가 발생하지 않도록, 즉 부실이 폭로되고 문제가 되지 않도록 하라는 뜻이다.

중국 정부는 또한 존량 '무형자산'의 활성화에 큰 관심을 기울여야 한다고 했다. 그러면서 존량 무형자산의 활성화와 과학기술 성과 전환 효율의 향상은 본질적으로 일체적이라고 했다. 이것은 지금까지의 제조업 중심 산업 구조를 하이테크 혁신 기술 산업 구조로 전환하겠다는 의지의 표명이다. 또한 잠재적으로는 제조업 중심의 중국 산업을 서비스업 중심으로 개혁한다는 뜻이기도 하다.

그러면서 중국 정부는 증량 최적화가 전체 자원 배분 효율을 높이는 전제 조건이라고 말한다. 그들이 제시한 증량의 질을 높이는 판단 기준은 세 가지다. ① 방향에서는 주로 차세대 과학기술 혁명과 산업 변혁의 심화 발전 대세에 적응하고 이를 선도할 수 있는지, ② 공급 측면에서는 주로 신질생산력의 요구에 부합하는지, ③ 수요 측면에서는 주로 국민 대중의 날로 증가하는 더 나은 생활에 대한 요구를 충족하는 데 도움이 되는지 여부다. 그러니 중국 정부가 앞으로 미국과 경쟁해나갈 구체적인 정책 방향이 과학기술 혁신에 있음을 재확인할 수 있다.

2025년 5월 리창 총리는 '심각한 영향을 받고 있는' 국제 경제 및 무역 질서 속에서 새로운 정책 수단을 검토 중이라고 자카르타에서 열린 중국 기업들과의 심포지엄에서 밝혔다.[341] 그 내용이 무엇인지는 아직 알려지지 않았지만 새로운 정책 도구, 일부 '비전통적 조치'를 포함해서 상황에 따라 도입하겠다는 것이다. 아마도 중국 기업의 해외 진출이리라 예상되지만 결과는 두고봐야 할 것이다.

신질생산력과 희토류로
과학기술 혁신 경쟁에서 승리한다

신질생산력新质生产力은 우리나라에서 자주 새로운 품질 생산력이라고 번역되는데, 필자가 볼 때 응당 '양적 생산력'의 상대 개념으로서 '질적 생산력'으로 전환하고자 하는 의미임을 고려할 때 차라리 '신질생산력'이라고 번역하는 것이 마땅하다고 본다. 신질생산력은 공산당식 단어로 표현되어 그 뜻을 알기 어렵지만 간단히 말해 과학기술 혁신을 통해 미래형 산업으로 나아간다는 정도의 의미로 해석할 수 있다.

신질생산력이라는 정책은 시진핑 주석이 '공급 측 개혁' 이후 '고품질 발전'이라는 개념을 주장한 후에 나왔다. 고품질 발전 역시 기존의 양적 확대를 통한 경제 발전에서 질적 발전을 강조하여 나온 말이다. 이것이 다시 신질생산력이라는 말이 된 것은 '생산' 측면을 부각한 것으로 짐작된다. 시진핑과 중국 공산당이 주창하는 신질생산력을 가장 잘 설명한 사람이 황치판이다.[342]

중국은 이제 더이상 양적 성장 방식으로는 발전할 수 없다

황치판은 신질생산력이 일반적인 경제 성장이 아니라 전통적인 생산력 발전 경로에서 벗어난 도약이며 중국식 현대화를 달성하는 데 중요한 물질적, 기술적 기반이라고 지적했다. 그는 '비연속성' 개념을 강조하기도 했는데 말하자면 신질생산력은 중국이 지금까지 해온 고도 경제 성장의 연속선상이 아니라 그 성장 곡선을 파괴하고 뛰어넘는 개념이라는 뜻이다.

황치판은 한 국가가 경제와 생산력을 발전시키는 데 네 가지 방법이 있다고 제시한다. 첫 번째는 자본 투입, 노동력 증가, 천연자원 개발 같은 지속적인 요소를 투입함으로써 생산이 소비를 초과하여 잉여와 축적을 창출하는 것이다. 두 번째는 국제 무역에서 순 수출을 형성하거나 외국의 투자를 유치하는 등 국제 경제 협력을 통한 것이다. 세 번째는 외국의 무력 정복과 식민지화 등으로 다른 나라의 자원과 부를 약탈하는 것이다. 네 번째는 과학기술 발전과 자원 요소의 최적 배분으로 총 요소생산성을 높여 경제 성장을 촉진하는 것이다.

첫 번째 방법은 최근 들어 중국의 자본, 토지, 노동 같은 요소의 가격이 계속 상승하면서 비교 우위가 더이상 중요하지 않게 되었다. 게다가 부동산과 인프라 투자에 의존하는 투자 중심, 부채 중심 성장 모델은 이제 더이상 가능하지 않다. 두 번째 방법은 지금의 관세 전쟁을 불러일으켰다. 세 번째 방법인 식민지나 전쟁 등은 현대에서는 불가능하다. 따라서 남은 방법은 과학기술 발전과 자원 요소의 새로운 배분으로 총 요소생산성을 높이는 것이 유일하다.

많은 사람이 중국이 통화를 확대해야 한다거나 경기 진작책을 써야 한다고 말하지만 실제 하나하나 따져보면 중국 경제가 이제는 그런 방식으로 성장하기는 어렵다. 그 이유 중 하나가 중국의 인구 감소다. 중국은 과거 끝없이 저가 노동력을 제공했지만 앞으로는 인구 효과가 역방향으로 작용하기 시작할 것이다. 또 자원도 글로벌 생산량의 30%에 달하는 수준을 생산하는 중국이 글로벌 자원의 50%를 소비한다. 더 많은 생산을 위해 더 많은 자원을 소비하는 방식은 급격하게 비용 상승과 비효율을 초래할 것이다. 자본의 경우 중국은 지난 2년 동안 M2•를 연간 20조 위안씩 늘렸는데도 주식 시장이 움직이지 않았고, 집값도 오르지 않았고, 원자재 가격도 민감하게 반응하지 않았다.

이 모든 현상은 하나의 결론을 나타낸다. '중국은 이제 더이상 양적 성장 방식으로는 발전할 수 없다'는 것이다. 이것이 바로 시진핑

• 현금과 예금, 쉽게 현금화할 수 있는 자산을 포함한 광의통화(廣義通貨).

이 신질생산력을 내세우는 배경일 것이다. 황지판은 현재 중국의 총요소생산성 증가율은 미국과 유럽 선진국의 40~60%에 불과해 성장할 여지가 많이 남아 있지만 기술 혁명이 없이 내재된 양적 변화만으로는 개선하기 어렵다고 지적했다.

그렇다면 신질생산력을 실현하기 위해서는 무엇을 어떻게 해야 할까? 사실 중국 정부는 기존 정책에서 소위 9대 전략 신흥 산업●과 6대 미래 산업✖을 이야기해왔다. 황치판은 신에너지, 신소재, 디지털 스마트 기술, 바이오 의약, 첨단 장비 제조 등 5개 분야에 주력해야 한다고 말한다. 황치판이 예시한 5개 분야의 공통점은 다른 산업과 연관 효과가 엄청나고 다른 산업을 지금과는 다른 형태로 변환시키는 효능이 있다. 그리고 그 변환 결과는 신질생산력과 다름없다. 이것은 생산형 서비스와도 연계되는 개념이다.

신질생산력을 추진하기 위해 도입된 지표가 바로 생산형 서비스의 GDP 비중이다. 생산형 서비스는 이발, 안마 같은 일상생활형 서비스가 아니라, 정보 통신 서비스, 물류 서비스, 반도체 설계 등 산업 가치 사슬에 부가가치로 작용하는 서비스를 말한다. 그는 생산형 서비스 산업은 제조업의 이익, 산업 부가가치의 높고 낮음, GDP의 내용을 결정한다고 말한다. 예를 들어 애플은 직접 휴대폰을 생산하지

● 차세대 정보 기술, 생명공학, 신에너지, 신소재, 첨단 장비, 신에너지 자동차, 녹색 환경 보호, 항공우주, 해양 장비 및 기타 산업.
✖ 사이버네틱스, 양자 정보, 유전자 기술, 미래 네트워크, 심해 및 우주 개발.

않지만 전체 가치 사슬을 장악하기 때문에, 다시 말해 생산형 서비스를 제공하기 때문에 높은 수익을 취한다고 본다. 황치판은 중국의 생산형 서비스 비중을 27%, 유럽은 40%, 미국은 50%로 추정한다. 두 번째 지표는 수출입 무역에서 서비스 무역이 차지하는 비중이다. 세 번째 지표는 고급 장비, 고급 제품 최종 가치의 비중이다. 네 번째 지표는 신질생산력을 대표하는 유니콘 기업의 비율이며, 다섯 번째 지표는 총 요소생산성이 GDP 성장에서 차지하는 비중이다. 황치판에 따르면 중국은 생산량을 늘려 재화를 획득하는 유형의 산업을 지양하고 서비스 고부가가치 산업으로 이전해야 한다. 그리고 그 수단은 과학기술 혁신 외에 없다. 따라서 향후 중국은 과학기술 개발에 전 국력을 투입할 것으로 예상할 수 있다.

생산형 서비스 산업

중국은 이미 세계 제조 산업의 35%가량을 점유하고 있다. 본질적으로 이렇게 한 나라가 대규모로 세계의 제조업을 점유하고 있으면 충돌이 일어날 수밖에 없다. 중국이 산업 정책 방향을 서비스로 잡는 것은 어찌 보면 당연한 귀결이다.

중국의 상품 무역이 6조 달러인 데 비해 서비스 무역은 3,000억 달러 수출에 5,000억 달러 수입으로 도합 8,000억 달러 규모다. 상품과 서비스를 합하여 무역 총액은 6조 8,000억 달러 정도다. 그런데 서비스 무역이 1조 달러라면 GDP 기여는 7,000억 달러에 달하는 데 비해 상품 무역이 1조 달러라면 GDP 기여가 3,000억 달러 정도에 불과하다. 선진국의 서비스 산업은 부가가치가 높고 기술 함량이 높은 생산형 서비스다. 그래서 서비스 규모가 1,000억 달러라면 그중 700억~800억 달러의 GDP 기여를 보인다.

황치판에 따르면 중국은 개혁개방 이래 생산형 서비스 10%, 생활형 서비스 25%를 합쳐서 서비스가 GDP의 35% 정도를 차지했고 50%가 공업, 15%가 농업이었다고 한다. 중국은 현재 공업이 38%, 농업 8%, 나머지 54%의 서비스 산업에서 생산형 서비스는 28%를 차지하는 수준으로 성장했다. 향후 십수 년이 지나면 중국의 생산형 서비스가 35%~40% 수준으로 성장할 것으로 내다보았다.

황치판은 향후 중국의 하이테크 기업은 생산형 서비스를 지향해야 한다고 주장한다. 산업마다 10개 정도의 생산형 서비스가 붙어 이른바 '1+10'을 형성하고 해당 산업의 생산성과 부가가치를 혁신적으로 높여주어야 한다는 것이다. 그래서 그는 유니콘 기업들이 제조, 공업 분야뿐만 아니라 서비스 분야에서 나와야 한다고 주장한다.

중국이 서비스로 경제 전략을 선회해야 하는 또 하나의 이유는 서비스에는 관세를 부과하기 어렵기 때문이다. 리처드 볼드윈Richard Baldwin●은 서비스는 세관을 통과하지 않기 때문에 관세를 부과하기

● IMD 비즈니스 스쿨(International Institute for Management Development) 국제경제학 교수.

어렵다고 지적했다. 일부 국가에서는 부가가치세나 법인세 같은 방법으로 서비스 수입에 세금을 부과하지만, 측정할 수 없으면 관세를 부과할 수 없다. 이것이 서비스에 관세를 부과할 수 없는 핵심 이유라는 것이다.[343] 즉 트럼프 관세를 회피하는 하나의 전략이다.

희토류 제재는 막을 방법이 없다

중국은 전 세계 희토류의 60%를 채굴하고 90%를 가공한다. 한마디로 중국은 글로벌 희토류 자원을 거의 장악하고 있다. 다른 국가들이 희토류 가공을 하지 않는 주된 이유는 후진국은 가공 기술이 없어서이고 선진국은 희토류 가공이 공해 산업이기 때문이다. 한 보고에 따르면 희토류 1톤을 생산할 때마다 먼지 13kg, 폐 가스 9,600~12,000m^3, 폐수 75m^3, 방사성 잔류물 1톤을 비롯해 유해 폐기물 2,000톤이 나온다.

중국은 희토류 채굴 및 가공을 지속해와서 지금은 전 세계 중 희토류 처리량의 99%를 차지하고 있다. 중국은 이번에 경 희토류에 대한 제한 조치는 취하지 않았는데, 이 분야는 처리하는 국가들이 제법 있다.

2022년까지 미국의 532개 주요 제품 카테고리가 중국 희토류에 의존했는데, 이는 2000년에 비해 무려 4배에 달한다. 중국이 희토류를 제재하는 미국 기업은 방위산업체 또는 첨단 기술 기업이다. 미국

전략 자원의 주요 활용 분야[344]

중 희토류	핵 원자로, TV 스크린, 광섬유
경 희토류	촉매, 항공기 엔진, 특수 자석
리튬	배터리, 의약품, 세라믹
망간	항공우주용 합금, 자동차 부품
갈륨	반도체, LED, 태양광 패널
스칸듐	항공우주 부품, 발전 장비, 메탈 할라이드 램프
비스무트	의약품 화장품, 저용점 합금
흑연	배터리 윤활제, 내화재
텅스텐	절삭 공구, 전자 기기, 중금속 합금

지질조사국 보고서에 따르면, 2020년부터 2023년까지 미국이 수입한 희토류 화합물 및 금속의 약 70%를 중국에 의존했다.

2023년 중국은 세계 1차 저순도 갈륨의 98%, 게르마늄의 60%, 안티몬의 48%를 공급한 것으로 추정된다. 미중 관계가 악화함에 따라 중국의 희토류 무기화 가능성은 상존했고 따라서 희토류 자원에 대한 세계의 우려는 깊어졌다. 중국은 필요하면 언제든 이 희토류로 미국을 압박할 수 있다. 특히 미국의 군사 산업과 반도체 등 하이테크 산업에 영향력을 행사할 수 있다. 중국이 미국에는 통제하는 희토류를 EU와는 협상에 사용하는 것을 보면 알 수 있다.

2024년 11월에 발표한 미국 지질조사국의 보고서에 따르면, 갈륨과 게르마늄 수출을 전면 금지할 경우 미국 GDP가 34억 달러 감소할 수 있으며, 그중 반도체 부문이 40% 이상을 차지할 것으로 나타났다.[345] 특히 안티몬과 그 화합물은 탄약, 적외선 미사일, 핵무기, 로켓 연소 억제제 생산에 사용되어 미국 방위산업에 불가피하게 영향을 미칠 것이라고 예상했다. CSIS는 중국이 안티몬 수출을 금지하고 미국이 전략 산업에 필요한 핵심 광물을 차단함으로써 관세 전쟁이 확대되는 것을 두려워하지 않는다는 강력한 메시지를 워싱턴에 보낸다고 했다.

2023년부터 중국은 갈륨, 게르마늄, 안티몬, 그래파이트, 텅스텐 등 전략 자원의 수출 제한을 미국에 가하기 시작했다. 2023년 12월 중국은 희토류 원소 채굴 및 분리 기술의 수출 금지 조치를 시행했다.[346] 중국 상무부와 해관총서는 텅스텐, 텔루륨, 비스무트 등 희귀 금속을 수출 통제 대상으로 지정하고 허가 없이 수출할 수 없다고 발표했다. 2025년 4월 중국 상무부는 트럼프의 관세 조치에 대응해 방위 산업, 에너지 산업, 자동차 산업에 사용되는 7종의 희토류 원소와 자석에 수출 제한 조치를 했다. 새로운 제한 조치는 17개 희토류 원소 중 7개(사마륨, 가돌리늄, 테르비움, 디스프로슘, 루테튬, 스칸듐, 이트륨)에 적용된다. 그리고 중국 상무부는 다시 미국으로 갈륨, 게르마늄, 안티몬 및 초경질 재료의 수출을 금지하고 흑연 수출 규제를 강화했다. 중국은 이 금지령에 이어 5월 초 군사 및 민간용으로 사용될 수 있는 중국 수출품에 접근할 수 없는 미국 방위산업체 28곳의 목록을 발표했다.[347]

그레이셀린 바스카란Gracelin Baskaran●과 메레디스 슈바르츠Meredith Schwartz✖의 대담은 중국의 희토류 조치의 영향을 잘 말해준다. 바스카란은 중국이 세계 희토류의 약 60%를 생산하고 세계 공급량의 약 90%를 가공한다고 지적했다. 희토류는 전함, 전투기, 미사일, 위성, 레이더 시스템 등 거의 모든 방위 기술에 필수적이다. F-35 전투기에는 희토류 원소가 408kg이나 들어 있으며, DDG-51 알레이 버크급 이지스함에는 약 2,358kg, 버지니아급 잠수함에는 약 4,173kg이나 들어 있다.[348] 그러니 첨단 무기는 희토류 덩어리인 셈이다.

현재 미국에서 중 희토류 분리 기술을 개발 중이지만 시간이 없다. 2020년부터 미 국방부는 국내 공급망 구축에 439억 달러 이상을 투자해왔다. 그러나 이 시설들이 완전히 가동되더라도 2025년 말까지 네오디뮴-보론-철(NdFeB) 자석 1,000톤만을 생산할 수 있을 것으로 예상된다. 이는 2018년 중국이 생산한 13만 8,000 NdFeB 자석의 1%도 안 된다. 2024년 희토류 기업인 캐나다 MP 머티리얼즈는 네오디뮴-프라세오디뮴(NdPr) 산화물 생산량으로는 기록적인 1,300톤을 발표했지만 같은 해 중국은 약 30만 톤의 NdFeB 자석을 생산했다.

경 희토류 관련해서 미 국방부는 호주 기업 리나스 희토류Lynas Rare Earth의 미국 자회사인 리나스 미국 법인Lynas USA에 지원을 했지만 미국의 희토류 공급망은 대부분 초기 단계에 머물러 있다.

호주, 브라질, 남아프리카공화국, 사우디아라비아, 일본, 베트남 등 국가들도 핵심 희토류를 위한 계획과 투자를 진행 중이다. 미국이 장기적인 희토류 공급망 안보를 위해 대체 공급 파트너를 만들려면 이들 국가에 재정적, 외교적 지원을 해야 하는데 현재 트럼프의 관세 전쟁하에서는 협력을 장담하기도 어려운 상태다.

호주의 노던 미네랄스Northern Minerals는 브라운스 레인지Browns Range를 개발해 디스프로슘을 생산하려 한다. 이 광산의 매장량은 2,294톤으로 추정되며, 연간 27만 9,000kg의 디스프로슘을 생산할 수 있다. 그러나 디스프로슘 가공 및 정제 능력은 중국만이 보유하고 있다. 전술한 리나스 희토류도 정제용 산화물을 중국으로 보내야 한다. 이렇게 호주는 2026년까지는 희토류 정제 분야에서 중국을 벗어날 수 없을 것으로 예상된다.

미국은 국가 방위 비축량The National Defense Stockpile, NDS 제도가 있어 희토류를 비축하고 있다. 하지만 민간 산업은 이런 전략 비축 재고가 없다. 하이디 크레보-레디커Heidi Crebo-Rediker◆는 2023년 초 기준 NDS 13억 달러의 보유 자산 중 9억 1,200만 달러가 비축 광물이라면서 이는 국방부 요구량의 절반에도 미치지 못하고 핵심 민간 인프라에 필요한 양의 10분의 1에 불과하다고 지적했다. CMICritical Minerals Institute의 공동 의장인 잭 리프턴Jack Lifton도 미국 민간 경제는 중국이 희토류 공급을 차단하면 대책이 없다고 말했다.

희토류 부족의 해결책은 광산 개발과 가공 능력 확보 외에 없다. 미국은 중국이 15개 코발트 광산을 보유한 콩고민주공화국과 광물

- ● CSIS의 Critical Minerals Security Program 연구 책임자 겸 선임 연구원.
- ✖ CSIS의 Critical Minerals Security Program 연구원.
- ◆ America's Frontier Fund 제너럴 파트너 겸 부사장, International Capital Strategies 파트너, Council on Foreign Relations(CFR) 비상임 선임 연구원.

안보 협정을 추진하고 있다. 또한 남아프리카공화국의 희토류 재처리 프로젝트[349]에도 부분적으로 참여하고 브라질 시에라 베르데에도 희토류 생산 프로젝트를 추진하고 있지만 순조롭지 못하다고 한다. 그 외에도 베트남이나 몽골에 상당한 양의 희토류가 매장되어 있지만 이들 지역은 가공 기술 부족, 전력 부족, 수자원 부족 등 여건이 제대로 갖추어지지 않아 역시 개발하기 어렵다.

이렇다 보니 바스카란은 상황을 고려하면 고통은 장기적일 것이라고 말했다. 현재와 같은 상황에서는 대부분의 광산 기업은 결국 중국과 협력할 수밖에 없다. 예를 들어 미국의 가장 큰 게르마늄 공급원은 캐나다 기업인데 역시 중국으로 수출한다. 중국이 가장 큰 고객이기 때문이다. 결국 희토류는 중국 정부의 손에 달려 있다. 어떤 국가도 그들에게 의존할 수밖에 없다.

2025년 6월 11일 미중이 런던 합의를 하고 난 후 양국은 그 세부 내용을 공개하지 않았다. 그 후의 진행 상황을 보면 중국은 희토류 제공을 재개하고 미국은 중국에 AI 반도체 등의 기술 제품 제공을 재개하기로 합의한 것으로 보인다.

중국은 희토류 수출 프로세스를 재개했다고 발표했으나 실제로는 테스트 등의 절차가 강화되어 시간 지연 등 비공식 장애로 시간을 끌었다. 반면 왕이 외교부장이 유럽 기업의 희토류에 대한 정상적인 수요를 '보호할 것'이라고 밝혔고, 중국과 유럽 간 브랜디 반덤핑 문제가 해결되면서 시장에서는 중국산 전기차에 대한 EU의 반덤핑 관세 문제가 해결될 날이 머지않은 것으로 본다.

미국, 일본, 호주, 인도는 희토류를 안정적으로 공급하기 위해 협력한다는 입장을 뒤이어 발표했지만 이제 와서 갑자기 희토류 공급 문제가 해결될 가능성은 거의 없다. 결국 트럼프 행정부는 엔비디아 블랙웰 프로세서의 중국 수출판 버전인 H20 프로세서의 대중 수출을 허가했다. 이것은 트럼프가 희토류에 대한 생각을 하지 못했거나 대비책이 사실상 없다는 것을 시사한다.

5장

미중 패권 경쟁의 미래와 한국의 대응 전략

예정대로라면 2025년 7월 9일에 90일간의 잠정 유예 기간이 끝나고 각국은 그때까지 미국과 합의를 하든, 아니면 트럼프가 일방적으로 결정한 관세를 받아들이든 해야 했다. 그러나 트럼프는 7월 9일이 다가오자 자신이 결정한 관세를 각국에 일방적으로 통보하면서 관세 실행 시점을 8월 1일로 선언했다. 그러면 8월 1일까지는 각국과 관세 협상이 종료될 것인가? 그럴 가능성은 적어 보인다. 적어도 7월 초 시점까지 관세 협상이 마무리된 국가는 영국과 베트남뿐이다. 나머지 국가들과 불과 2~3주 동안 모든 협상을 마무리짓는 것은 트럼프 자신도 말했지만 불가능하다.

관세 전쟁의 향방은 미국 한 나라만의 문제가 아니다. 관세 전쟁은 미중 갈등, 그리고 미국이라는 국가를 기반으로 쌓아 올린 기존 글로벌 질서 대변화의 한 단면일 뿐이다. 결과에 따라 팍스 아메리카나라는 질서의 몰락을 가속할 수도 있으며 세계 각지의 국지적 혼란을 가져올 수도 있다. 그리고 이러한 혼란은 한국과 같이 대외 경제 종속도가 높은 국가에는 절대로 긍정적으로 작용하지 않는다.

이렇게 거대한 동향을 우리가 모두 다 살펴보기는 어렵다. 그러니 우리 눈앞에서 진행되는 미국의 관세 전쟁을 잘 파악하는 것이 우선이며 그러기 위해서는 역시 미중 간의 협상 경과를 잘 예측하는 것이 방법이다. 미중 협상에서 중국이 미국에 굽히지 않는 이상 미중 협상 결과는 섣불리 짐작하기 어렵고 합의를 이루어도 번복될 가능성이 있으므로 우리는 협상 타결, 결렬, 그리고 지연 및 장기화 등 모든 경우의 수를 동시에 고려해야 한다.

종국적으로 중요한 것은 우리나라가 어떻게 지금의 혼돈으로 가득 찬 상황을 현명하게 헤쳐나가느냐이다. 어떤 이들은 현 상황에 친미친중의 양분법을 적용하는데 우리나라 국민 중에 미국을 등지고 중국과 같은 편에 서겠다는 사람은 거의 없을 것이다. 미국과의 동맹에 기반한 외교 안보는 우리나라의 기본 초석이니 말이다. 다만 우리 산업과 경제, 그리고 국민 생활에 너무나 큰 영향을 주는 나라가 중국이다 보니 이 상황에서 어떻게 해야 중국이라는 코끼리를 잘 처리할 수 있느냐는 논의가 너무나 중요할 뿐이다.

이재명 정부는 이 글을 마무리짓는 시점에서도 내각을 온전히 성립시키지 못했다. 설령 내각이 잘 준비되어 있다 하더라도 외교 안보 협상과 동반되면서 트럼프와의 관세 협상은 더욱 풀기 어려운 고난도 문제일 것이다. 그러니 갓 태어난 정권이 초인적인 능력을 발휘해서 해결하기를 기대하기보다는 우리 모두 함께 노력하고 지혜를 모아야 한다. 정부도, 기업도, 전문가 집단도, 모든 국민, 그리고 당신도.

트럼프 관세 정책은 성공하고 있는가

리웨이李巍 인민대 교수는 중국과 미국의 관세 전쟁이 기업들이 서로 생산과 공급망에 대한 의존도를 낮추도록 압박한다고 말했다.[350] 주원인은 미국에 제조업을 가져오려면 트럼프는 관세로 중국과 미국 사이에 장벽을 만들 수밖에 없다는 것이다.

천용지에陳永傑, Vincent Chan●는 트럼프 관세 정책의 모순을 다음과 같이 지적했다.[351] 우선 트럼프 관세 정책은 시장에 심각한 혼란을 초래하면서도 미국의 정책 목표를 달성하는 데 실패했다. 협상이 타결되려면 관세는 내려가야 하니 재정 상태 개선과 정치경제적 이익은 서로 모순된다. 또 트럼프가 관세는 리쇼어링을 하기 위한 수단이라고 했지만 협정이 순조롭게 맺어지면 관세는 감소하고, 그렇다면 리쇼어링은 일어나지 않을 것이다. 그래서 트럼프의 관세 정책은 공격적이며, 범위도 넓고, 정책 목표 측면에서 내적 모순을 내포하고 있다는 것이다.

나빈 기리샹카Navin Girishankar✖는 현재 진행 중인 미중 관세 전쟁에서 트럼프 행정부에는 네 가지 상반된 전략이 존재하는 것 같다고 지적했다.352 첫째, '모든 거래의 거래the deal of all deals'라는 트럼프 비전이 있다. 기리샹카는 관세로 미국의 문제를 일거에 해결하려는 이 협상 방법은 협상을 지연시키고 방해할 것이기 때문에 구조적 문제를 해결하는 협상이 이루어질 가능성은 낮고, 설령 협상이 이루어지더라도 이행하기 어려울 것으로 보았다. 둘째, 동맹국들을 결집시키는 스콧 베센트의 이른바 '포위 전략'이 있다. 그러나 미국이 동맹국의 단결을 촉구하면서 동시에 동맹국에 고관세를 부과하려는 것은 모순이다. 셋째, 마라라고 협정Mar-a-Lago Accord이라는 아이디어다. 1985년 플라자 협정을 모델로 한 다자간 통화 협정을 주 내용으로 하는 이 아이디어는 낮아진 미국의 영향력과 국제적 합의를 전제로 하여 현실성이 떨어진다. 넷째, 가장 우려되는 전략으로 기리샹카는 '방치'를 지적했다. 미국이 영국, 인도 같은 중요하지만 실제 경제 비중이 적은 국가들과의 양자 협정에 주로 몰두하게 되는 것을 말한다. 결과적으로 미국 자신이 디커플링되어 고립되는 결과를 초래할 수 있으며

- Aletheia Capital 중국 전략가.
✖ CSIS 경제 안보 및 기술 부문 대표.

미국의 신뢰성이 손상될 수 있다.

기리샨카의 이런 우려는 여러 가지 표현을 사용하지만 그 핵심은 트럼프의 불가예측성과 트럼프 정책의 자기 모순이다. 예측도 할 수 없고 상호 모순되는 정책이어서 영향을 가늠하거나 평가하기도 어렵다. 그래서 필자는 이번 미중 관세 전쟁에서 관찰해야 할 대상은 미국이 아니라 중국이라고 주장한다. 중국은 일관성, 명료성, 그리고 장기 전략에 따라 움직이기 때문에 관찰과 예측 모두 가능하다. 다만 중국의 행동을 이해하려면 중국식 사회주의 경제 체제, 중국식 사회주의 정책 체계를 깊이 이해해야 한다. 그리고 필자와 이 책이 여러분에게 도움이 되고자 하는 영역이다.

관세 전쟁으로 WTO 체제는 사실상 무력화되었다. 지금 누구도 트럼프에게 WTO의 규정을 거론하지 못하는 것을 보라. 또한 각국이 미국과 불리한 조건으로 협정을 체결하면 다른 국가들도 유사한 조건을 요구할 것이다. 예를 들어 한국이 미국 상품에 낮은 관세를 책정하면 다른 나라들에도 낮은 관세를 적용해야 하는 결과가 나타날 것이라는 말이다. 결과적으로 모든 국가에서 서로 높은 관세를 부과하는 상황이 발생하기 쉬우며, 한번 관세가 인상되면 도로 낮아지기는 어려울 것이다. 이러한 상황은 높은 관세의 부정적인 영향이 전 세계적으로 널리 인식되어 관세를 인하하기 위한 새로운 글로벌 무역 협상을 진행해야 한다.

하나의 현실적인 방법으로 다양한 지역 블록을 형성하고 소규모 자유무역 지역에서 서로 간의 관세와 무역 장벽을 줄이려는 시도를 할 것으로 예상된다. 그런 면에서 많은 국가와 FTA를 맺고 있는 우리나라는 다소 유리할 수 있다. 그리고 이런 글로벌 시장의 지역화, 파편화는 미국 달러의 무역 결제 통화로서의 중요성을 점차 잠식할 것이다. 그리고 다양한 지역 무역에서 유로, 위안, 엔 등이 달러를 대체해 결제 통화로 자리 잡을 수 있다. 실제로 트럼프 행정부의 불규칙하고 비전통적인 정책은 안전자산으로서 달러의 매력도를 크게 감소시켰고, 이는 최근 미국 국채의 변동성에서도 확인할 수 있다.

종합적으로 판단해서 트럼프 관세 정책은 지금까지 세계 각국을 불안하게 만들고 미국의 명령을 마지못해 따르게 하는 데까지는 성공했으나 트럼프가 원하는 결과, 특히 앞으로도 안정적으로 유지되는 결과를 가져올지는 미지수이며 예상 기간을 길게 볼수록 아마도 실패할 가능성이 높다고 보아야 할 것이다.

미중 협상 향후 전망

　중국은 일단 지금까지의 결과를 긍정적으로 평가하면서도 앞으로의 리스크를 높게 보고 있다. 2025년 5월 공산당 이론지 「치우스求是」는 미중 무역 협상에서 최악의 시나리오에 대비해야 하며, 동시에 중국의 경제적 안정성을 중요하게 수용해야 한다고 발표했다.[353] 우신보는 중국이 단호히 버티지 않았다면 90일 유예 같은 결과는 없었을 것이며, 중국은 많은 것을 희생해야 했을 것이라고 말했다.[354] 또 그는 트럼프의 공격적인 변동성과 결과를 무시하는 무모한 행동은 매우 위험하므로, 어떤 환상도 품지 않는 것이 가장 좋다고 했다. 왕원王文도 양측이 90일 유예 기간 내에 의미 있는 진전을 이룰 수 있을지 여전히 불확실하다고 말했다. 종합해보면 중국은 이번 관세 전쟁에 대하여 낙관적이지 않다.

기본적으로 이번 미중 관세 전쟁은 세 가지 결과를 예상할 수 있다. 협상 타결, 협상 결렬, 그리고 협상 지연 및 장기화다. 경제학에서는 관세가 무역 흑자를 기록한 국가에 무역 적자를 기록한 국가보다 훨씬 더 큰 피해를 끼친다고 본다. 따라서 협상 타결을 원하는 열망은 미국보다 중국이 더 크다고 할 수 있다. 이 경우 미국이 유리한 결과를 가져올 수 있다. 시진핑은 중국이 신중한 접근 방식을 취할 것임을 시사했다.[355] 트럼프 관세에 대한 시진핑의 신중한 접근도 중국이 잃을 것이 더 많다는 것을 시사한다. 스허링施鹤龄✖도 중국이 이 무역 전쟁에서 가장 큰 피해를 볼 가능성이 높다고 믿는다.[356] 중국과 미국 간의 무역 마찰은 실제로 중국과 아세안 지역 간에 체결된 지역 협력을 유지하기 어렵게 만들 것이라고 보는 것이다.

트럼프는 관세 전쟁에서 상대 국가별, 산업별, 지역별로 각개 격파하는 방식을 취해왔다. 중국은 이에 대해 다자간 협의를 소리치고 있으나 중국이 지금까지 해온 약탈적 경제 정책으로 중국에 신뢰감을 표시하는 국가는 거의 없다.[357] 따라서 중국 주도의 미국 대항 진영은 쉽게 만들어지지 않을 것이다. 즉 중국은 자국이 견딜 수 있는 역량은 강화되었지만 여러 나라를 결집할 수 있는 리더십은 없다.

그러나 필자가 일관되게 주장해온 중국의 조국 통일 의지는 적어

● 베이징 인민대학교(中国人民大学) 충양금융연구원(重阳金融研究院) 집행 원장.

✖ 모나시대학교(Monash University) 경제학과 부교수.

도 중국 공산당에는 무역 협상 타결 같은 경제적 이슈보다 훨씬 더 강하고 중요하다. 이것이 미중 관세 전쟁의 결말을 쉽게 예상하지 못하게 하는 큰 배후 원인이다.

그리고 미국이 더 약세라고 보는 견해도 적지 않다. 피터 알렉산더Peter Alexander● 는 제조업의 역학 관계를 살펴보면, 현재 미국이 최종 제품뿐 아니라 원자재의 공급을 위해서도 중국에 의존하는 상황이라고 말했다. 그래서 미국은 중국에 강압적인 힘을 행사할 수 없다는 것인데 필자가 생각하는 현실은 전혀 다르다. 트럼프는 미국의 공급망이 취약하다는 점은 전혀 개의치 않는 것 같기 때문이다.

트럼프의 거친 접근 방법은 많은 나라의 반감을 사고, 트럼프의 미국은 리더십을 상실하고 있다. 세계는 더이상 미국의 '소프트 파워'와 '등대 국가'라는 말을 믿을 수 없게 되었고 미국에 대한 기대는 산산조각이 났다. 이제 미중 협상은 악당과 악당 사이의 협상처럼 보인다. 마치 유흥가의 이권을 두고 싸우는 조직 폭력배들처럼 말이다.

미중 협상 타결

미중 협상이 타결될 경우는 중국의 통일 의도를 미국이 수용 또는

● Z-Ben Advisors 창립자이자 전무이사. 상하이를 기반으로 활동하는 금융 컨설팅 전문가.

묵인하는 경우와 미중 양측이 모두 통일 이슈를 거론하지 않은 채 무역 조건 등 경제적 조건에 합의하는 경우다. 중국의 통일 이슈는 일반적으로 미국이 수용 불가능한 것으로 알려져 있다. 하지만 미중이 5월 12일 관세 전쟁을 일시 중단했을 때 트럼프는 "그들은 중국을 완전히 개방하기로 합의했다. 이는 중국에도, 우리에게도 훌륭할 것이며, '통일'과 평화에도 좋을 것이다"라고 말했다. 트럼프의 이 발언은 대만 정부와 외교계에 미국이 대만 정책을 변경했는지 우려를 일으켰다.[358] 대만 미국 협회American Institute in Taiwan와 백악관 국가안보회의 NSC는 즉각 트럼프가 언급한 것은 미중 무역 관계라고 했지만 여운이 남았다.

트럼프가 소위 '빅딜'을 위해 대만을 희생할 수도 있을 것이라는 관측은 이전부터 있었고 이 발언으로 더욱 가능성을 무시할 수 없게 되었다. 적어도 트럼프의 무의식에는 대만 통일이 거래 가능한 사안이라는 우려가 발생한 것이다. 이것은 바이든이 수차례 "대만 유사 시 미국이 개입한다, 그것이 우리의 약속이다"라고 한 것과는 정반대 상황이었다.

만에 하나 트럼프 행정부가 중국의 대만 통일을 양허한다면 중국 입장에서는 중국 공산당의 존속에 문제가 없는 한 관세나 무역, 시장 개방 등 양보하지 못할 것이 거의 없다. 따라서 미국이 중국의 대만 통일을 양허, 묵인할 경우 미중 관세 전쟁은 곧바로 일단락될 것이다.

미국이 중국의 통일을 절대 용인하지 못한다고 분명한 태도를 취할 가능성도 매우 적다. 미국은 지금까지 취해온 전략적 모호성을 유지할 것이다. 다만 중국의 상황에 따라 더 과격한 조치를 취할 경우가 없다고는 할 수 없다. 3월 미 국방부에서 배포한 임시 국방 전략 지침에서 피트 헤그세스Pete Hegseth 국방부 장관이 중국을 '국방부의 유일한 위협'으로, '중국의 대만 점령을 저지하면서 동시에 미국 본토를 방어하는 것'을 국방부의 유일한 속도 조절 시나리오로 제시한 것을 보면 우선순위자들의 생각대로 미국의 국력을 중국에 집중한다고도 보이는 것이다.[359] 즉 미국은 중국에 최우선 순위를 두고 그 외 국가나 지역 사안들에 대해서는 개입을 최소화하여 자원을 비축하고 발생 가능한 중국과의 사태에 대비한다고 보는 견해다.

중국은 2025년 들어 1월부터 4월까지 대만의 방공식별구역에 중국 군용기를 총 1,200대 이상 진입시켰다. 이는 전년 동기 대비 약 3배에 달한다.[360] 중국의 전략인 지구전에 살라미 전략을 병용하는 것을 고려할 때 모두 관성적으로 익숙해진 어느 날 대만을 급습할 개연성은 충분히 있다. 그렇기에 어느 한계 시점에서는 미국이 분명한 입장을 취할 가능성도 존재한다. 피트 헤그세스 국방부 장관이 5월 19일 폭스 뉴스 채널과 한 인터뷰에서 미국이 중국과의 충돌 가능성에 대비하고 있다고 말했듯이 말이다.[361]

이렇게 통일 이슈가 민감하므로 미중 양국이 모두 이 이슈를 다루지 않을 가능성이 가장 크다. 이럴 경우 양국의 경제적 이해관계로 합의 여부가 결정될 것이다. 사실 5월 12일 미중 잠정 합의는 단순히 관세만을 놓고 보면 상당히 합리적인 또는 수용 가능한 조건 협상이었다. 문제는 이 조건만으로는 미국의 목적이 관철되지 않는다는 데 있다. 30%나 40%, 설령 100% 관세를 중국이 받아들이더라도 미국이 원하는 무역 적자 해소는 일어나지 않을 것이다. 그저 수입 대상국이 중국에서 다른 나라로 바뀔 뿐이다. 리쇼어링에는 장기간이 소요되니 역시 갈길이 바쁜 트럼프에게는 해법이 되지 못한다.

그래서 유망하게 생각되는 조건이 트럼프가 제기한 '중국의 진정한 시장 개방'이다. 미국으로 수입되는 규모를 줄이기 어려우면 미국이 중국에 가서 그만큼 벌어 오면 된다. 중국 시장은 실질적으로 글로벌 시장에서 완전히 분리된 상태나 다름없으니 이 시장을 열고 미국이 경쟁력 있는 분야에 진출한다면 미국의 무역 역조가 해결될 수 있다. 그리고 미국이 가장 관심 있고 중국 또한 개방할 의사가 있는 분야가 바로 금융 시장이다. 금융 시장이 개방된다면 일거에 중국의 주식 시장, 보험 시장, 신용 시장, 채권 시장, 리스 시장, 현물 시장, 파생 상품, 사회 복지망, 부동산 시장 등 엄청난 규모의 시장, 그것도 미국이 세계적인 경쟁력을 보유한 시장이 제공되는 것이다. 그래서 미중의 관세는 5월 12일 관세 또는 이에 준하는 수준에서 상호 합의하고 중국의 금융 시장을 전면 또는 대폭 미국에 개방하는 조건으로 합의할 가능성이 충분히 있다.

이미 중국은 금융 시장을 개방하기 위한 조치를 신속히 취하는 것으로 보인다. 중국은 금융 부문을 통합하고 경제 충격에 더 잘 견딜 수 있도록 대형 은행 및 증권사 그룹 설립에 박차를 가하고 있다. 2023년 말 이후 업계 자산의 5분의 1 이상을 관리하는 중국 증권사들이 합병을 완료했거나 진행 중이다.[362] 목적은 중국의 금융 시스템을 재편해 JP 모건이나 모건 스탠리 같은 국제적인 거대 금융 회사에 맞설 수 있는 크고 강력하며 역동적인 금융 회사를 만드는 데 있다. 중국 증권감독관리위원회도 "상장 증권사들이 인수합병을 통해 핵심 경쟁력을 강화하고 일류 투자은행 건설을 가속화하도록 지원해야 한다"고 재차 강조했다. 분석가들은 2025년에 중국의 국영 증권사, 신탁 회사, 금융 리스 그룹이 더 많이 통합될 것으로 예상하기도 한다.

만일 중국의 금융 시장이 대폭 개방되면 미국 월 스트리트의 금융 기업은 물론 전 세계 금융 기업이 중국 시장에 뛰어들 것이다. 허리펑 부총리가 5월 인민대회당에서 모건 스탠리 공동대표인 댄 싱키위츠Dan Sinkiewicz와 만난 것도 의미심장하다.[363] 허리펑은 중국이 높은 수준의 개방을 고집하는 것은 중국과 세계 경제에 활력을 불어넣고 추진력을 더할 것이라며 모건 스탠리를 비롯한 미국계 금융 기관과 장기 자본이 중국과 협력을 심화하고 중국 자본 시장의 건설과 발전에 적극 참여하기를 환영한다고 말했다. 트럼프는 자신이 중국 시장의 문을 비틀어 열었다고 큰소리칠 것이며 중국은 전 세계의 자금이 중국으로 쏟아져 들어오는 것을 볼 수 있을 것이다. 그렇다면 미중 모두 이익이 될 것이다. 지정학적 이슈, 즉 양안 전쟁이 터질 경우 국제사회의 득실이 어떻게 될지 미리 계산해야 하겠지만 말이다.

그런데 이런 금융 시장 개방만으로 트럼프가 만족할지는 미지수다. 중국이 금융 시장을 개방해도 대중국 '수출'에는 기여하지 못할 것이고 오히려 중국으로 '자본 유입'이 엄청날 것이기 때문이다. 하기는 그렇기에 중국 쪽이 수용할 이점이 있다.

　미중 간에 상품 무역으로 수지를 맞추는 방법은 중국이 미국으로 수출을 하지 않거나 미국에서 필요도 없는 물건을 사주는 것밖에는 없다. 중국이 대미 수출을 하지 않는다는 것은 협상 결렬이나 마찬가지이므로 논할 필요가 없다. 미국에서 필요 없는 물건을 사주는 것은 이론상 가능하다. 미국이 제재하는 하이테크 외에 미국에서 대량으로 구매가 가능한 것은 에너지와 식량이다. 중국은 자체 수요를 만족시키려 애쓰고 있지만 동시에 미국에서 구매하여 제3국에 수출하는 것은 고려할 수 있다. 물론 무리가 있는 방식이다. 하지만 협상 타결을 위한 하나의 아이디어로 예를 들어본다.

미중 협상 결렬

　「뉴욕타임스」는 미중이 양국 간 무역 전쟁을 억제하기 위한 조치를 취하는 가운데, 중국은 미국과 더 광범위한 경쟁이 계속될 것에 대비하고 있다고 전했다.[364] 이는 중국이 경제 및 외교적 기회를 추구하면서도 역내 영토 주장과 군사적 경쟁에 대한 강경 입장을 완화하지 않을 것임을 의미한다고 했다. 중국 관리 및 정책 고문들과 대화를 나눈 전문가들에 따르면 트럼프가 부과한 높은 관세로 시진핑이 거래를 성사시키려는 희망이 약해졌다고 한다. 즉 시진핑은 현재 진행되는 것과 같은 트럼프의 고관세나 고압적 자세에는 몸을 낮출 생각이 없다는 뜻이다.

조너선 친Jonathan A. Czin● 은 1차 무역 전쟁이 발발한 이후 수년간 준비해온 2차 관세 전쟁에 대비하는 것으로 보인다고 말했다. 친은 제네바에서 미중이 관세 인상을 유예하기로 합의한 것에 대해 "중국 정부는 관세 전쟁 중단을 미국의 전술적 후퇴로 보는 것 같다"고 평가했다. 미중이 관세 잠정 중단을 발표한 당일, 중국 정부의 정책 결정 지침 문서는 "영토 외 세력이 중국의 주변 문제에 개입하려는 노력을 강화하여 중국의 국경, 주변 안보에 위협을 가한다"고 경고했다. 이 중국식 문법을 해석해보면 '영토 외 세력'은 미국을 말하며 양안 간의 군사적 긴장이 상승했다는 의미다.

션딩리沈丁立✖는 이번에 미중이 관세를 상호 양보한다고 해서 양국 간의 뿌리 깊은 불신이 제거되지는 않을 것이라고 말했다. 션딩리는 양측이 무역 분쟁을 계속 완화한다면 1~2년 동안은 양국 관계가 개선되겠지만 의견 차이가 너무 크기 때문에 나중에 다시 악화될 수 있다고 보았다. 우자룽은 미국의 목적이 중국과의 엄청난 무역 적자를 줄이는 것이며 따라서 중국은 진정으로 시장을 열 것이라고 추정했다.[365] 하지만 중국은 진정한 시장 개방은 하지 못할 것이며 그에 따

● 브루킹스 연구소 마이클 H. 아르마코스트 외교정책학 석좌(Michael H. Armacost Chair in Foreign Policy Studies), 존 L. 손튼 중국 센터(John L. Thornton China Center) 연구원. 미국 중앙정보국(CIA), 국가안보회의(NSC), 국방부(Department of Defense)에서 20년 이상 경력을 쌓으며 중국 정치, 정책 결정, 미중 관계, 아시아-태평양 안보 정책을 분석하고 자문해왔다.

✖ 상하이의 국제관계 학자.

라 평화적 해결책은 무산될 것으로 예상했다.

이러한 관측들은 모두 미중 협상 타결 가능성이 얼마나 어려운지 지적하면서 동시에 설령 협상이 타결되더라도 장기간 유지되기 어렵다는 것을 시사한다. 지키지 못할 협상이라면 미중 모두에 의미가 없다. 특히 트럼프는 1차 무역 전쟁의 미중 합의를 중국이 지키지 않는 것을 직접 경험했다. 따라서 미국 또한 최악의 상황을 시나리오에 상정하는 것으로 보인다. 스콧 베센트는 중국과의 무역 관계 단절을 배제하지 않는다고 말했다.[366]

미국 국방부 장관 피트 헤그세스는 3월 중순에 미국 국방부 전체에 '임시 국가 방위 전략 지침Interim National Defense Strategic Guidance'이라는 제목의 기밀 문서를 배포했다.[367] 이 문서는 트럼프의 대중 비전을 설명하는데, 그린란드와 파나마 운하를 포함한 '근접 해외 지역near abroad'에서 미국의 이익을 보호하는 내용도 담고 있다고 한다. 헤그세스가 서명한 것으로 알려진 이 문서는 북한의 위협에서 중국의 대만 침략 가능성으로 미국의 초점을 옮겼다. 이것은 미중 관세 협정이 이루어지지 않을 경우 곧바로 군사적 긴장으로 치달을 가능성을 가리킨다.

미국의 압력이 강화되면 중국 지도부는 지속적인 경제 협력의 이익이 낮다고 결론지을 수 있으며, 미국과의 대결이 미국 영향력에서 벗어나기 위한 더 나은 방법이라고 판단할 수 있다. 이는 대만 문제로 전쟁을 감수할 의향이 더 높아질 수 있음을 의미한다.[368]

「월스트리트저널」은 중국이 대만을 상대로 한 5단계 전략을 준비하고 있다고 밝혔는데 이 전략은 대만을 군사적으로 포위하고, 경제적·정보적으로 고립시켜 압박하려는 계획으로 구성되어 있다. 이전과의 가장 큰 차이는 전쟁을 하지 않고 대만을 무너뜨리려는 방식이라는 점이다.

1. 공급 차단: 대만의 주요 항만과 해상 교통로를 봉쇄하여 에너지와 식량 등 필수 물자의 수입을 차단한다.
2. 군사적 포위.
3. 공백 채우기: 대만 주변 해역에서 해양 민병대를 활용하여 회색지대 전술을 펼쳐 대만을 지속적으로 압박한다.
4. 외부 차단: 외국 선박과 항공기의 대만 접근을 제한한다.
5. 사이버 고립: 대만 통신 인프라를 대상으로 사이버 공격을 감행하여 정보 흐름을 차단하고, 대만 사회에 혼란을 야기한다.

「중국군사저널」에 따르면, 중국은 핵심 인프라를 타깃으로 하여 발전소, 항구, 데이터 허브를 시스템 붕괴의 압력점으로 전환해 대만을 정복하는 전략을 세밀히 다듬고 있다.[369] 「사우스차이나모닝포스트」는 중국이 핵심 인프라를 표적으로 삼아 총알을 단 한 발도 발사하지 않고 대만을 마비시킬 수 있다고 보도했다. 30~40개 '초비상' 노드(전력, 물, 통신, LNG 시설)를 식별했으며, 이들이 오프라인으로 전환되면 대만의 시스템이 내부에서 붕괴될 수 있다고 한다. 특히 태풍이나 선거 같은 피크 시점에 정밀 타격을 가하면 대만을 급속히 불안정화시켜 저항을 약화시키고 최소한의 군사 비용으로 항복을 강요할 수 있다는 것이다.

이 모든 상황은 미중 간에 대만 이슈가 떠올랐을 때 미중 관세 협상, 무역 협상 같은 것은 무산되고 오히려 무력 충돌을 전제로 한 긴장 관계가 형성될 것임을 말해준다. 무력 충돌을 눈 앞에 둔 양국이 한가하게 관세 세율을 협상할 리 만무하다. 곧바로 협상은 결렬될 것이다.

미중 협상 지연 및 장기화

또 하나의 가능성은 미중 협상이 장기화되는 것이다. 공급망 탄력성의 결정 요소는 앞서의 주장과 맥을 같이하는 자국 공급망의 완결성, 타국 시장에서의 안정성, 그리고 타국 자원 및 중간재 공급에 대한 독립성 등이라고 볼 수 있다. 미국이나 러시아는 전략 자원의 시각에서는 자국 공급망의 완결성이라는 조건을 갖추었다. 그러나 미국은 소비재나 산업재의 시각에서는 자국 공급망의 완결성을 갖추지 못했다. 중국은 거꾸로 전략 자원의 시각에서는 자국 공급망의 완결성이라는 조건을 갖추지 못했으나 공급 독립성을 상당 정도 확보했고, 소비재나 산업재의 시각에서는 자국 공급망의 완결성을 갖추었다고 볼 수 있다. 따라서 장기전으로 간다면 이번 관세 전쟁의 승자는 중국이 될 가능성이 높다. 그러므로 중국은 시간을 지연할 동기가 있다.

트럼프의 정치 일정상으로는 아마도 2026년 11월의 중간선거를 최종 목표 일정으로 삼고 이번 관세 정책을 추진하고 있을 것이다. 트럼프 경제 정책, 특히 관세 정책으로 인플레이션과 경기 침체가 1년 이상 지속되면 공화당은 중간선거에서 패배하기 쉽다. 그렇게 되면 트럼프 집권 하반기에는 지금과 같은 과감한 정책은 지속하기 어려울 수 있다. 미중 관세 갈등은 길어도 트럼프 임기 내다.

트럼프와 힘을 겨루는 중국의 입장에서는 낙관적인 경우 2026년 11월 중간선거까지 지금의 태세를 유지할 수 있으면 트럼프의 세력을 무산시킬 수 있고 그 이후에는 대미 협상에서 주도권을 잡을 수 있을 것이다. 중국은 내순환 경제를 준비해왔고 전략 물자를 비축해왔다. 이러한 태세가 힘을 줄 것이다.

물론 이를 모를 트럼프 행정부가 아니다. 스위스 합의가 90일 유예인 것도 이를 증명한다. 트럼프가 EU에 대하여 성의가 없다며 또다시 고관세를 위협하는 것도 트럼프에게 남은 시간이 많지 않기 때문일 것이다. 문제는 디커플링을 각오한 중국에 빠른 의사결정을 촉구할 수 있는 수단이 트럼프에게 있느냐다. 만일 트럼프에게 남아 있는 수단이 없다면 그때는 중국에서 양안 이슈를 들고 나올 가능성을 배제할 수 없다고 생각한다. 중국 공산당도 대만 통일에 대한 시간표를 가지고 있기 때문이다. 중국 공산당 시각에서 양안 통일에 대해 미국의 동의 내지 묵인을 얻는다면 그것은 트럼프 다음 민주당 정권에서는 어렵다. 공화당 정권에서도 트럼프가 가장 가능성이 있는 대통령이라고 판단할 수도 있을 것이다.

중국 공산당 입장에서는 양안 통일 어젠다는 미국과의 협상을 위한 수단으로서도, 목적으로서도 꺼낼 만한 것이 아닐까? 최악의 경우 결렬한다 하더라고 말이다. 그리고 일단 양안 통일 어젠다가 협상 테이블에 올라온다면 관세 협상은 상당 기간 장기화될 것이다.

그러나 트럼프의 시간표는 여유가 없다. 6월 말 미 재무부 장관 스콧 베센트는 미국은 무역 협상에서 진전이 없을 경우 다른 국가의 상품에 대한 관세를 다시 인상할 수 있다고 밝혔다.[370] 합의에 이르지 못한다면 미국은 4월 2일에 설정된 상호 관세 수준으로 돌아갈 수 있다며 그렇게 되지 않기를 희망한다고 엄포를 놓았다. 트럼프 행정부는 시간에 쫓기고 있는 것이다.

뒤이어 트럼프는 7월 무역 파트너들에게 일방적인 관세율을 통보하는 서한을 발송할 것이라고 선언했고 새 관세율은 8월 1일부터 적용될 것이라고 했다. 이는 얼핏 강경한 태도로 보이지만 원래 90일 유예 조치가 7월 9일 종료된다는 점을 고려하면 실제로는 8월 1일까지 협상 기간이 늘어남을 의미했다. 곧이어 일부 국가에 새로 설정한 관세를 보내는 공문을 공개한 것을 보면 일본 24%, 한국 25% 관세로 두 나라에 충격을 주었다.

반면 46% 상호 관세를 부과받았던 베트남에 대해 트럼프는 미국과의 예비 무역 협상 결과 베트남의 대미 관세는 0%, 미국의 대베트남 관세는 20%이며 베트남을 경유하는 제3국의 관세는 40%라고 밝혔다. 이 보도가 나온 직후에는 베트남이 성공적으로 관세 협상을 이

끌어냈다는 평가가 많았지만 수일이 지나자 베트남과 미국 정부가 진행한 협상에서 실무진들은 이미 11% 관세로 잠정 합의를 이루었다는 사실이 드러났다. 베트남 정부는 11%로 잠정 합의한 관세가 일방적으로 20%로 선언된 사실에 충격을 받았다고 한다.[371] 베트남의 사례는 정부 간 협상이 사실상 의미없으며 트럼프 한 사람의 의지로 결정된다는 것을 다시 한번 깨닫게 해준다.

그런가 하면 트럼프는 BRICS 국가가 반미 정책을 지지한다면 10% 추가 관세를 부과하겠다고 했고[372] 태국에는 36% 관세를 부과하겠다고 했다.[373] 말레이시아는 25%다.[374] 그리고 품목 관세로 구리에 50% 관세 부과를 선언했다.[375] 이어서 EU와 멕시코에는 30% 관세를 부과하겠다고 했으며 8월 1일 이후 협상 연장은 없을 것이라고 트럼프가 선언하자 시장은 소위 TACO_{Trump Always Chickens Out}가 아니라 정말 트럼프 리스크가 터질지 모른다고 걱정하고 있다.[376]

필자는 미 행정부와 트럼프의 이런 일련의 언행을 보며 한 가지 느끼는 것이 있다. 그것은 트럼프의 머릿속에 몇 가지 관세 수위가 자리 잡고 있어 보인다는 것이다. 그것은 바로 다음과 같다.

① 0%: 러시아, 북한, 이란과 같은 국가에 부과한다. 이미 적용 가능한 제재를 대부분 받고 있는 국가이며 미국이 수입해 오는 것이 없다. 앞으로도 수입할 일 없어 보이는 이런 나라에 굳이 상호 관세를 부과하지 않는다. 한마디로 열외 국가에 대한 조치다.

② 10%: 트럼프는 이를 기본 관세, 미국 시장 접근권을 위한 최소

한의 관세로 보는 것 같다. 약간 더 높은 수준의 관세를 선언하기도 하지만 협상의 여지를 위하여 사전에 일부러 일부 부풀리는 것으로 보인다. 교역 규모가 크지 않고 앞으로 협력을 지속할 국가들을 대상으로 한다.

③ 20%: 미국 국내 경제에 미치는 악영향을 최소화하면서 미 정부의 관세 수입을 최대화할 것으로 보이는 최선의 관세. 따라서 우방국이면서 미국과의 무역 규모가 큰 국가는 기본적으로 20%가 기준점이 된다. 마찬가지로 협상의 여지를 위하여 다소 더 높은 관세가 부과된다. 4월 발표 당시 한국(25%)과 일본(24%)이 이에 상당한다.

④ 40%: 임계치. 40%는 미 국내 물가에 영향이 크지만 관세 수입은 올릴 수 있는 수준이다. 따라서 사실상 배제 대상 국가이지만 형식상 관세를 내고 무역을 지속하는 것이다. 하지만 가격이 높아져 경쟁국 제품 대비 점유율이 낮아질 것이고 결국 퇴출될 것이다. 그러므로 무역을 중단할 수 없지만 서서히 퇴출시키고 싶은 국가를 대상으로 40% 이상의 관세를 부과할 가능성이 크다. 예컨대 중국이다.

EU나 멕시코에 상호 관세를 30%를 부과하겠다는 것은 이들이 앞으로도 교역할 대상이지만 한국이나 일본과는 달리 미국의 공급망에 필수적인 파트너가 아니라는 인식으로 추측된다. 즉 한일과 달리 EU와 멕시코에는 미국 기업이 많이 진출해 있기 때문에 이들을 미국 국내로 돌아오게 만들고 싶은 것이다. 그래서 한일의 20%대보다 높고 앞으로 거래하고 싶지 않은 국가에 부과할 40%의 중간인 30%라는 숫자가 나온 것으로 추측한다.

트럼프는 이런 관세 수위를 기준으로 먼저 상대 국가를 압박하고 상대 국가가 최선의 제안을 가져오면 거기에 자신의 요구를 더 얹어 최대 이익을 취하는 방식으로 협상하는 스타일이다. 한국은 외교 안보 등의 사안을 포괄적으로 포함시켜 패키지 딜을 도모한다고 하는데 과연 잘 될지 의문이다. 트럼프 머릿속에 한국은 20%대 관세 부과 대상 국가로 이미 자리잡았을 가능성이 높기 때문이다. 예측해본다면 한미 협상의 결과는 최선의 설득과 대안 제시를 해도 20%를 기준으로 결정될 공산이 크다.

또한 인도와의 협상을 보면 인도의 관세는 20% 미만이 될 가능성이 있으며 가을에 더 광범위한 합의를 추진 중이라고 한다.[377] 인도는 미국의 국가 전략에서 매우 중요한 위치를 차지하고 미국에 아쉬운 것이 적다. 하지만 미국에 상당한 수출을 하는 국가에 속한다. 이런 국가들, 인도, 일본, 한국, 베트남 등은 20%를 기준으로 하여 더 압박하고 싶은 대상에는 25%, 더 여유를 주어야 하는 국가에는 20% 미만을 관세로 부과하는 흐름이 보인다. 인도가 광범위한 합의를 가을로 목표하는 것을 보아도 한국이나 일본과의 합의가 8월 1일 이전에 이루어지는 것은 기대하기 어렵다. 결국 미국과의 협상은 지연되고 장기화될 가능성이 가장 크다.

한국은 지금까지 미국과의 연횡連衡을 국가 전략으로 삼아왔다. 그렇기에 미중의 대립은 곧바로 한중 관계의 악화로 이어진다. 앤드루 여Andrew Yeo, 여안득●는 트럼프 행정부가 한국을 '대만과 관련된 더욱 구체적인 논의', 즉 대중국 전쟁으로 몰아넣을 수 있다고 경고했다. 그는 한국이 전략적 자율성을 유지할 수 있을지, 아니면 양안 사태에 더 깊이 관여하게 될지는 불확실하다고 보았다.

현재 진행 중인 미중 갈등을 보며 우리가 양안 전쟁까지 떠올릴 필

● 브루킹스 연구소 SK-한국재단 석좌, 동아시아 정책 연구센터(Center for East Asia Policy Studies) 선임 연구원, 미 가톨릭대학교(The Catholic University of America) 정치학 교수.

요는 없을 수도 있다. 그러나 미국과 중국이 전쟁에 대비하고 당사자인 대만이 최고 경계 상태에 있다. 우리 옆 나라인 일본도 양안 전쟁에 대비하고 있다. 북쪽의 러시아는 이미 전쟁 중이다. 북한도 안보 위협에 대응하려 갖은 애를 쓰고 있다. 그래도 우리나라는 전쟁 가능성을 심각하게 생각하지 않는다. 필자가 우리나라 육군 장성이나 전직 국정원 간부를 만나서 이야기해보아도 모두 양안 전쟁의 가능성을 심각하게 생각하지 않았다. 하지만 2025년 7월 11일 서울에서 열린 한미일 합참의장 회의에서 댄 케인John Daniel 'Razin' Caine 미국 합참의장은 북한뿐만 아니라 중국의 군사력 증강에 우려를 표명하며, 한미일 3국이 이를 직시하고 공동 대응해야 한다고 강조했다.[378]

필자는 『이미 시작된 전쟁』에서 양안 전쟁의 가능성과 한국이 양안 전쟁에 휩쓸릴 가능성에 대해 충분히 우리 사회에 경고 메시지를 전했다고 생각한다. 그래서 이 책에서는 전쟁 이야기는 하지 않는다. 하지만 그렇다고 해서 전쟁 가능성을 과소평가하지는 말아주었으면 한다.

한국을 포함하여 중견 산업 국가들은 뭉쳐야 한다

우리보다 더 중국과의 관계가 심각하고 더 미국에 매달려야 하는 대만에서조차 합종合從을 도모하고 있다. 대만이 미국과 각을 세운다는 의미가 아니라 오히려 미국에 매달려야 하기 때문에 미국의 그 어떤 요구도 받아들여야 하는 상황에 대한 대미 협상력을 높여야 한다는 것이다. 그리고 그 대안은 반도체 산업을 중심으로 한 독일, 일본, 네덜란드 등 산업 국가와의 합종이라고 필자는 대만의 고위직인 R씨에게서 들었다.

싱가포르의 리셴룽도 자유무역주의 국가들의 단합을 촉구했다. 그는 "미국이 없어도 게임은 계속될 수 있다. 글로벌 무역 시스템에서 미국이 더이상 규칙을 따르지 않더라도 다른 국가들은 서로 무역을 하면서 시스템을 유지할 수 있으며, 이는 싱가포르 같은 국가에 매우 중요하다고 생각한다"라고 말했다.

이렇게 타국과의 단합, 협력, 연대, 합종을 거론하는 이유는 모두 미국이나 중국 같은 파워가 없기 때문이다. 동시에 미중 갈등이 기존의 '규칙에 의한 세계'를 이탈해 '힘에 의한 세계'로 전환되고 있음을 보기 때문이다. 에스와르 프라사드Eswar Shanker Prasad●도 지금이 전 세계가 미국에 대한 의존도를 줄이기 위해 단결하는 역사적인 순간이 될 것이라고 말했다. 동시에 그는 "그러나 세계가 미국으로부터 분리되기는 매우 어려울 것이다"라고도 말했는데 지금의 형세를 아주 잘 표현한 말이다.

이시바 시게루石破茂 일본 총리는 미국의 관세 조치 영향으로 일부 일본 기업은 금년도 이익 감소가 예상되고, 중소기업은 향후 전망을

● 코넬대학교 톨라니 무역 정책 석좌 교수(Tolani Senior Professor of Trade Policy)이자 경제학 교수.

우려한다고 말했다.³⁷⁹ 차이신财新의 전언에 따르면 일본은 트럼프 문제에 대응하여 중일 관계가 개선된다면 일본의 대미 외교에 지렛대 효과가 있는 것은 분명하다고 본다.³⁸⁰ 랴오위시廖雨诗●는 전반적으로 일본은 경제적으로 중국과 긴밀히 협력하고 과거에 손대지 않았던 분야까지 강화해 대미 의존도를 다변화하고 공급망을 안정화할 것이라고 분석했다. 즉 일본은 트럼프에게 압박당하자 한때 무력 충돌 직전까지 갔던 중국과의 관계 개선까지 고려한다는 말이다. 이 또한 국익 앞에 이념이 작용하지 않는 냉엄한 현실을 우리에게 알려준다. 일본도 이해관계에 따라서 미국과 거리를 둘 가능성이 있는 것이다.

세실리아 말름스트룀Cecilia Malmström✖과 여한구◆는 EU와 한국이 CPTPP에 가입해야 한다고 강조했다.³⁸¹ CPTPP 경제 규모는 16조 달러에 달하며 전 세계 무역의 약 15%를 차지한다. CPTPP 12개국과 EU 27개국, 그리고 한국이 힘을 합친다면 이 그룹은 전 세계 GDP의 30% 이상을 차지하게 되며, 변화의 임계점을 달성할 수 있다는 것이다. 이들의 제언대로 만일 한국과 EU가 CPTPP에 가입하는 데 성공한다면 사실상 현재 구성 가능한 글로벌 최대 단일 시장이 될 것이다. 따라서 미중 모두에 최고의 협상력을 발휘할 수 있다.

이런 상황에서 자원 빈국인 우리나라가 중국으로 경도해야 할 가

● 일본전략연구포럼 선임 연구원.
✖ 전 유럽연합 집행위원회(European Commission, EC) 및 유럽 의회(European Parliament, EP) 멤버, 현 피터슨 국제경제연구소 비상근 선임 연구원.
◆ 이재명 정부에서 통상교섭본부장으로 임명되었다. 피터슨 국제경제연구소 선임 연구원.

능성은 충분히 예견되는 일이다. 미국이 우리나라를 민감국가로 지정한 배경에는 이런 요인도 작용했을 가능성이 있다. 동시에 이념 또는 반중 정서로 이러한 논의를 하기 어려운 사회 분위기도 큰 장애다.

우리나라는 산업에서 상당 정도의 경쟁력을 보유하고 있지만 이 산업 경쟁력의 절대 부분이 타국의 자원과 공급망에 의존하고 있다. 우리의 생존을 위해서는 자원, 특히 전략 물자를 의지해야 하는 이들 타국과의 협력 유지 발전이 절대적이다. 그리고 이들 국가에 필요한 전략 자원을 공급해줄 능력이 우리에게 있어야 이들과의 교환이 가능하거나 유리해질 것이다. 필자는 더 하고 싶은 말은 있지만 아직 때가 성숙하지 않았다고 생각하여 이 지점에서 펜을 멈춘다.

힘을 가진 자는 쌍무 협정을 선호한다. 둘이 협상하기 위해 마주앉으면 힘센 자가 상황을 결정하기가 쉽기 때문이다. 힘이 없는 자는 모여서 힘을 합치려 한다. 중국이 다자주의를 말하고 대만이 합종책을 내는 도리다. 이해하기 어려운 것은 한국이 제대로 다른 국가들과 연대하지 못하는 점이다.

필명으로 「아시아타임스」에 글을 쓰는 한페이즈Han Feizi는 화교로 알려져 있으며 중국의 금융 업계에서 일하는 것으로 알려져 있다. 그는 일본, 한국, 대만은 미국식의 범죄, 마약, 비만 문제에서 벗어났지만, 말기 자본주의와 자유민주주의의 허무주의와 문화적 무질서에서 벗어나지 못했다고 지적하며 자유민주주의가 '기개가 없는 남자들'을 생산했다고 질타했다.[382] 이 아시아 남자들은 욕망과 이성으로 가득 찼지만 티모스thymos, 즉 기개가 결여되어 있으며, 자기 개인 이익을 따지고 사소한 욕망을 충족시키며 산다고 비판했다. 인간은 타인보다 우월하게 인정받고 싶은 욕망이 없으면 우수성이나 성취도 불가능하다며 소소한 행복에 만족하고 거기서 벗어나지 못해 부끄러움을 느끼지 못하는 인간은 존엄을 상실한 것이라고 했다. 이 얼마나 통렬한 지적인가!

그러나 필자는 한국을 일본이나 대만과 하나로 보는 것에 동의하지 않는다. 한국은 평시에는 그저 소소한 일에 사로잡혀 있는 것으로 보여도 나라에 위기가 닥치면 국민이 모두 들고일어난다. 광주 혁명, 6월 항쟁, 가깝게는 윤석열의 친위 쿠데타에 대한 저항이 그것을 보여준다. 심지어 IMF 사태 같은 경제적 위기에서도 나라를 구한 것은 언제나 우리 국민이었다.

다만 일반 국민에게는 정확한 정보가 주어져야 정확한 사태 판단을 할 수 있다. 필자는 우리 국민에게 이 책을 통하여 우리가 처한 상황과 위기감을 전달하고 싶다. 그에 대한 대응은 우리 모두의 몫이 될 것이지만 말이다. 미국과 중국이 모두 리더십을 발휘하지 못하는 지금의 시국을 난관으로 볼 수도 있지만 우리나라 같은 나라들이 움직일 수 있는 새로운 기회가 만들어진 것으로 볼 수도 있다. 만일 우리에게 '기개'가 있다면 말이다.

필자의 생각으로는 지금이야말로 우리나라를 포함하여 미중 관세 전쟁으로 피해를 보는 세계의 주요 경제국, 주요 산업국들이 힘을 모아야 할 때다. 그렇지 않으면 가까운 미래에는 이 무역 전쟁이 더 잔혹한 방식으로 진행될 가능성이 높다. 예를 들어 한중일 3국이 무역 및 경제 협력에 합의를 이루지 못한다면 모두 자국 제품의 수출을 늘리고 다른 나라에서 수입을 줄이려 할 텐데 그럴 경우 가장 취약한 나라는 더 많은 것을 타국에 의지해야 하는 우리 한국이다.

양자 테크놀로지 기업인 SDT는 이런 지정학적인 이슈의 관점에서 매우 깊은 통찰을 주는 회사다. SDT는 양자 기술을 개발하지만 미국이나 중국처럼 양자 CPU 같은 엄청난 규모의 자본과 시간이 투자되어야 하는 기술은 개발하지 않는다. SDT는 양자 CPU를 제외한 주위 기술, 없으면 안 되지만 절대적 핵심은 아니며 그럼에도 핵심 기술을 이해하지 못하면 제공할 수 없는 주변 기술을 개발한다. 그 결과 미국이 양자 CPU를 개발한 후 컴퓨터로 완성하려면 SDT의 제조 기술과 주변 기술이 꼭 필요한 것이다. 이 비즈니스 모델을 SDT 윤지원 대표는 '양자 컴퓨터의 폭스콘'이라고 웃으며 말한다. 이 SDT에 외국 투자자들이 투자 제안을 하는 것은 매우 당연한 결과다.

바로 이렇게 미중이 하이테크 경쟁 중인 분야, 미중의 지정학적 리스크가 첨예한 분야에 한국의 기술 기업이 일견 핵심 기술에서 벗어난 기술을 개발하며 미중 양쪽 모두에 필요한 기업이 되는 것은 우리에게 미중 패권 경쟁의 시대에 한국 산업의 방향을 제시한다. 우리는 미중 사이에서 세 번째 진영이 될 수 있는 것이다.

트럼프는 다른 국가들에 대해 미국 편에 서도록 권유하거나 설득하기보다는 미국의 지시와 명령을 따르라고 압박한다. 동시에 시간이 지날수록 중국도 미국 편을 드는 국가들에 점점 더 반감을 표출한다.[383] 미국도 70개 이상의 국가가 관세 협상을 시작하기를 원한다고 주장하며, 이 협상으로 무역 파트너들을 압박해 중국을 고립시키려는 계획을 세우고 있다는 보도가 나온다. 하지만 분석가들은 트럼프의 무역 전쟁이 중국과 브라질 등 국가와의 관계를 강화하는 데 오히려 도움이 될 가능성이 있다고 지적했다.[384] 미국이 밀어내니 국가들은 반대쪽에 몰리는 것이다.

미국은 세계가 미국의 편에 서 있다고 생각한다. 아니 당연히 그럴 것이라고 생각한다. 그리고 트럼프의 미국은 동맹 구조를 군사, 경제, 기술 영역 전반에 걸친 통합된 공동 역량으로 전환하려 한다. 이는 일본과 한국이 미국 선박을 건조하고, 대만이 미국 반도체 공장 건설을 돕고, 미국이 동맹국들과 최고의 군사 기술을 공유하며, 모두가 중국에 대항하여 시장을 공유하는 것을 의미할 수도 있다. 이러한 접근 방식은 근본적인 방향 전환을 가리킨다. 트럼프의 행동 방식은 그 반대 방향을 가리키지만 말이다.

중국도 브라질과의 관계를 강화하는 동시에 라틴아메리카 전역에서의 관계를 공고히 하려고 노력한다. 그뿐 아니라 중국 상무부는 5월 20일 온라인으로 개최한 중국-아세안 경제무역장관 특별회의에서 양측 경제무역장관이 공동으로 중국-아세안 FTA 3.0 버전 협상을 완전히 완료했다고 발표했다.[385] 중국도 미국에 대항하여 진영을 만드는 것이다.

중요한 것은 이제 세계 각국이 미중 양편 중 하나를 지지하도록 강요당한다는 것이다. 그리고 세계에는 하나를 선택할 필요가 없는 제3진영 국가들이 있다. 바로 인도, 사우디아라비아, 브라질 등 미중에 빚

겨서 있는 국가다. 이들은 중국의 우회 수출 국가로 유력하며 미국의 대체 수입 국가로도 유력하다. 그렇기에 미중의 갈등과 주요 산업국의 고민이 이들에게는 호재다. 그럼 우리나라는 어떻게 해야 할까?

토드 프리드바허Todd J. Friedbacher●는 지역 협정에서 피난처를 찾게 될 것이라고 본다. 이그나시오 가르시아 베르세로Ignacio García Bercero✖는 이들 국가가 EU와 함께 미국과의 모든 협상에서 또는 미중 관세로 촉발된 무역 전환에 대응하여 WTO 규칙을 준수하겠다는 공동의 약속으로 광범위한 연합을 구성할 수 있다고 보았다.

필자는 한국도 미중에 충분한 협상력을 갖는 그룹을 조직해야 한다고 생각한다. 그리고 이런 그룹은 적극적으로 조직한 국가가 발언권을 더 갖는 법이다. 우리가 나서서 우리와 동일한 갈망이 있는 국가들을 조직화하면 그것이 중견 국가들의 진영, 세 번째 진영이 만들어지는 기초가 될 수 있다고 생각한다.

어떻게 세 번째 진영을 만들 것인가

한중일 3국은 경제적으로는 한중이 더 가깝고, 이념으로는 한일

● 시들리 오스틴 LLP(Sidley Austin LLP) 국제 무역 실무 파트너(International Trade Practice Partner).
✖ 브루겔(Bruegel) 비상임 연구원 및 런던정경대(LSE)와 유니버시티 칼리지 런던(UCL) 객원 교수. 전 유럽연합 집행위원회(EC) 고위 관료.

이 더 가까우며, 군사적으로는 일중이 대치하는 오묘한 관계다. 그러면서도 지역적으로 인접하고 경제적으로 밀접하다. 그리고 한중일 3국은 상대방을 매우 잘 알고 있다. 말하자면 이해관계가 복잡하지만 서로에 대한 이해도가 높다는 것이다. 그렇기에 세 번째 진영은 이 한중일 3국 경험에서 시작하면 좋겠다고 필자는 생각한다.

미국 정부가 무역 파트너에 상호 관세를 부과하기 직전에 한중일 외무부 장관 회의가 열려서 3국의 공통 이익을 기반으로 한 자유무역 질서의 발전을 촉진하고 도전에 대응하는 방법을 논의했다.[386] 한중일 경제 및 무역부 장관들은 국제 규칙에 기반한 글로벌 자유무역 체제에서 안정적인 무역 질서를 유지하기를 희망한다는 의견을 대체로 공유했다고 한다. 그러나 허윤◆은 한중일의 삼각 자유무역협정 체결 가능성을 '제로에 가깝다'고 했다.[387] 허윤은 중국이 자유무역협정에 다시 관심을 보이는 것은 정치적 동기의 움직임으로, 미국을 견제하기 위한 목적이라고 보았다. 알리시아 가르시아 에레로는 3국 자유무역협정이 한국과 일본의 미국과의 무역 관계를 긴장시킬 수 있다고 경고했다.

중국이 추진하는 이 한중일 FTA의 개념은 원래 2012년 아세안 회의 때 제안한 것이다. 스테판 앙그릭Stefan Angrick✖은 이에 대해 상당히 제한적일 것이라고 전망했다. 양위팅杨宇霆◆도 자유무역협정은 '반쪽짜리 조치'에 불과하며, 실제 수준에서 실현될 가능성은 낮다고 생각한다. 그럼에도 강인수■는 현재의 분위기가 이전보다 3자 협정 체결에 더 유리해졌다고 생각한다.

트럼프의 관세 정책은 지지부진하던 이 한중일 FTA에 동력을 제공했다. 중국 국영 방송사 CCTV 산하 포털인 위옌탄톈의 보도에 따르면 3국 모두 공급망 협력을 강화하고 수출 통제에 대한 대화를 강화하기로 합의했다.[388] 필자는 여기서 한일이 중국에 공동 대응하여 이념적으로 중국의 편에 서지 않으면서 이익은 3국이 함께 도모할 수 있는 방법을 찾아야 한다고 본다. 한국이 미국에 해명하기 어려운 사안은 일본이 돕고, 일본이 미국에 해명하기 어려운 사안은 한국이 도우면 된다. 그렇게 해서 일단 중국이 적극적으로 원하는 한중일 3국 FTA를 이룰 수 있으면 이를 기반으로 우리는 세 번째 진영을 확대해나갈 수 있을 것이다.

우리는 한중일 FTA를 통하여 서로 공통된 이익과 상반된 입장을 가진 나라들 사이의 메커니즘을 이해할 수 있고 또 어떻게 레버리지로 활용할지 숙지해야 한다. 일단 한중일 FTA에서 우리의 전략이 수립되고 또 유용성을 확인하면 우리는 이 한중일 FTA로 구성되는 시장이라는 전략적 수단을 활용할 수 있게 된다. 한중일 FTA 시장은 EU보다도 규모가 크다. 당연히 EU와 협력을 대등하게 논의할 자격이 있다.

또한 EU는 물론 중국과 밀접한 BRICS, SCO 등 글로벌 사우스 국

- ● 서강대학교 국제대학원 교수.
- ✱ 무디스 애널리틱스(Moody's Analytics) 수석 이코노미스트 겸 일본 경제 분석 책임자.
- ◆ 호주 뉴질랜드 은행 중화권 수석 이코노미스트.
- ■ 숙명여자대학교 경제학 교수.

가들과 협력의 창을 열어야 한다. 이들 국가들을 조직화하면서 세 번째 진영을 구성해나가야 한다. 바로 인도, 브라질, 사우디아라비아 등 미중과 등거리에 있는 국가들이 주축이 될 것이다.

그들이 우리를 상대해주겠냐고? 이들 국가들은 큰 시장과 자원이 있지만 산업 기술 수준이 높지 않다. 그리고 우리는 산업 수준은 높지만 시장과 자원이 필요하다. 중국이나 일본은 시장도 크고 기술도 있지만 세 번째 진영 국가들에는 경계 대상이기도 하다. 그들에게 한국은 좋은 레버리지가 될 것이다.

세 번째 진영이 만들어지면 앞으로 중국이 생산형 서비스 산업으로 전환해나갈 때 우리는 이에 편승할 수 있다. 상품에 고관세를 부과하는 시대에 가장 유리한 기업은 하이테크를 서비스 형태로 제공하는 기업이다. 우리는 IT 강국의 이미지가 있고, 서방과 우호적인 관계다.

생산형 서비스는 성격상 글로벌 경쟁을 피할 수 없다. 생산형 서비스를 점령한 미국과 대척점에 있는 중국은 미국을 대신할 파트너가 필요하다. 그리고 우리는 조금 더 노력하면 중국의 공급망을 사량발천근四兩撥千斤● 방식으로 이용하여 생산형 서비스 글로벌 시장에 진출할 수 있다. 예를 들면 AI 지능 제조 서비스 같은 것이다. 미국의 서비스를 이용할 수 없는 중국의 상황을 이용하여 우리나라가 대체

● 적은 힘으로 상대의 큰 힘을 다루는 것을 말함.

서비스를 제공하거나 공동 개발하는 것이다. 서비스 대상에서 구미 시장은 제외될 수도 있으나 기타 글로벌 시장에서는 구미 대비 경쟁력을 가질 수 있다. 반도체에서 위축되어가는 국력을 이러한 방법으로 정비할 수 있을 것이다.

러시아는 지정학적 특성으로 더욱 세 번째 진영으로 끌어들일 만하다. 러시아의 대미 관세는 제로다. 유엔 주재 러시아 제1 차관보 드미트리 폴랸스키는 이에 대해 러시아가 서방으로부터 받을 수 있는 제재는 모두 받았기 때문이라고 말했다.[389] 실제 러시아가 받고 있는 제재를 살펴보면 SWIFT 차단, 자산 동결, 달러 거래 제한 등 금융 제재와 전략 물자 수출 금지, 군사 산업 지원 기업 제재, 미국 기술이 포함된 제3국 제품의 러시아 수출 금지 등 수출 통제, 그리고 러시아산 에너지에 대한 제재 등이다. 이러한 제재는 우리 기업 입장에서는 충분히 극복 가능한 사안들이다.

필자는 러시아에 산업단지를 조성하여 한국 기업이 미국에 수출하는 상품을 이 산업단지에서 생산하는 방법도 충분히 고려할 수 있다고 믿는다. 말하자면 개성 공단의 러시아 버전이다. 하이테크 제품은 불가능하겠지만 대부분의 상품이 제조 가능하다. 게다가 우리 기업들은 중국 공급망도 활용할 수 있고 경우에 따라 북한의 저가 인력을 데려다 쓸 수도 있을 것이다.

조금 더 공격적인 방식이 허용된다면 우리는 러시아와 함께 두만강 하류에 북한을 우회하는 운하를 파고 이를 중국에 제공할 수 있다. 안보를 걱정하는 사람도 있겠지만 운하 통제권을 우리 손에 쥔다면 두려워하지 않아도 된다. 오히려 중국이 북한의 지지를 받아 자력으로 동해에 진출하는 것을 미연에 예방하는 효과도 있다. 그러지 않아도 러시아와 북한은 자력으로 두만강에 교량을 건설하려고 한다.[390] 다 우리 하기 나름이다.

맺음말

관세 전쟁을 극복하기 위한
세 번째 진영의 전략이 절실하다

피트 헤그세스는 "우리는 공산주의 중국의 동기와 능력을 이해하고 있으며, 현재와 미래에 분쟁을 억제할 수 있는 군사력을 구축하고 있다"고 말했다.[391] 미중이 무력 충돌한다면 양국 간의 디커플링은 필연적인 결과가 된다. 그럴 경우 우리나라 같은 가공 무역 경제 국가는 엄청난 피해를 입게 될 것이다. 불행하게도 우리는 이럴 가능성을 배제할 수 없다.

필자는 졸저 『디커플링과 공급망 전쟁』에서 향후 세계는 미국을 중심으로 하는 시장, 중국을 중심으로 하는 미국에 배척된 시장, 그리고 이 두 시장을 넘나드는 국가들의 시장 등 세 시장으로 개편될 거라고 주장했다. 이 생각은 지금도 바뀌지 않았다. 그리고 지금처럼 변화무쌍한 상황에서는 글로벌 공급망은 흔들릴 것이고 공급망의 지연과 비용 상승으로 이어질 것임을 예상했다. 이러한 생각은 곧바로 하나의 결론으로 치닫는다. 바로 공급망의 탄력성이 해당 국가의 경쟁력과 운명을 결정할 것이라는 사실이다.

우리나라는 과거의 성과에 취해 지금 여러 방면으로 경쟁력을 상실하고 있다. 더욱 무서운 것은 상당수 국민이 이런 현실을 잘 느끼지 못한다는 것이다. 우리는 지구상의 그 어떤 국가보다도 위기 상황에 있다. 하지만 그런 상황에 대한 인식이 너무나도 부족하다.

필자는 항상 우리나라 같은 국가는 주변 강대국의 의도를 읽고 먼저 치고 나가야 한다고 주장해왔다. 그러다 보니 지나친 상상력을 발휘하는 경향이 있는 것은 사실이다. 거기에 통상 상식적인 발상이라고 하기 어려운 제안들을 제법 하다 보니 필자의 의견은 종종 독단적이고 과격하며 현실과 유리되었다는 평가를 받는다. 사실 그러한 평가는 충분히 타당하다. 그러나 정도의 차이는 있을지라도 우리나라가 이대로 있어서는 안 된다는 위기감은 누구나 느낄 것이다.

이 책을 통해 다른 국가들과 세 번째 진영을 만들어 미중 패권 경쟁 시대를 극복하자는 제언을 여러분에게 던진다. 아직은 성숙하지 않은 아이디어이며 더 나은 전략이 얼마든지 있을 것이다. 다만 필자의 우매한 의견이 우리 사회에서 활발한 논의의 도화선이 되어 불타오르기를 바랄 뿐이다. 적어도 한미 관계나 한중 관계라는 기존 쌍무 관계의 도식에 사로잡히지 않고 전 세계 국가와 역학 관계를 고려한 더 좋은 전략과 의견이 쏟아지는 모습이 나오기를 기대한다. 우리 모두, 그리고 우리의 후손들을 위해서 말이다.

끝으로 이 책의 집필 과정에서 매우 중요한 정보를 전달해준 몇 분에게 감사드리고 싶다. 모두 본명을 밝힐 수 없어 영문자로 대신한다. 미 정부 내부 소식을 알려준 에이전트 a, 미 주류 사회 내부 정보를 알려준 C, 미 종교 단체들과 트럼프 행정부 간의 역학 관계를 알려준 L, 대만 내부 소식을 알려준 R, 대만 여러 중요 인사를 연결해준 W, 미군 내부 정보를 알려준 Y 등 여러분이 없었다면 이 책은 그저 필자의 판타지 소설이 되었을지 모른다. 이 책의 마무리를 빌려 도움을 주신 이분들에게 진심으로 감사드린다. 또한 이 책에 착오가 있다면 그것은 모두 필자의 책임이며 행여 이분들의 정보가 왜곡되어 표현된 부분이 있다면 모두 필자가 제대로 이해하지 못한 오류임을 밝힌다.

주석

1. https://www.foreignaffairs.com/china/china-sees-opportunity-trumps-upheaval?s=EDZZZ005ZX&utm_medium=newsletters&utm_source=fatoday&utm_campaign=China%20Sees%20Opportunity%20in%20Trump%E2%80%99s%20Upheaval&utm_content=20250327&utm_term=EDZZZ005ZX
2. https://www.yicai.com/news/102537943.html
3. 이 용어를 처음으로 체계적으로 사용한 인물은 리자 토빈(Liza Tobin)이다. 그는 2022년 12월에 발표한 논문에서 이 개념을 도입하여 중국의 경제 전략을 분석했다.
4. 이성현, 『미국의 본심』, 2025년 4월.
5. Timothy Garton Ash, Ivan Krastev, Mark Leonard, "ALONE IN A TRUMPIAN WORLD: THE EU AND GLOBAL PUBLIC OPINION AFTER THE US ELECTIONS", 2025년 1월.
6. https://www.economist.com/international/2025/05/27/donald-trump-steals-xi-jinpings-favourite-foreign-policy?utm_content=ed-picks-image-link-4&etear=nl_today_4&utm_campaign=a.the-economist-today&utm_medium=email.internal-newsletter.np&utm_source=salesforce-marketing-cloud&utm_term=5/28/2025&utm_id=2083690
7. https://www.youtube.com/watch?v=-ixsNEmBA0E
8. https://www.foreignaffairs.com/united-states/no-substitute-victory-pottinger-gallagher?utm_medium=promo_email&utm_source=fa_editl&utm_campaign=pre_release_no_substitute_victory_actives_b&utm_content=20240410&utm_term=all-actives
9. 2015년 10월 환태평양 12개국 간의 협상으로 체결된 광역 자유무역협정(FTA)이다. 2017년 1월 미국 트럼프 대통령의 탈퇴 선언으로 일본, 캐나다, 호주, 브루나이, 싱가포르, 멕시코, 베트남, 뉴질랜드, 칠레, 페루, 말레이시아 등 11개국이 참여하고 있다.
10. https://www.foreignaffairs.com/china/economics-china-international-system-tariffs-michael-froman?utm_medium=newsletters&utm_source=twofa&utm_campaign=China%20Has%20Already%20Remade%20the%20International%20System&utm_content=20250328&utm_term=EWZZZ003ZX

11. https://www.whitehouse.gov/presidential-actions/2025/02/america-first-investment-policy/
12. Holding Foreign Companies Accountable Act
13. https://www.youtube.com/watch?v=HDb9dGqvX0A&list=WL&index=2&t=922s
14. https://www.donga.com/news/Inter/article/all/20230428/119060792/1
15. https://www.rfi.fr/cn/%E7%BB%8F%E8%B4%B8/20250416-%E7%99%BD%E5%AE%AB-%E6%9C%80%E9%AB%98%E5%8F%AF%E8%BE%BE245-%E5%85%B3%E7%A8%8E%E7%A8%8E%E7%8E%87%E5%B9%B6%E9%9D%9E%E6%96%B0%E7%9A%84%E5%A2%9E%E5%B9%85-%E6%98%AF%E7%89%B9%E5%AE%9A%E5%95%86%E5%93%81%E9%9D%A2%E4%B8%B4%E7%9A%84%E5%85%B3%E7%A8%8E%E6%80%BB%E5%92%8C
16. https://cn.nytimes.com/business/20250115/china-trade-surplus-trump/
17. https://iz.ru/1807871/ksenia-loginova/otvet-drakona-kitai-podgotovilsa-k-novoi-torgovoi-voine-s-ssa
18. https://www.reuters.com/world/trump-says-he-is-discussing-10-tariff-china-feb-1-2025-01-21/
19. https://d3apuqp939tb25.cloudfront.net/story/001105191?s=w
20. https://cn.nytimes.com/world/20250123/trump-china-deal-making/
21. https://www.reuters.com/business/trump-readies-order-steep-tariffs-goods-mexico-canada-china-2025-02-01/
22. https://d2uvt19t67bxij.cloudfront.net/story/001105557?s=w
23. https://ria.ru/20250202/otvet-1996857262.html
24. https://www.thefiscaltimes.com/2025/03/04/Trump-Threatens-More-Tariffs-Canada-Mexico-and-China-Retaliate
25. https://www.reuters.com/business/trump-readies-order-steep-tariffs-goods-mexico-canada-china-2025-02-01/
26. https://iz.ru/1833265/2025-02-04/poshliny-trampa-obrushat-torgovliu-s-riadom-stran-na-30-50
27. https://news.cctv.com/2025/02/04/ARTIZfQbIWLlFwwnsdNUBLhN250204.shtml?spm=C94212.P4YnMod9m2uD.ENPMkWvfnaiV.4
28. https://asiatimes.com/2025/01/trumps-china-trade-war-plan-keeps-markets-guessing/
29. https://www.ftchinese.com/interactive/191250
30. https://d2uvt19t67bxij.cloudfront.net/story/001105995?token=51F6F00946427258D0CEAEEEBE49B432B2AD435676BB847F24D1E264DD6E4D65&s=w&archive#s=w
31. https://news.cctv.com/2025/02/04/ARTI7kXXxTh8mVDn7xPqT5N3250204.shtml?spm=C94212.P4YnMod9m2uD.ENPMkWvfnaiV.4
32. https://www.reuters.com/markets/china-urges-us-cancel-reciprocal-tariffs-2025-04-03/
33. https://www.reuters.com/world/china/china-vows-countermeasures-against-us-tariffs-linked-fentanyl-2025-03-04/
34. https://www.bbc.com/zhongwen/articles/c9qj5z7354go/simp
35. https://www.bbc.com/zhongwen/articles/cz7ed9j7d92o/simp

36. https://udn.com/news/story/7331/8539525?from=udn-catebreaknews_ch2
37. https://news.cctv.com/2025/03/28/ARTIphL9cry8GTOUAwfexxC7250327.shtml?spm=C94212.P4YnMod9m2uD.ENPMkWvfnaiV.66
38. https://www.bloomberg.com/news/articles/2025-03-25/trump-s-threat-of-secondary-tariffs-invents-new-trade-weapon?srnd=homepage-asia
39. https://www.rfi.fr/cn/%E4%B8%AD%E5%9B%BD/20250324-%E4%B8%AD%E5%9B%BD%E6%96%B0%E8%A7%84%E5%BC%BA%E5%8C%96%E6%89%A7%E8%A1%8C-%E5%8F%8D%E5%A4%96%E5%9B%BD%E5%88%B6%E8%A3%81%E6%B3%95-%E5%8F%AF%E5%86%BB%E7%BB%93%E7%9F%A5%E8%AF%86%E4%BA%A7%E6%9D%83
40. https://www.scmp.com/news/china/article/3298603/trump-unveils-reciprocal-blanket-tariffs-all-major-us-trading-partners?module=top_story&pgtype=homepage
41. 1930년 제정된 스무트-홀리 관세법은 세계 무역 전쟁을 촉발하고 대공황을 심화시킨 것으로 가장 잘 알려진 법이다.
42. https://www.csis.org/analysis/liberation-day-tariffs-explained
43. https://cn.nytimes.com/business/20250429/trump-trade-global-economy/
44. https://www.huxiu.com/article/4019632.html
45. https://iz.ru/1864997/dmitrii-migunov/opasnaa-dilemma-cto-predprimut-evropa-i-azia-protiv-tarifov-ssa
46. https://www.yicai.com/news/102549747.html
47. https://www.bbc.com/korean/articles/c33z4z2nr31o
48. https://asiatimes.com/2025/04/15-reasons-these-tariffs-are-a-mistake/
49. 북한도 제로 관세다.
50. https://www.washingtonpost.com/business/2025/05/28/trump-tariffs-trade-court-ruling/?utm_campaign=wp_todays_headlines&utm_medium=email&utm_source=newsletter&carta-url=https%3A%2F%2Fs2.washingtonpost.com%2Fcar-ln-tr%2F42caf69%2F6838302574393667ca1b70c9%2F5e8ffca79bbc0f0c1b0a3029%2F11%2F64%2F6838302574393667ca1b70c9
51. https://www.bloomberg.com/news/articles/2025-05-29/trump-can-offset-tariff-ruling-with-other-tools-goldman-says?srnd=homepage-asia
52. https://iz.ru/1895068/natalia-ilina/eks-port-zavershilo-li-reshenie-suda-ssha-eskalaciyu-torgovyh-vojn
53. https://iz.ru/1864507/2025-04-03/amerikanskii-ekonomist-nazval-dve-priciny-vvedenia-trampom-novyh-poslin
54. https://news.cctv.com/2025/04/05/ARTIsq5Dan7nmGcTeex8v6B5250405.shtml?spm=C73544894212.P26359761204.EogkW3VdRtw6.2
55. https://www.ftchinese.com/interactive/200267
56. https://www.rfi.fr/cn/%E7%BE%8E%E6%B4%B2/20250407-%E7%89%B9%E6%9C%97%E6%99%AE-%E6%98%AF%E4%B8%AD%E5%9B%BD%E6%AF%81%E4%BA%86%E6%88%91%E4%BB%AC
57. https://ria.ru/20250407/kitaj-2009910772.html
58. https://www.rfi.fr/cn/%E4%B8%93%E6%A0%8F%E6%A3%80%E7%B4%A2/%E6%B3%95%E5%9B%BD%E4%B8%96%E7%95%8C%E6%8A%A5/20250408-%E7%89%B9%E6%9C%9C

%97%E6%99%AE%E8%A6%81%E6%B1%82%E4%B8%AD%E5%9B%BD%E8%B4%B8%E6%98%93%E6%8A%95%E9%99%8D%EF%BC%8C%E4%B8%AD%E5%9B%BD%E6%8B%92%E7%BB%9D%E6%8A%95%E9%99%8D%EF%BC%8C%E7%BE%8E%E4%B8%AD%E5%BC%80%E5%90%AF%E8%B4%B8%E6%98%93%E5%AF%B9%E6%8A%97

59. https://www.rfi.fr/cn/%E4%B8%AD%E5%9B%BD/20250406-%E6%9F%8F%E6%9E%97%E6%99%A8%E6%8A%A5-%E4%B8%AD%E5%9B%BD%E5%8F%AF%E8%83%BD%E6%88%90%E4%B8%BA%E5%85%B3%E7%A8%8E%E5%A4%A7%E6%88%98%E7%9A%84%E8%B5%A2%E5%AE%B6

60. https://cn.nytimes.com/china/20250412/trump-china-tariffs-xi/
61. https://www.bbc.com/zhongwen/articles/c3ev4qv8y2vo/simp
62. https://www.caixinglobal.com/2025-04-10/chinese-firms-set-to-seek-alternative-sources-for-key-us-imports-102308073.html
63. http://www.news.cn/politics/20250409/599b4f7371184e0db754c16006dccea8/c.html
64. https://www.reuters.com/world/china-criticises-trump-tariff-blackmail-market-turmoil-settles-2025-04-08/
65. https://www.telegraph.co.uk/business/2025/04/09/fears-market-armageddon-forced-trump-truss-climbdown/?WT.mc_id=e_DM557361&WT.tsrc=email&etype=Edi_Edi_New_Reg&utmsource=email&utm_medium=Edi_Edi_New_Reg20250410&utm_campaign=DM557361
66. https://cn.nytimes.com/business/20250410/trump-tariffs-stocks-china/
67. https://www.huxiu.com/article/4230791.html
68. https://www.bbc.com/zhongwen/articles/cwy6rygx8y4o/simp
69. https://www.bloomberg.com/news/articles/2025-04-13/china-says-us-tariff-exemption-a-small-step-to-undoing-mistake?srnd=homepage-asia
70. https://www.washingtonpost.com/business/2025/04/07/stock-market-trade-war-tariffs/?utm_source=alert&utm_medium=email&utm_campaign=wp_news_alert_revere&location=alert
71. https://news.cctv.com/2025/04/11/ARTIwMIPuOPMKhAvBEN4zjqO250411.shtml?spm=C94212.P4YnMod9m2uD.E7v7lEZZ0WEM.4
72. https://www.reuters.com/world/us/trump-says-he-will-provide-more-info-chips-tariffs-monday-2025-04-13/
73. https://www.rfi.fr/cn/%E4%B8%AD%E5%9B%BD/20250412-%E7%89%B9%E6%9C%97%E6%99%AE%E4%B8%BA%E4%BD%95%E7%AA%81%E7%84%B6%E5%85%8D%E9%99%A4%E4%BB%8E%E4%B8%AD%E5%9B%BD%E8%BF%9B%E5%8F%A3%E7%9A%84%E9%AB%98%E7%A7%91%E6%8A%80%E4%BA%A7%E5%93%81%E5%85%B3%E7%A8%8E
74. https://www.yicai.com/news/102568743.html
75. https://www.yicai.com/news/102572188.html
76. https://www.ftchinese.com/interactive/201663
77. https://www.rfi.fr/cn/%E7%BB%8F%E8%B4%B8/20250414-%E5%85%B3%E7%A8%8E-%E7%89%B9%E6%9C%97%E6%99%AE%E8%AD%A6%E5%91%8A%E7%A7%B0%E6%B2%A1%E

6%9C%89%E5%93%AA%E4%B8%AA%E5%9B%BD%E5%AE%B6%E5%8F%AF%E4%BB%A5-%E7%BD%AE%E8%BA%AB%E4%BA%8B%E5%A4%96

78. https://iz.ru/1871572/2025-04-16/v-ssha-prigrozili-kitaiu-poshlinami-do-245
79. https://www.rfi.fr/cn/%E7%BB%8F%E8%B4%B8/20250416-%E7%99%BD%E5%AE%AB-%E6%9C%80%E9%AB%98%E5%8F%AF%E8%BE%BE245-%E5%85%B3%E7%A8%8E%E7%A8%8E%E7%8E%87%E5%B9%B6%E9%9D%9E%E6%96%B0%E7%9A%84%E5%A2%9E%E5%B9%85-%E6%98%AF%E7%89%B9%E5%AE%9A%E5%95%86%E5%93%81%E9%9D%A2%E4%B8%B4%E7%9A%84%E5%85%B3%E7%A8%8E%E6%80%BB%E5%92%8C
80. https://www.rfi.fr/cn/%E7%BB%8F%E8%B4%B8/20250415-%E4%B8%AD%E5%9B%BD%E5%B7%B2%E4%B8%8B%E4%BB%A4%E5%85%B6%E8%88%AA%E7%A9%BA%E5%85%AC%E5%8F%B8%E5%81%9C%E6%AD%A2%E6%8E%A5%E6%94%B6%E6%B3%A2-%A2%E9%9F%B3%E9%A3%9E%E6%9C%BA-%E6%9A%82%E5%81%9C%E4%BB%8E%E7%BE%8E%E4%BC%81%E9%87%87%E8%B4%AD%E9%A3%9E%E6%9C%BA%E8%AE%BE%E5%A4%87%E5%92%8C%E9%9B%B6%E9%83%A8%E4%BB%B6
81. https://www.bloomberg.com/news/articles/2025-04-15/china-southern-halts-sale-of-boeing-jets-on-us-new-plane-freeze?srnd=homepage-asia
82. https://www.bloomberg.com/news/articles/2025-04-23/boeing-prepared-to-remarket-china-aircraft-to-other-customers?srnd=homepage-asia
83. https://d2uvt19t67bxij.cloudfront.net/story/001106124?token=51F6F00946427258D0CEAEEEBE49B432B2AD435676BB847F24D1E264DD6E4D65&s=w#s=w
84. 미국 정부가 백 채널로 지정한 사람들이라는 의미다.
85. https://www.reuters.com/world/china/china-considers-exempting-some-goods-us-tariffs-source-says-2025-04-25/
86. https://www.ftchinese.com/story/001106277
87. https://mailchi.mp/chinaus-icas/icas-dispatch-may-2-17990005?e=426a52c2f3
88. <iframe src="https://www.facebook.com/plugins/post.php?href=https%3A%2F%2Fwww.facebook.com%2Fseungjoo.lee.545%2Fposts%2Fpfbid033yZNk493w2aHQEMyh8UhzTPKvniDyiEhKDz1Zeug35BxGt6cSVuNsvhFaEapa3Hnl&show_text=true&width=500" width="500" height="374" style="border:none;overflow:hidden" scrolling="no" frameborder="0" allowfullscreen="true" allow="autoplay; clipboard-write; encrypted-media; picture-in-picture; web-share"></iframe>
89. 이 말은 트럼프 행정부의 체면을 세워주는 의도에서 나온 것으로 풀이된다.
90. https://world.huanqiu.com/article/4MVgWLtkBAC
91. https://world.huanqiu.com/article/4MavPnDXImU
92. http://www.news.cn/world/20250512/38cf894078aa487a9a510ef8f087f590/c.html
93. 4월 2일 행정명령 14257호에 명시된 해당 관세 중 24%를 초기 90일 동안 유예하고, 해당 상품에 대한 나머지 10% 관세는 동 행정명령에 명시된 대로 유지한다.
94. 2025년 조세위원회 고시 제4호의 24%의 관세는 초기 90일 동안 유예하고 나머지 10%에 대해 부과된 관세는 유지하며 2025년 조세위원회 고시 제5호 및 제6호에 따라 이들 상품에 부과된 관세를 취소하며, 이들 상품에 부과된 관세의 정지 또는 취소에 필요한 조치를 취한다.
95. https://cn.nytimes.com/business/20250514/trump-china-tariff-deal-uncertainty/
96. https://www.yicai.com/news/102637427.html

97. https://www.huxiu.com/article/4340006.html
98. 그는 사표를 제출한 직원은 그 사표가 반려된다 하더라도 더이상 상사와의 관계가 예전 같을 수 없다는 예를 들었다. 즉 미중은 다시는 전과 같은 협력 모드로 돌아갈 수 없다는 의미다.
99. https://www.foreignaffairs.com/united-states/limits-us-china-deal?utm_medium=newsletters&utm_source=fatoday&utm_campaign=The%20Resurgence%20of%20Europe&utm_content=20250512&utm_term=EDZZZ005ZX
100. https://www.caixinglobal.com/2025-05-19/cover-story-us-china-call-a-truce-but-global-trade-has-changed-forever-102320933.html
101. https://opinion.huanqiu.com/article/4Mh1ee577o2
102. https://www.scmp.com/news/china/diplomacy/article/3310954/us-and-china-called-truce-tariffs-battleground-expanding?module=top_story&pgtype=homepage
103. https://ria.ru/20250514/tarify-2016973574.html
104. https://news.mingpao.com/pns/%e4%b8%ad%e5%9c%8b/article/20250522/s00013/1747848307794/%e5%a4%96%e4%ba%a4%e9%83%a8%e5%89%af%e5%8f%b8%e9%95%b7-%e9%ac%a5%e7%88%ad%e6%89%8d%e8%b4%8f%e5%b0%8a%e9%87%8d-%e5%b0%8d%e7%be%8e%e4%b8%8d%e6%8a%b1%e5%b9%bb%e6%83%b3
105. https://www.bloomberg.com/news/articles/2025-05-24/trump-s-new-tariff-threats-show-trade-uncertainty-here-to-stay?srnd=homepage-asia
106. https://www.caixinglobal.com/2025-02-13/opinion-prepare-for-a-prolonged-trade-war-102287973.html
107. https://www.huxiu.com/article/4000917.html
108. https://www.bbc.com/zhongwen/articles/czx763znx0yo/simp
109. https://cn.nytimes.com/business/20250514/trump-china-tariff-deal-uncertainty/
110. https://www.bbc.com/zhongwen/articles/cp82ngxy7jjo/simp
111. https://www.youtube.com/watch?v=ywXK4utTmIk
112. 필자는 이 정부 재정이 문제라는 시각에 동의한다.
113. https://www.youtube.com/watch?v=5O8bc-WmcE0&t=102s
114. https://www.yicai.com/news/102578559.html
115. 트럼프는 "다른 나라에 좋은 협상이 아니라 미국에 정말 공정하고 좋은 협상을 한다면 그것이 바로 미국 우선주의다"라고 말했다.
116. https://d2uvt19t67bxij.cloudfront.net/story/001106344?token=51F6F00946427258D0CEAEEEBE49B432B2AD435676BB847F24D1E264DD6E4D65&s=w#s=w
117. https://www.foreignaffairs.com/united-states/price-trumps-power-politics?s=EDZZZ005ZX&utm_medium=newsletters&utm_source=fatoday&utm_campaign=The%20Price%20of%20Trump%E2%80%99s%20Power%20Politics&utm_content=20250130&utm_term=EDZZZ005ZX
118. https://iz.ru/1826770/2025-01-23/eksperty-kanady-rasskazali-o-posledstviah-dla-torgovli-iz-za-ugroz-trampa-po-tarifam
119. https://cn.nytimes.com/world/20250123/trump-china-deal-making/
120. https://ria.ru/20250204/ssha-1997212678.html
121. https://www.theguardian.com/us-news/2024/nov/30/trump-administration-cabinet?utm_source=chatgpt.com

122. https://d2uvt19t67bxij.cloudfront.net/story/001106121?token=51F6F00946427258D0CEAEEEBE49B432B2AD435676BB847F24D1E264DD6E4D65&s=w#s=w
123. 레이 달리오는 트럼프가 중국산 제품에 145%의 고율 관세를 부과한 조치가 미국 경제에 심각한 타격을 줄 수 있다고 경고했다. 달리오는 관세가 단순한 경제적 조치가 아니라 국가 간의 전략적 대비 수단으로 사용될 수 있다고 했다. 관세를 통해 외국 자본과 공급망에 대한 의존도를 줄이고, 국내 경제의 자립성을 강화함으로써 향후 발생할 수 있는 국제적 갈등에 대비한다는 것인데 그는 이러한 전략이 단기적으로는 경제 효율성을 저하시킬 수 있으며, 장기적으로는 미국의 재정 적자와 부채 문제를 악화시킬 수 있다고 했다.
124. 역사학자 니얼 퍼거슨(Niall Ferguson)은 미국이 직면한 현재의 딜레마를 '퍼거슨 한계'로 요약했다. 그는 애덤 퍼거슨(Adam Ferguson)의 1767년 저서 『문명 사회의 역사』의 내용을 인용하면서, 미국이 100년 만에 처음으로 이자 비용이 국방비를 초과하는 임계점, '퍼거슨 한계(Ferguson limit)'에 직면할 수 있다고 지적했다. 역사적으로 볼 때, 변곡점을 넘어서면 일반적으로 지배적 지위를 잃게 된다는 신호라는 것이다.
125. 미국 달러 지수가 100 아래로 급락하고 30년 만기 국채 수익률이 5% 이상으로 상승하는 등의 현상.
126. 미란의 주장은 외환보유고에 대한 세계적 수요가 미국 달러의 과대평가와 그에 따른 무역 및 경상 수지 적자로 이어진다는 것이다.
127. https://www.rfi.fr/cn/%E4%B8%AD%E5%9B%BD/20250416-%E4%B8%BA%E8%A1%A5%E5%85%85%E7%BE%8E%E5%9B%BD%E6%94%BF%E5%BA%9C%E9%87%91%E5%BA%93%EF%BC%8C%E7%89%B9%E6%9C%97%E6%99%AE%E5%9B%A2%E9%98%9F%E6%8F%90%E9%AB%98%E5%85%B3%E7%A8%8E%E5%B9%B6%E6%91%86%E8%84%B1%E5%BC%BA%E5%8A%BF%E7%BE%8E%E5%85%83-%E7%BB%8F%E6%B5%8E%E5%AD%A6%E5%AE%B6%E4%BB%AC%E8%AD%A6%E5%91%8A%E7%BE%8E%E5%9B%BD%E5%80%BA%E5%8A%A1%E8%BF%9D%E7%BA%A6
128. https://www.rfi.fr/cn/%E4%B8%AD%E5%9B%BD/20250116-%E7%89%B9E6%9C%97%E6%99%AE%E8%B4%A2%E6%94%BF%E9%83%A8%E9%95%BF%E6%8F%90%E5%90%8D%E4%BA%BA%E6%94%AF%E6%8C%81%E5%8A%A0%E5%BE%B5%E5%85%B3%E7%A8%8E-%E5%BA%94%E5%AF%B9%E4%B8%AD%E5%9B%BD%E4%B8%8D%E5%85%AC%E5%B9%B3%E8%B4%B8%E6%98%93%E8%A1%8C%E4%B8%BA
129. https://www.reuters.com/markets/us/treasury-secretary-bessent-says-tariffs-aimed-bringing-manufacturing-back-us-2025-02-05/
130. https://nationalinterest.org/feature/why-donald-trump-might-reverse-course-on-tariffs
131. https://www.bloomberg.com/news/articles/2025-04-17/trump-has-discussed-firing-powell-with-advisers-wsj-reports?srnd=homepage-asia
132. 국방 지출 한도 8,860억 달러, 비국방 지출 한도 7,040억 달러였다.
133. https://d2uvt19t67bxij.cloudfront.net/interactive/202084?token=51F6F00946427258D0CEAEEEBE49B432B2AD435676BB847F24D1E264DD6E4D65&s=w&exclusive#s=w
134. https://www.washingtonpost.com/business/2025/04/16/powell-inflation-trump-tariffs-economy/?utm_source=alert&utm_medium=email&utm_campaign=wp_news_alert_revere&location=alert

135. https://www.washingtonpost.com/business/2025/04/15/doge-ssa-immigration-trump-housing/?utm_source=alert&utm_medium=email&utm_campaign=wp_news_alert_revere_special_report&location=alert
136. https://d2uvt19t67bxij.cloudfront.net/story/001106007?token=51F6F00946427258D0CEAEEEBE49B432B2AD435676BB847F24D1E264DD6E4D65&s=w&archive#s=w
137. https://www.washingtonpost.com/nation/2025/05/11/trump-government-operations-halt-funding-cuts/?utm_source=alert&utm_medium=email&utm_campaign=wp_news_alert_revere&location=alert
138. https://asiatimes.com/2025/05/forget-musk-russ-vought-is-the-real-power-behind-trump/
139. https://www.scmp.com/economy/global-economy/article/3306201/economist-says-chinas-overseas-assets-risk-trade-war-hits-boiling-point?module=breaking&pgtype=homepage
140. https://asiatimes.com/2025/05/moodys-downgrade-rings-alarm-on-asias-dollar-assets/
141. https://asiatimes.com/2025/01/why-china-probably-isnt-panicking-over-trump/
142. https://www.csis.org/analysis/liberation-day-tariffs-explained
143. https://www.youtube.com/watch?v=nzoQCsFN-30
144. https://www.huxiu.com/article/4215913.html
145. https://www.youtube.com/watch?v=lvy-F_2AOzE&t=40s
146. https://www.piie.com/publications/piie-briefings/2025/us-revenue-implications-president-trumps-2025-tariffs?utm_source=update-newsletter&utm_medium=email&utm_campaign=piie-insider
147. https://www.foreignaffairs.com/united-states/age-tariffs-trump-global-economy?utm_medium=newsletters&utm_source=twofa&utm_campaign=The%20Limits%20of%20Trump%E2%80%99s%20Hardball%20Diplomacy&utm_content=20250404&utm_term=EWZZZ003ZX
148. https://www.piie.com/events/2025/global-economic-prospects-spring-2025
149. 피터슨 국제경제연구소 비상근 선임 연구원.
150. 이들은 트럼프의 관세 정책에 대해 "이것은 중국과의 큰 거래를 위한 교묘한 계략이 아니다. 중국을 비난하는 것은 트럼프의 MAGA 지지층과 강하게 공명하여 그가 방향을 바꾸는 것을 거의 불가능하게 만든다. 그는 궁지에 몰렸다!"라며 우려했다.
151. 국제금융연구소 중국 연구 책임자.
152. 대외경제정책연구원.
153. 러시아 국립대학교 경제 정책 및 경제 측정학과 부교수.
154. https://www.rfi.fr/cn/%E5%9B%BD%E9%99%85/20250416-%E4%B8%96%E8%B4%B8%E7%BB%84%E7%BB%87-%E5%8F%97%E7%89%B9%E6%9C%97%E6%99%AE%E7%9A%84%E5%85%B3%E7%A8%8E%E5%BD%B1%E5%93%8D%EF%BC%8C%E5%85%A8%E7%90%83%E8%B4%B8%E6%98%93%E4%BB%8A%E5%B9%B4%E5%B0%86%E5%A4%A7%E5%B9%85%E4%B8%8B%E6%BB%91-%E5%88%B02040%E5%B9%B4%E5%85%A8%E7%90%83gdp%E5%B0%86%E9%95%BF%E6%9C%9F%E4%B8%8B%E9%99%8D%E8%BF%917

155. https://www.rfi.fr/cn/%E5%9B%BD%E9%99%85/20250410-%E4%B8%96%E7%95%8C%E8%B4%B8%E6%98%93%E7%BB%84%E7%BB%87%E7%A7%98%E4%B9%A6%E9%95%BF-%E7%BE%8E%E4%B8%AD%E5%85%B3%E7%A8%8E%E6%88%98%E5%8F%AF%E8%83%BD%E5%AF%BC%E8%87%B4%E5%85%A8%E7%90%83gdp%E9%95%BF%E6%9C%9F%E4%B8%8B%E9%99%8D7
156. https://d2uvt19t67bxij.cloudfront.net/interactive/201309?token=51F6F00946427258D0CEAEEEBE49B432B2AD435676BB847F24D1E264DD6E4D65&s=w&exclusive#s=w
157. https://iz.ru/1868159/kirill-fenin-natala-ilina/globalnyi-otvet-tret-mirovoi-ekonomiki-vvela-posliny-protiv-ssa
158. https://news.cctv.com/2025/04/23/ARTI8RIf1xXHxXPX58KYXGab250422.shtml?spm=C94212.P4YnMod9m2uD.ENPMkWvfnaiV.92
159. https://www.ftchinese.com/interactive/199734
160. https://mailchi.mp/chinaus-icas/icas-dispatch-may-2-17990005?e=426a52c2f3
161. https://asiatimes.com/2025/05/moodys-downgrade-rings-alarm-on-asias-dollar-assets/
162. https://www.bbc.com/zhongwen/articles/cwyqknj04rwo/simp
163. 「데일리 텔레그래프(The Daily Telegraph)」국제 비즈니스 편집장.
164. 쑤저우증권 수석 이코노미스트.
165. https://www.caixinglobal.com/2025-04-04/caixin-explains-impacts-of-trumps-global-tariff-war-and-what-comes-next-102305931.html
166. 맥쿼리(Macquarie) 그룹 이코노미스트.
167. 미국의 저명한 이코노미스트이자 컬럼비아대학교 교수.
168. https://ria.ru/20250409/ekonomist-2010144288.html
169. https://www.ftchinese.com/story/001105914
170. https://www.yicai.com/news/102550872.html
171. https://www.caixinglobal.com/2025-03-24/analysis-who-will-bear-the-brunt-of-trumps-tariffs-102301663.html
172. https://www.telegraph.co.uk/business/2025/04/15/donald-trump-has-already-lost-his-trade-war-against-china/
173. https://d2uvt19t67bxij.cloudfront.net/interactive/204083?token=51F6F00946427258D0CEAEEEBE49B432B2AD435676BB847F24D1E264DD6E4D65&s=w&exclusive#s=w
174. https://www.ftchinese.com/interactive/203771
175. Adam S. Posen, "Is the End of the Chinese Miracle, the Start of More Trouble? (Or is it all now moot?)", February 3, 2025, UC San Diego Economics Roundtable
176. https://www.rfi.fr/cn/%E4%B8%AD%E5%9B%BD/20250430-%E7%BE%8E%E5%9B%BD%E9%A6%96%E5%AD%A3gdp%E6%83%8A%E4%BA%BA%E4%B8%8B%E6%BB%91-%E7%89%B9%E6%9C%97%E6%99%AE%E5%BD%92%E5%92%8E%E6%8B%9C%E7%99%BB
177. https://www.rand.org/pubs/commentary/2025/04/beyond-tariffs-what-the-us-can-learn-from-chinas-industrial.html??cutoff=true&utm_source=AdaptiveMailer&utm_

medium=email&utm_campaign=7014N000001SnimQAC&utm_term=00vQK00000FOREPYA5&org=1674&lvl=100&ite=296395&lea=4109935&ctr=0&par=1&trk=a0wQK00000Br6k6YAB
178. https://cn.nikkei.com/china/ceconomy/57675-2025-01-02-05-00-00.html
179. https://news.bloomberglaw.com/international-trade/tariffs-to-impact-millions-of-chinese-workers-in-blow-to-economy?utm_source=chatgpt.com
180. https://www.reuters.com/markets/asia/ubs-lowers-forecast-china-2025-gdp-growth-34-tariff-hikes-2025-04-15/
181. 영국의 독립 경제분석 기관인 캐피털 이코노믹스(Capital Economics) 중국 이코노미스트.
182. https://www.caixinglobal.com/2025-05-22/in-depth-chinas-export-engine-reboots-cautiously-after-tariff-truce-102322188.html
183. https://cn.nikkei.com/china/ceconomy/58351-2025-03-21-10-18-07.html
184. https://www.stats.gov.cn/sj/zxfb/202504/t20250430_1959521.html
185. https://udn.com/news/story/7333/8710049?from=udn-catebreaknews_ch2
186. https://www.bbc.com/zhongwen/articles/c7058eyrjkqo/simp
187. https://www.yicai.com/news/102577093.html
188. 컬럼비아대학교 글로벌 에너지 정책 센터 연구원.
189. https://iz.ru/1873209/2025-04-18/smi-soobshchili-o-priostanovke-kitaem-zakupok-spg-u-ssha
190. https://iz.ru/1834802/2025-02-06/smi-soobshchili-o-vozmozhnosti-otvetnykh-poshlin-kitaia-snizit-eksport-ssha
191. https://iz.ru/1834327/valentina-averanova/tarify-drakona-kak-posliny-kitaa-na-amerikanskii-spg-izmenat-mirovye-potoki
192. https://ria.ru/20250410/kitay-2010349278.html
193. https://www.ftchinese.com/interactive/201022
194. https://nationalinterest.org/blog/energy-world/trumps-energy-dominance-in-practice-is-self-contradictory
195. https://www.caixinglobal.com/2025-04-10/chinese-firms-set-to-seek-alternative-sources-for-key-us-imports-102308073.html
196. https://cn.nikkei.com/politicsaeconomy/investtrade/58241-2025-03-11-09-31-49.html
197. http://finance.people.com.cn/n1/2025/0304/c1004-40430836.html
198. https://www.reuters.com/markets/china-announces-retaliatory-tariffs-some-canada-farm-food-products-2025-03-08/
199. https://www.yicai.com/news/102599795.html
200. 2025년 3월 중국은 전년 대비 54.1% 감소한 534만 6,000톤의 곡물을 수입했다. 그중 대두 수입량은 350만 3,000톤으로 전년 대비 36.8% 감소하여 중국의 대두 수입량은 17년 만에 최저치를 기록했다.
201. http://finance.people.com.cn/n1/2025/0504/c1004-40473042.html
202. https://www.yicai.com/news/102493298.html
203. https://mailchi.mp/chinaus-icas/icas-dispatch-may-2-17990005?e=426a52c2f3
204. https://www.ftchinese.com/interactive/203852
205. https://news.mingpao.com/pns/%e4%b8%ad%e5%9c%8b/article/20250411/s00013/

1744308179441/%e6%bb%ac%e8%b5%b4%e7%be%8e%e8%b2%a8%e8%88%b9%e3%
80%8c%e7%b5%95%e8%bf%b9%e3%80%8d-%e6%b5%99%e5%a4%96%e8%b2%bf%e5
%95%86%e5%ae%b6%e6%86%82%e6%96%b7%e7%b3%a7-%e8%81%96%e8%aa%95%e
8%a8%82%e5%96%ae%e7%bd%95%e8%a6%8b%e9%a1%86%e7%b2%92%e7%84%a1%
e6%94%b6-%e5%98%86%e7%84%a1%e4%ba%ba%e8%83%bd%e9%80%83%e9%97%9c
%e7%a8%85%e6%88%b0%e5%bd%b1%e9%9f%bf

206. https://www.scmp.com/economy/china-economy/article/3308886/trump-tariffs-portend-bleak-prospects-chinas-toy-exporters-canton-fair?module=top_story&pgtype=homepage
207. https://www.yomiuri.co.jp/world/20250312-OYT1T50147/
208. https://news.cctv.com/2025/04/13/ARTIOVz25SmuSNJJalas7AuZ250413.shtml?spm=C94212.P4YnMod9m2uD.ENPMkWvfnaiV.182
209. https://www.sankei.com/article/20250411-E5BDAZWSERJILOTQW3SDAEMEUU/
210. https://www.reuters.com/business/retail-consumer/tariff-hit-china-exporters-reluctant-heed-government-calls-sell-locally-2025-04-24/
211. https://www.caixinglobal.com/2025-04-17/interview-china-needs-long-term-solutions-to-counter-trade-war-102310666.html
212. https://www.ftchinese.com/interactive/201341
213. https://www.reuters.com/world/china/chinas-export-hub-yiwu-traders-shrug-off-trumps-tariffs-2025-02-10/
214. https://www.sankei.com/article/20250216-2Y6XTGQO3RPTVCH44XBHZDMTRM/
215. https://udn.com/news/story/7333/8714128?from=udn-catebreaknews_ch2
216. https://www.rfi.fr/cn/%E4%B8%AD%E5%9B%BD/20250207-%E7%BE%8E%E6%92%A4%E5%B0%8F%E5%8C%85%E8%A3%B9%E5%85%8D%E7%A8%8E%E6%96%99%E5%89%8A%E5%8D%8Egdp-0-2%E4%B8%AA%E7%99%BE%E5%88%86%E7%82%B9-%E8%B6%8A%E5%8D%97%E6%9C%88%E4%B8%AD%E4%BA%A6%E6%92%A4%E5%85%8D%E7%A8%8E%E4%BC%98%E6%83%A0
217. https://www.bloomberg.com/opinion/articles/2025-02-06/trade-war-trump-s-swings-at-china-land-on-maga-heartland?srnd=homepage-asia
218. https://www.ftchinese.com/interactive/204161
219. https://www.reuters.com/world/china/us-cut-de-minimis-tariff-china-shipments-54-120-2025-05-13/
220. https://www.bbc.com/zhongwen/articles/c8j012rmjwzo/simp
221. https://www.rfi.fr/cn/%E4%B8%93%E6%A0%8F%E6%A3%80%E7%B4%A2/%E6%B3%95%E5%9B%BD%E4%B8%96%E7%95%8C%E6%8A%A5/20250109-%E7%BE%8E%E4%B8%AD%E8%B4%B8%E6%98%93%E5%86%B2%E7%AA%81%E5%B7%B2%E7%BB%8F%E5%BC%80%E5%A7%8B%E5%8D%87%E7%BA%A7
222. https://www.bloomberg.com/news/articles/2025-01-13/goldman-strategists-see-tumbling-china-stocks-rising-20-in-2025?srnd=homepage-asia
223. https://www.reuters.com/world/china/chinas-export-growth-quickens-amid-trade-risks-imports-surprise-2025-01-13/
224. https://www.sankei.com/article/20250121-DSCIM2WZNZJLVC4KIO5XIW4XRA/

225. https://iz.ru/1833835/2025-02-04/smi-anonsirovali-peregovory-trampa-i-sitczinpina-4-fevralia
226. https://iz.ru/1821714/2025-01-14/bloomberg-zaiavilo-ob-obsuzhdenii-kitaem-vozmozhnoi-prodazhi-tiktok-masku
227. https://cn.nytimes.com/world/20250123/trump-china-deal-making/
228. https://www.ftchinese.com/story/001105383
229. https://www.reuters.com/technology/trump-says-china-has-reached-out-tariffs-tiktok-deal-may-wait-2025-04-17/
230. https://www.yomiuri.co.jp/world/20250217-OYT1T50008/
231. 루비오는 필리핀 외교장관과 '남중국해를 불안정하게 만드는 중국의 행동'에 대한 대응에 협력하기로 했고 한미일 외교장관회의 성명에서는 '대만 해협의 평화와 안정을 유지하는 중요성'을 강조했다.
232. https://cn.nytimes.com/business/20250220/trump-china-trade-deal/
233. https://www.sankei.com/article/20250222-3M5TRKBA7BNS7OJRQOTF6Q27TA/
234. https://www.reuters.com/markets/how-china-went-courting-trump-never-yield-tariff-defiance-2025-04-13/
235. ING은행에 합류하기 전에는 중국건설은행 인터내셔널, 중국상인증권(HK), 해통증권에서 다양한 시장을 아우르는 이코노미스트와 투자 전략가로 활동했다.
236. https://cn.nytimes.com/world/20250213/trump-xi-china-talks/
237. https://www.reuters.com/world/us-tariffs-chinese-imports-take-effect-after-trump-reprieves-canada-mexico-2025-02-04/
238. https://www.washingtonpost.com/world/2025/04/12/china-us-trade-war-taiwan/?utm_campaign=wp_todays_headlines&utm_medium=email&utm_source=newsletter&carta-url=https%3A%2F%2Fs2.washingtonpost.com%2Fcar-ln-tr%2F4212bd4%2F67fb8b298492b94b9246655a%2F5e8ffca79bbc0f0c1b0a3029%2F11%2F60%2F67fb8b298492b94b9246655a
239. https://www.bloomberg.com/opinion/articles/2025-04-12/by-plan-or-luck-trump-landed-his-first-blow-on-china?srnd=homepage-asia
240. https://www.bloomberg.com/news/articles/2025-03-11/us-china-tariff-talks-stuck-at-lower-levels-stoking-frustration?srnd=homepage-asia
241. https://cn.nytimes.com/world/20250320/trump-china-xi-tariffs/
242. https://www.reuters.com/world/us-has-reached-out-china-talk-tariffs-state-media-says-2025-05-01
243. https://news.mingpao.com/pns/%e4%b8%ad%e5%9c%8b/article/20250502/s00013/1746121414168/%e5%a4%ae%e5%aa%92-%e7%be%8e%e5%a4%9a%e6%b8%a0%e9%81%93%e6%8e%a5%e8%a7%b8%e7%9b%bc%e8%ab%87%e5%88%a4%e9%97%9c%e7%a8%85-%e5%88%86%e6%9e%90%e8%aa%8d%e7%82%ba%e7%be%8e%e6%9b%b4%e7%9d%80%e6%80%a5-%e8%b7%af%e9%80%8f-%e4%ba%ac%e4%bd%8e%e8%aa%bf%e8%ae%93%e6%ad%a5%e5%88%97%e5%85%8d%e7%a8%85%e6%b8%85%e5%96%ae
244. https://d2uvt19t67bxij.cloudfront.net/interactive/204076?token=51F6F00946427258D0CEAEEEBE49B432B2AD435676BB847F24D1E264DD6E4D65&s=w&exclusive#s=w
245. https://www.scmp.com/news/china/diplomacy/article/3308919/us-china-trade-

stand-ease-negotiators-must-be-agreed-upon-analysts?utm_source=cm&utm_medium=txn&utm_campaign=enlz-NOT-Follow&utm_content=20250503_daily5&d=9fdc95ad-8288-4587-bee2-ae886f93b44c

246. https://asiatimes.com/2025/04/big-question-can-china-or-the-us-endure-greater-trade-war-pain/
247. https://www.rfi.fr/cn/%E4%B8%AD%E5%9B%BD/20250305-%E4%B8%AD%E5%9B%BD%E7%9A%84%E4%B8%A4%E6%89%8B%E5%87%86%E5%A4%87
248. GDP 대비 상품 무역 비중.
249. https://iz.ru/1860528/dmitrii-migunov/kitaiskii-potop-mozet-li-val-tovarov-iz-knr-zahlestnut-rossiu
250. https://www.scmp.com/news/china/diplomacy/article/3307963/how-china-came-game-plan-survive-trump-20-trade-war?module=top_story&pgtype=homepage
251. https://www.bbc.com/zhongwen/articles/c2lj70j89qdo/simp
252. https://www.scmp.com/news/china/diplomacy/article/3306040/game-strategic-resolve-can-china-outflank-us-protracted-trade-duel?module=top_story&pgtype=homepage
253. https://asiatimes.com/2025/04/china-holds-more-trade-war-cards-than-trump-thinks/
254. https://www.rfi.fr/cn/%E4%BA%9A%E6%B4%B2/20250505-%E6%97%A5%E4%B8%AD%E9%9F%A9%E4%B8%8E%E4%B8%9C%E7%9B%9F%E5%8F%91%E8%A1%A8%E8%81%94%E5%90%88%E5%A3%B0%E6%98%8E-%E7%A1%AE%E8%AE%A4%E5%A4%9A%E8%BE%B9%E8%87%AA%E7%94%B1%E8%B4%B8%E6%98%93%E7%9A%84%E6%89%BF%E8%AF%BA
255. https://www.yomiuri.co.jp/economy/20250408-OYT1T50000/
256. 푸야오 글래스는 전 세계 자동차 유리 시장에서 40% 이상의 시장 점유율을, 중국 자동차 유리 시장에서 70% 이상의 시장 점유율을 차지한다. 이 회사는 메르세데스 벤츠, BMW, 아우디, 제너럴모터스, 도요타, 폭스바겐 등 세계적으로 유명한 자동차 브랜드와 중국 자동차 제조업체에 자동차 유리를 공급하고 있다.
257. https://www.ftchinese.com/story/001106339
258. 과학, 인문, 기술, 혁신 사무국(SECIHTI) 국가 연구자 시스템(SNII) 1급 회원이며, 법학 및 사회과학 분야 최고의 박사 학위 논문에 수여되는 2024년 '마르코스 카플란 박사' 상을 수상했다. 주요 연구 분야는 글로벌 공공재, 지정학, 중국의 국제 관계 등이다.
259. https://www.scmp.com/economy/global-economy/article/3297331/trump-paused-us-tariffs-mexico-what-does-it-mean-chinese-companies-there?module=top_story&pgtype=homepage
260. https://www.bloomberg.com/news/articles/2025-02-24/trump-targets-china-with-biggest-salvo-of-moves-of-second-term?srnd=homepage-asia
261. https://www.caixinglobal.com/2025-03-01/analysis-how-trumps-new-tariff-hikes-will-affect-sino-us-trade-102293317.html
262. https://www.scmp.com/economy/china-economy/article/3309407/next-stop-egypt-trade-war-sends-chinas-exporters-scouring-globe-new-markets?module=top_story&pgtype=homepage

263. <iframe src="https://www.facebook.com/plugins/post.php?href=https%3A%2F%2Fwww.facebook.com%2Fpermalink.php%3Fstory_fbid%3Dpfbid0otyrkNe3MpSdMBg2mBtax8UYjKLE76bp3YKS5EYwYQYG79EbqtqJwPyKaDnc2eNhl%26id%3D100001642412280&show_text=true&width=500" width="500" height="277" style="border:none;overflow:hidden" scrolling="no" frameborder="0" allowfullscreen="true" allow="autoplay; clipboard-write; encrypted-media; picture-in-picture; web-share"></iframe>
264. https://www.caixinglobal.com/2025-04-09/in-depth-chinese-manufacturers-put-off-overseas-investment-plans-as-tariff-war-explodes-102307697.html
265. https://www.caixinglobal.com/2025-04-04/caixin-explains-impacts-of-trumps-global-tariff-war-and-what-comes-next-102305931.html
266. https://www.bloomberg.com/news/articles/2025-02-10/shein-asks-some-chinese-suppliers-to-diversify-to-vietnam?srnd=homepage-asia
267. https://www.caixinglobal.com/2025-04-14/chinese-exporters-look-to-go-gray-to-circumvent-trump-tariffs-102309377.html
268. https://www.sankei.com/article/20250510-2AIYGV5BWJNCBI4QC54VWYPGKE/
269. https://www.yicai.com/news/102608504.html
270. http://www.news.cn/world/20250312/a7f1647f986c4fae9464676e8add66e7/c.html
271. https://chatgpt.com/c/682e5296-b39c-800f-b307-f53ef7f5c342
272. https://nationalinterest.org/feature/a-tale-of-two-economic-policy-blunders
273. https://asiatimes.com/2025/04/trump-trade-war-its-worse-than-a-crime-its-a-blunder/
274. '설계된 대로의 경기 침체(recession by design)'라는 말로 자연적인 경기 순환이나 외부 충격 때문이 아니라, 정책 결정에 따라 의도적으로 유발된 경기 침체라는 뜻을 밝혔다.
275. https://www.youtube.com/watch?v=aUFfRLHvLl4
276. https://cn.nytimes.com/business/20250423/imf-world-economic-outlook/
277. https://www.csis.org/analysis/economic-consequences-liberation-day-tariffs
278. https://www.piie.com/research/piie-charts/2025/trumps-tariffs-canada-mexico-and-china-would-cost-typical-us-household
279. https://world.huanqiu.com/article/4MFZI9cI8k5
280. https://www.piie.com/sites/default/files/2025-04/2025-04-15-posen-ppt.pdf
281. 세계 최대의 자산운용사 블랙록(BlackRock) 대표.
282. https://www.ftchinese.com/interactive/202145
283. https://www.yna.co.kr/view/AKR20241018118700009?utm_source=chatgpt.com
284. https://www.ytn.co.kr/_ln/0104_202402021122508277?utm_source=chatgpt.com
285. https://www.washingtonpost.com/business/2025/05/02/jobs-april-unemployment-hiring/?utm_source=alert&utm_medium=email&utm_campaign=wp_news_alert_revere&location=alert
286. https://www.cnbc.com/2025/04/14/tariffs-wont-bring-manufacturing-back-to-us-supply-chain-survey.html?fbclid=IwY2xjawJrfBdleHRuA2FlbQIxMQABHnyufPj_TBJaqJLC3Ky0IonaKL-mID0IFpFTpWYLsYZ56Qn1hgosdkkrC5aF_aem_rO2YHKu4G5-G_ORKiUQJbA
287. https://www.ftchinese.com/story/001105968
288. https://www.epochtimes.com/gb/18/4/19/n10317446.htm?utm_source=chatgpt.com

289. https://www.csis.org/analysis/can-tariffs-revive-us-manufacturing-jobs
290. https://asiatimes.com/2025/04/the-coming-us-china-financial-divorce/
291. https://www.caixinglobal.com/2025-04-07/china-markets-sink-as-trade-war-intensifies-102306917.html
292. https://www.bloomberg.com/news/articles/2025-04-06/china-floats-rate-cuts-industry-aid-to-counter-trump-tariff-hit?srnd=homepage-asia
293. https://d2uvt19t67bxij.cloudfront.net/story/001106132?token=51F6F00946427258D0CEAEEEBE49B432B2AD435676BB847F24D1E264DD6E4D65&s=w#s=w
294. https://www.huxiu.com/article/3929837.html
295. https://cn.nytimes.com/business/20250429/trump-trade-global-economy/
296. https://asiatimes.com/2025/04/the-real-bond-vigilantes-hounding-trump-are-asian/
297. https://www.ftchinese.com/interactive/204188
298. 페이스북 포스팅, 2025년 4월 15일.
299. https://v.daum.net/v/20250417161128543?utm_source=chatgpt.com
300. https://timesofindia.indiatimes.com/business/international-business/us-investors-to-offload-800-billion-of-china-equities-goldman-sachs-warns-of-extreme-scenario-amid-escalating-trade-war/articleshow/120375791.cms?utm_source=chatgpt.com
301. https://www.ftchinese.com/story/001106259
302. https://asiatimes.com/2025/04/chinas-strategy-in-the-tariff-wars/
303. https://d2uvt19t67bxij.cloudfront.net/interactive/204058?token=51F6F00946427258D0CEAEEEBE49B432B2AD435676BB847F24D1E264DD6E4D65&s=w&exclusive#s=w
304. 미중 갈등이 격화되는 환경에서 특히 중국 내에 투자를 하려는 외국 기업은 팬더 채권을 발행하면 외화 자산을 중국으로 반입할 필요가 없게 되며 전쟁 등 심각한 미중 충돌이 일어날 경우 담보 등으로 제공하는 외화 자산도 보호받기 용이하다.
305. https://www.caixinglobal.com/2025-05-08/analysis-decoding-the-incremental-moves-in-chinas-new-stimulus-package-102317346.html
306. https://www.yicai.com/news/102603534.html
307. https://www.bloomberg.com/news/articles/2025-05-14/us-is-not-negotiating-for-weaker-dollar-as-part-of-tariff-talks
308. https://d2uvt19t67bxij.cloudfront.net/interactive/202021?token=51F6F00946427258D0CEAEEEBE49B432B2AD435676BB847F24D1E264DD6E4D65&s=w&exclusive#s=w
309. https://asiatimes.com/2025/04/neither-us-nor-china-ready-for-once-in-a-lifetime-trade-war/
310. https://udn.com/news/story/7333/8583578?from=udn-catebreaknews_ch2
311. https://www.caixinglobal.com/2025-01-01/analysis-how-will-the-yuan-perform-in-2025-102274314.html
312. https://udn.com/news/story/7333/8527478?from=udn-catebreaknews_ch2
313. https://asiatimes.com/2025/05/the-case-for-a-stronger-chinese-yuan/
314. https://www.bloomberg.com/news/articles/2025-05-15/china-s-investors-signal-trade-truce-is-no-panacea-for-markets?srnd=homepage-asia
315. https://www.rand.org/pubs/commentary/2025/04/beyond-tariffs-what-the-us-can-learn-from-chinas-industrial.html??cutoff=true&utm_source=AdaptiveMailer&utm_

medium=email&utm_campaign=7014N000001SnimQAC&utm_term=00vQK00000FOREPYA5&org=1674&lvl=100&ite=296395&lea=4109935&ctr=0&par=1&trk=a0wQK00000Br6k6YAB

316. https://www.rfi.fr/cn/%E4%B8%AD%E5%9B%BD/20250507-%E7%BE%8E%E5%85%83%E8%B5%84%E4%BA%A7%E5%8D%A0%E9%A6%99%E6%B8%AF%E5%A4%96%E6%B1%87%E5%9F%BA%E9%87%91%E6%AF%94%E4%BE%8B%E5%A4%A7%E8%B7%8C%E8%87%B379-%E5%A4%96%E5%AA%92%E7%A7%B0%E4%BA%9A%E6%B4%B2%E5%8C%BA%E7%8E%B0-%E5%8E%BB%E7%BE%8E%E5%85%83%E5%8C%96-%E5%8A%BF%E5%A4%B4?fbclid=IwY2xjawKIr3xleHRuA2FlbQIxMQBicmlkETFvT1ByVEJ3WGd5Z1kxbFhuAR4lMxDR0-Rh-MQyABIoqPAc27QMsbpVJNHjNx_Gc766EIQsyKltqtT-pA5D9Q_aem_9YiHkFBkUiecec83eV0Pzw

317. https://www.foreignaffairs.com/united-states/how-trump-could-dethrone-dollar?s=EDZZZ005ZX&utm_medium=newsletters&utm_source=fatoday&utm_campaign=How%20Trump%20Could%20Dethrone%20the%20Dollar&utm_content=20250408&utm_term=EDZZZ005ZX

318. https://chinaus-icas.org/research/trumps-crypto-ambition-populism-economic-strategy-and-the-competition-for-digital-future/

319. https://www.yicai.com/news/102634065.html

320. https://asiatimes.com/2025/05/trump-failing-to-grasp-chinas-long-game-trade-war-tactics/

321. '論持久戰(On Protracted War)'이라는 글로 마오쩌둥이 중일전쟁(항일전쟁) 중인 1938년 5월 26일부터 6월 3일까지 연안(延安)에서 진행한 강연을 바탕으로 작성한 군사 전략 문서다.

322. https://www.ftchinese.com/story/001106338

323. https://www.youtube.com/watch?v=-nNmokULpvE&t=70s

324. 트럼프의 입장과 태도는 수시로 바뀌기 때문에 믿을 수 없으며 최악의 상황을 상정하고 투쟁을 준비한다는 것이다.

325. https://cn.nytimes.com/usa/20250514/trump-ukraine-china-iran-negotiations/

326. http://finance.people.com.cn/n1/2025/0417/c1004-40462459.html

327. https://asiatimes.com/2025/04/trade-war-escalates-as-trump-threatens-china-with-50-tariff/

328. https://news.mingpao.com/pns/%e4%b8%ad%e5%9c%8b/article/20250410/s00013/1744217228341/%e9%a6%96%e6%ac%a1%e4%b8%ad%e5%a4%ae%e5%91%a8%e9%82%8a%e5%b7%a5%e4%bd%9c%e6%9c%83%e8%ad%b0-%e9%9e%8f%e5%9b%ba%e9%84%b0%e5%9c-%8b%e4%ba%92%e4%bf%a1-%e6%94%bf%e6%b2%bb%e5%b1%80%e4%b8%83%e5%b8%b8%e5%a7%94%e5%87%ba%e5%b8%ad-%e7%bf%92%e8%bf%91%e5%b9%b3-%e7%ae%a1%e6%8e%a7%e5%88%86%e6%ad%a7-%e5%8a%a0%e5%bc%b7%e5%90%88%e4%bd%9c

329. 아세안 10개국과 한국, 중국, 일본, 호주, 뉴질랜드 등으로 모두 아시아 지역 국가라는 특징이 있다. 인도는 초기 협상에 참여했으나 2019년 탈퇴했다.

330. 포괄적·점진적 환태평양경제동반자협정(Comprehensive and Progressive Agreement for Trans-Pacific Partnership).

331. 주요 회원국은 일본, 영국, 캐나다, 호주, 브루나이, 싱가포르, 멕시코, 베트남, 뉴질랜드, 칠레, 페루, 말

레이시아 등이다.
332. https://www.yicai.com/news/102583718.html
333. https://asiatimes.com/2025/03/china-says-its-ready-and-able-to-fight-trumps-trade-war/
334. https://www.reuters.com/world/china/trumps-global-tariffs-hurt-china-with-all-round-blockade-2025-04-03/
335. https://d2uvt19t67bxij.cloudfront.net/story/001106152?token=51F6F00946427258D0CEAEEEBE49B432B2AD435676BB847F24D1E264DD6E4D65&s=w#s=w
336. https://www.yicai.com/news/102503140.html
337. 배달 기사나 소셜 네트워크 콘텐츠 제공자같이 고용주 없이 일하는 사람을 중국에서는 탄력 고용제로 고용된 것으로 본다.
338. https://cn.nytimes.com/business/20250306/china-economy-us-tariffs/
339. 『시진핑 경제 문선』제1권에 심도 있게 설명되어 있다.
340. http://opinion.people.com.cn/n1/2025/0416/c1003-40460688.html
341. https://www.reuters.com/world/china/china-mulling-new-economic-policy-tools-premier-li-says-2025-05-26/
342. https://brunch.co.kr/@chulrhee/924
343. https://www.linkedin.com/pulse/why-cant-tariffs-help-american-middle-class-richard-baldwin-rtmde/
344. 이현익,「전략자원의 지정학: 주기율표 제국의 미래를 위한 미·중 경쟁과 첨단기술·경제안보에의 시사점」과학기술정책 브리프, Vo. 48, 2025. 5. 21.
345. https://www.csis.org/analysis/consequences-chinas-new-rare-earths-export-restrictions
346. https://news.mingpao.com/pns/%e4%b8%ad%e5%9c%8b/article/20250205/s00013/1738691126145/%e4%b8%ad%e5%9c%8b%e5%8f%8d%e5%88%b6-%e5%8a%a0%e7%be%8e%e9%97%9c%e7%a8%85%e6%9f%a5google%e5%a3%9f%e6%96%b7-%e7%ae%a1%e5%88%b-6%e5%9c%8b%e9%98%b2%e7%94%a8%e7%a8%80%e6%9c%89%e9%87%91%e5%b1%ac%e5%87%ba%e5%8f%a3-%e5%b0%88%e5%ae%b6-%e5%9c%96%e8%ae%93%e7%be%8e%e5%9b%9e%e5%88%b0%e8%ab%87%e5%88%a4
347. https://www.caixinglobal.com/2025-01-24/in-depth-beijings-ban-on-mineral-exports-to-us-leaves-traders-scrambling-102283131.html
348. https://www.csis.org/podcasts/truth-matter/chinas-halt-critical-minerals
349. 팔라보르와(Phalaborwa) 희토류 프로젝트.
350. https://www.ftchinese.com/story/001105643
351. https://www.caixinglobal.com/2025-05-15/analysis-trumps-tariff-war-will-upend-global-economic-order-102319960.html
352. https://www.csis.org/people/navin-girishankar
353. https://www.scmp.com/economy/china-economy/article/3312285/us-pressure-mounts-chinas-top-party-journal-doubles-down-long-haul-preparations?module=top_story&pgtype=homepage
354. https://www.scmp.com/news/china/diplomacy/article/3310410/chinas-trade-stand-pays-more-clashes-us-come-analysts-warn?module=top_story&pgtype=homepage
355. https://www.bloomberg.com/news/articles/2025-02-26/xi-urges-officials-to-stay-

calm-as-us-raises-pressure-on-china?srnd=homepage-asia
356. https://www.rfi.fr/cn/%E4%B8%93%E6%A0%8F%E6%A3%80%E7%B4%A2/%E5%8D%B0%E5%A4%AA%E7%BA%B5%E8%A7%88/20250411-%E6%BE%B3%E6%B4%B2%E5%AD%A6%E8%80%85%E5%8F%B2%E9%B9%A4%E5%87%8C-%E4%B8%AD%E5%9B%BD%E5%BE%88%E5%8F%AF%E8%83%BD%E6%98%AF%E8%BF%99%E6%AC%A1%E8%B4%B8%E6%98%93%E6%88%98%E6%9C%80%E5%A4%A7%E8%BE%93%E5%AE%B6
357. 리셴룽 전 싱가포르 총리의 부인 허징(何晶)은 싱가포르의 논평 플랫폼에 시진핑을 신랄하게 비판했다. "12년 전 집권한 이래 시진핑은 마피아 보스, 중국판 콜레오네처럼 행동하며 사람들에게 '거절할 수 없는 제안'을 일사천리로 해왔다"고 한 것이다. 이 글은 중국의 피해자들이 시진핑을 친구이자 파트너로 환영해줄 것이라고 기대하는 것은 어불성설이라고 비판했다. 그러면서 관세 전쟁을 맞은 중국 상황이 얼마나 나쁜지 모르되, 그래서 '황제'가 직접 나서서 10년 넘게 부끄러움 없이 약탈해온 이웃 국가들에 협조를 구해야 할 정도라고 했다.
358. https://www.reuters.com/world/us-mission-taipei-says-trumps-unification-comment-was-about-us-china-trade-2025-05-13/?utm_source=chatgpt.com
359. https://www.foreignaffairs.com/united-states/strategies-prioritization-lindpress?s=EDZZZ005ZX&utm_medium=newsletters&utm_source=fatoday&utm_campaign=Strategies%20of%20Prioritization&utm_content=20250630&utm_term=EDZZZ005ZX
360. https://www.sankei.com/article/20250514-VNLPMSMMJ5ITHLYYTQUEE42B5E/
361. https://iz.ru/1889030/2025-05-20/glava-pentagona-zaiavil-o-sozdanii-sposobnogo-dat-otpor-kitaiu-vooruzheniiu
362. https://www.ftchinese.com/story/001106553
363. http://www.news.cn/politics/leaders/20250528/3b9ef81f48fe4df8931b7d3eb71138fc/c.html
364. https://cn.nytimes.com/china/20250515/china-us-tariffs-security/
365. https://www.facebook.com/share/p/1HowUGkkSM/
366. https://www.rfi.fr/cn/%E5%9B%BD%E9%99%85/20250419-%E5%8D%A1%E5%B0%BC-%E4%B8%AD%E5%9B%BD%E5%AF%B9%E5%8A%A0%E6%8B%BF%E5%A4%A7%E6%9E%84%E6%88%90%E5%A4%96%E5%9B%BD%E5%B9%B2%E6%B6%89%E5%92%8C%E5%9C%B0%E7%BC%98%E6%94%BF%E6%B2%BB%E7%9A%84%E6%9C%80%E5%A4%A7%E5%A8%81%E8%83%81
367. https://asiatimes.com/2025/04/s-korea-on-edge-as-us-hints-at-redeploying-troops/
368. https://www.foreignaffairs.com/taiwan/taiwan-tightrope-mastro?utm_medium=newsletters&utm_source=twofa&utm_campaign=Make%20Moscow%20Pay%20&utm_content=20250523&utm_term=EWZZZ005ZX
369. https://asiatimes.com/2025/05/chinas-strategy-for-conquering-taiwan-without-firing-a-shot/
370. https://ria.ru/20250630/ssha-2026364695.html
371. https://www.bloomberg.com/news/articles/2025-07-11/vietnam-surprised-by-trump-tariff-announcement-seeks-lower-rate?srnd=homepage-asia
372. https://www.moscowtimes.ru/2025/07/07/tramp-prigrozil-stranam-10-protsentnimi-poshlinami-za-podderzhku-briks-a168038

373. https://world.huanqiu.com/article/4NPh1BRCDmo
374. https://www.scmp.com/week-asia/economics/article/3317324/malaysia-seeks-urgent-trade-talks-us-after-25-tariff-blow?module=top_story&pgtype=homepage
375. https://www.reuters.com/world/china/markets-react-after-trump-announces-50-copper-tariff-2025-07-09/
376. https://www.rfi.fr/cn/%E4%B8%AD%E5%9B%BD/20250712-%E7%89%B9%E6%9C%97%E6%99%AE%E5%B0%86%E5%AF%B9%E6%AC%A7%E7%9B%9F%E5%8F%8A%E5%A2%A8%E8%A5%BF%E5%93%A5%E5%BE%81%E6%94%B630-%E5%85%B3%E7%A8%8E
377. https://www.bloomberg.com/news/articles/2025-07-11/us-india-in-talks-on-trade-deal-that-may-cut-tariff-below-20?srnd=homepage-asia
378. https://www.youtube.com/watch?v=fFAsltg76Gc
379. https://news.cctv.com/2025/05/28/ARTIGvHOUvIYHwAPzGM63JoX250528.shtml?spm=C94212.P4YnMod9m2uD.ENPMkWvfnaiV.145
380. https://www.ftchinese.com/story/001106204
381. https://www.piie.com/experts/senior-research-staff/cecilia-malmstrom
382. https://asiatimes.com/2025/05/asia-without-america-part-2-japans-tang-renaissance/
383. https://www.rfi.fr/cn/%E4%B8%AD%E5%9B%BD/20250421-%E9%82%BB%E5%9B%BD%E7%BA%B7%E7%BA%B7%E4%B8%8E%E5%8D%8E%E7%9B%9B%E9%A1%BF%E5%81%9A%E4%BA%A4%E6%98%93-%E5%8C%97%E4%BA%AC%E6%9C%89%E7%82%B9%E6%80%A5
384. https://www.scmp.com/news/china/diplomacy/article/3308544/how-trumps-tariff-chaos-bringing-chinas-trade-circle-friends-closer?module=perpetual_scroll_0&pgtype=article
385. http://www.news.cn/world/20250521/c1c6f8bd1fb544c18d5f422e83c9e480/c.html
386. https://www.rfi.fr/cn/%E4%BA%9A%E6%B4%B2/20250330-%E6%B3%95%E6%96%B0%E7%A4%BE-%E9%9D%A2%E5%AF%B9%E7%BE%8E%E5%9B%BD%E7%9A%84%E5%85%B3%E7%A8%8E%E6%94%BB%E5%8A%BF-%E6%97%A5%E4%B8%AD%E9%9F%A9%E4%B8%89%E5%9B%BD%E5%AF%BB%E6%B1%82%E5%9B%A2%E7%BB%93-%E8%AE%A8%E8%AE%BA%E8%87%AA%E8%B4%B8%E5%8D%8F%E5%AE%9A
387. https://www.bbc.com/zhongwen/articles/cgjl16dp33eo/simp
388. https://iz.ru/1863138/2025-04-01/aponia-knr-i-respublika-korea-vyrabotaut-obsiemery-protiv-poslin-ssa
389. https://ria.ru/20250503/poshliny-2014738296.html
390. https://iz.ru/1919701/kirill-fenin/druzeskii-obet-rf-i-kndr-budut-narasivat-obemy-torgovli
391. https://iz.ru/1889030/2025-05-20/glava-pentagona-zaiavil-o-sozdanii-sposobnogo-dat-otpor-kitaiu-vooruzheniiu

다시 시작된 전쟁

초판 1쇄 발행 2025년 8월 25일

지은이 이철
펴낸이 김선준

편집이사 서선행
책임편집 송병규 **편집3팀** 이은애
디자인 엄재선
마케팅팀 권두리, 이진규, 신동빈
홍보팀 조아란, 장태수, 이은정, 권희, 박미정, 조문정, 이건희, 박지훈, 송수연, 김수빈
경영관리 송현주, 윤이경, 임해랑, 정수연

펴낸곳 페이지2북스
출판등록 2019년 4월 25일 제 2019-000129호
주소 서울시 영등포구 여의대로 108 파크원타워1, 28층
전화 070)4203-7755 **팩스** 070)4170-4865
이메일 page2books@naver.com
종이 월드페이퍼 **인쇄·제본** 한영문화사

ISBN 979-11-6985-152-7 (03340)

• 책값은 뒤표지에 있습니다.
• 파본은 구입하신 서점에서 교환해 드립니다.
• 이 책은 저작권법에 의하여 보호를 받는 저작물이므로 무단 전재와 복제를 금합니다.